2009 교육과정 중심

초등 수학교육론

저자 김성준 · 김수환 · 신준식 · 이대현
이종영 · 임문규 · 정은실 · 최창우

수학은 인류의 지성이 창조해 온
가장 고귀한 **문화유산**이다.

인류 각자는 고대부터 현재, 아니 미래에도 수학을 스스로 만들고
이해하고 사용하는 경험을 하면서 살아갈 것이다.

東明社

■ 저자 소개 ■

김성준 (부산교육대학교)
김수환 (청주교육대학교)
신준식 (춘천교육대학교)
이대현 (광주교육대학교)
이종영 (전주교육대학교)
임문규 (공주교육대학교)
정은실 (진주교육대학교)
최창우 (대구교육대학교)

2009 교육과정 중심 초등 수학교육론

초판 발행 2014년 2월 15일
초판 2쇄 발행 2017년 2월 8일

지은이 김성준 · 김수환 · 신준식 · 이대현 · 이종영 · 임문규 · 정은실 · 최창우
펴낸이 최국주
펴낸곳 동명사
출판등록 1950년 11월 1일(제1-76호)
주소 (우 10881) 경기도 파주시 회동길 50(문발동)
전화 031-955-7200(대표)~2, 7203(편집부), 7204(물류)
팩스 031-955-7205
전자우편 dms723@chol.com
홈페이지 www.dmsbook.com

ISBN 978-89-411-8129-3 93370
값 20,000원

서 문

수학을 하지 않고는 인간은 삶을 제대로 영위할 수 없다는 것을 우리 모두는 잘 알고 있다. 아침에 잠을 깨는 순간부터 밤에 잠이 들기 전까지 인간은 항상 수학을 하면서 살아간다.

수학은 인류의 지성이 창조해 온 가장 고귀한 문화유산이다. 인류 각자는 고대부터 현재, 아니 미래에도 수학을 스스로 만들고 이해하고 사용하는 경험을 하면서 살아갈 것이다.

수학은 생각하는 힘을 길러주는 학문이다. 인간은 어떠한 일을 하더라도 치밀한 계획을 세우고 실천하지 않으면 성취되기가 어렵고, 성공적인 삶을 영위하지 못할 것이다.

수학은 물론 계산에서 출발하지만, 계산의 의미와 의의를 너무 간과하고 있지 않나 생각된다. 계산은 정확성과 신속성을 생명으로 한다.

수학은 인간의 지력으로 개념을 이해하고 자신의 문제를 해결하는데 수학을 사용하고 수학적 기호로 표현할 수 있는 능력을 길러야 한다. 아울러 수학을 학습하는데 있어서 다양하고 확산적인 사고 함양을 통한 창조성을 육성하는 수학교육이 되어야 할 것이다.

성장하는 학생들이 수학을 학습하면서, 참되고 올바른 것을 존중하게 되며, 합리적이고 자주적이며, 인내성 있는 인간 형성에 크게 기여한다고 생각된다.

우리는 수학과목이 상급학교의 입시 도구로만 여기지 말고, 초등학교 때부터 수학을 재미있게 학습하여 중·고의 상급학교뿐만이 아니라 일생동안 수학을 사랑하고 존중하며 애용하도록 해야 할 것이다.

이 책은 초·중등학교 수학 예비교사는 물론이고, 수학을 지도하는 교사에게 가장 필요한 수학교육의 목표와 수학적인 사고 및 수학 학습심리, 수학학습·지도 방법과 수학과의 평가 방법 등 실제적인 수학교육의 전반적 이론을 다루었다.

전국 8개 교육대학교, 춘천, 청주, 공주, 전주, 대구, 광주, 진주, 부산교육대학교 수학 교육과에서 다년간 초등 수학교육 과목을 강의, 연구하고 있는, 신준식, 김수환, 임문규, 이종영, 최창우, 이대현, 정은실, 김성준 교수가 협력하여 집필한 책입니다.

저자 모두는 심혈을 기울여 집필하였지만, 아직도 부족한 부분이 많을 것이라 생각됩니다. 독자 여러분께서 해량하여 읽어 주시고, 부족한 부분을 많이 지적하여 주시면, 꾸준히 수정, 보완하겠습니다. 이 책의 출판을 위해 애쓰신 동명사의 여러분께 감사의 말씀 드립니다.

2014년 2월

저자 일동

목차

Chapter 01 수학교육의 목표

Chapter 02 수학교육의 변천

Chapter 03 수학적 사고방법과 태도

Chapter 04 수학교육의 심리학적 연구

Chapter 05 수학교육의 학습 · 지도 이론

CONTENTS

Chapter 01 수학교육의 목표

수학이란 무엇이며 왜 배우는가?

지극히 본질적인 질문에 대한 답을 구하기 위하여 수학의 특성, 수학교육사상, 교육적 관점 등에서의 수학교육의 목표를 생각해본다. 또한 해방 이후의 교육과정 상의 수학교과의 목표를 살펴본다.

1.1 수학이란 무엇인가?

수학은 가장 순수하고 엄밀한 지적 활동으로 과학의 여왕이라고들 한다. 그러나 평범한 사람들에게는 수학이 개인적인 게임이거나 불확실하고 가치 없는 기호의 조작 정도로 보일 수 있다. 루커스(Lucas, 1989)는 수학에 대한 보통의 이야기를 다음과 같이 다섯 가지로 열거하고 있다. (1) 수학은 기억해야 할 고립된 사실과 기법의 모임이다. (2) 수학적 진리는 절대적이다. (3) 수학은 정확한 과학이다. (4) 수학은 주로 기호적 표상과 조직을 취급하므로, 보통의 쓰기와 말하기 기능은 수학의 의사소통에 필요하지 않다. (5) 수학은 누군가가 외롭게 수행하는 것이다. 수학이 무엇인가에 대한 이러한 오해를 줄이려면 우리는 수학을 가르치는 방법을 바꾸어야 한다. 우리는 수학을 우리 문화의 통합적인 부분이자 중요한 원동력으로 보고 이를 학생들과 함께 나누어야 한다.

그렇다면 어떠한 수학을 학생과 나누어야 할 것인가?(Ness, 1993). "인간 세상의 질서를 추구하려는 인간의 원초적 충동으로 탄생되었으므로, 수학은 구조와 패턴의 연구를 위하여 영원히 발전하는 언어이다. 물리적 실체에 근거를 두고 거듭 새로워지므로, 수학은 지적 호기심에서 발원하여 예기치 않은 아름답고도 유용한 연결성과 패턴이 출현하는 추상화와 일반화의 수준으로 발전한다. 수학은 추상적 사고 뿐 아니라 자연 법칙의 보금자리이다. 수학은 순수한 논리이자 창의적인 예술이다."

1 수학은 규칙성과 관계를 탐구하는 것이다.

학생은 자연이나 사회적 현상에서 발생하는 규칙성을 파악하고 여러 가지 수학 개념들 간의 관계를 알아야 한다. 예를 들면, 하노이 탑 문제의 해결이나, 토끼의 번식 과정에서 피보나치수열의 개념을 이해한다거나 4 + 5 = 9의 덧셈식이 9 − 5 = 4라는 뺄셈식과 어떤 관계가 있는 지를 이해할 필요가 있다.

하노이 탑 문제

다음 그림 1.1과 같이 세 개의 나무 막대기와 그 막대기에 꼭 맞게 끼울 수 있도록 가운데에 구멍이 나 있는 n개의 서로 다른 크기의 원판으로 이루어진 장난감이 있다. 처음에는 한 막대기에 모든 원판이 걸려있되, 가장 작은 원판이 제일 위에 걸려 있고 아래로 갈수록 점점 큰 원판이 걸려있다.

[규칙] ㉠ 한 번에 한 개의 원판을 한 막대기에서 다른 막대기로 옮길 수 있다.
㉡ 작은 원판 위에는 큰 원판을 걸 수 없다.

[목표] 이러한 규칙에 따라 처음의 막대기 위에 있는 모든 원판을 다른 막대기에 옮겨 걸어야 한다.

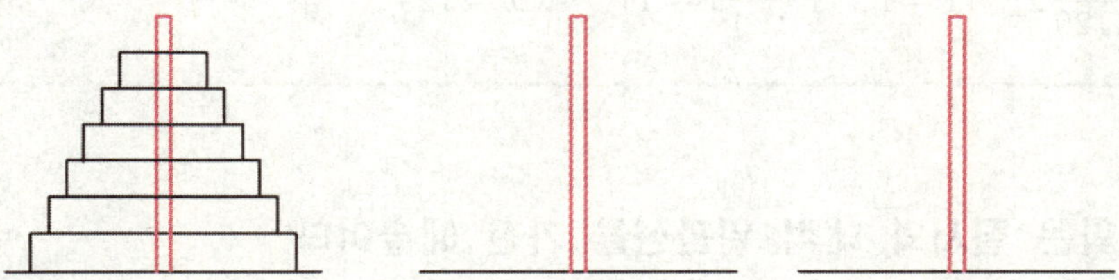

그림 1.1 하노이 탑

(1) n이 1, 2, 3, 4일 때는 각각 몇 회의 시행을 해야 할까?
(2) 어떤 규칙성을 발견할 수 있는가? 이 규칙성을 증명할 수 있는가?

2 수학은 사고의 방법이다.

수학은 수만 다루는 것이 아니라 보다 넓은 범위에서의 자료를 조직하고 분석하고 종합하는 방법을 제공한다. 수학 문화에 익숙한 사람은 일상에서 직면하는 문제 해결을 위한 도구로 수학을 이용한다. 어떤 사람들은 일상의 문제를 해결하기 위하여 방정식을 이용하기도 하고, 관련된 정보들의 관계를 파악하기 위하여 표나 그래프를 이용하기도 한다.

분배 문제

사과를 분배하는데, 여섯 사람 중에서 네 사람은 각각 전체 사과 중에서 삼분의 일, 팔분의 일, 사분의 일, 오분의 일을 받고, 다섯 째 사람은 열 개의 사과를 받으며, 여섯 째 사람은 한 개의 사과를 받는다면, 얼마나 많은 사과가 필요하겠는가?

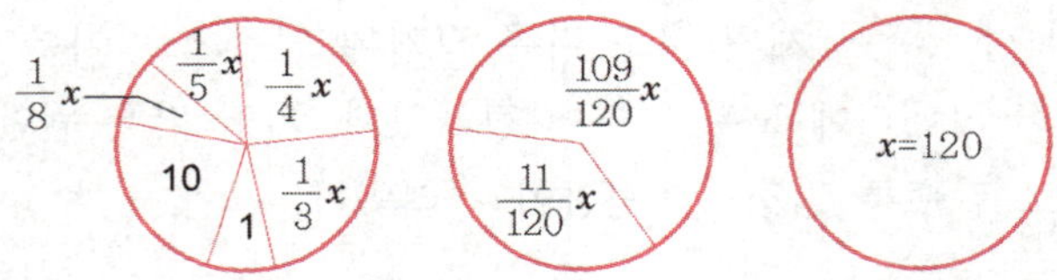

그림 1.2 기하학적 모델링에 의한 풀이

[풀이] $\frac{1}{3}x+\frac{1}{8}x+\frac{1}{4}x+\frac{1}{5}x+10+1=x$

$\frac{109}{120}x+11=x,\quad \frac{11}{120}x=11,\quad x=120$

3 수학은 질서와 내적 일관성을 가진 예술이다.

아름다운 건축물이나 음악과 예술작품의 근본을 파악해보면 수학에서의 황금비나 피타고라스 음계 등 흥미로운 수학 개념과 규칙성을 발견할 수 있다. 많은 학생들이 수학을 암기해야할 개개의 독립된 개념과 기능으로 이루어져 있는 골치 아픈 수와 식

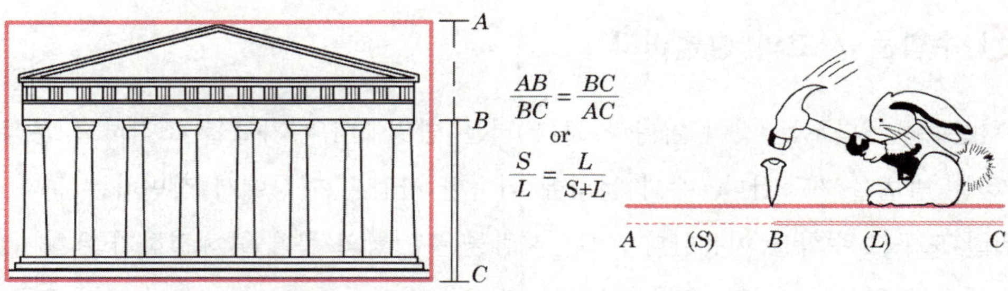

그림 1.3 파르테논 신전과 황금비

의 집합으로 잘못 생각하고 있다. 교사는 이러한 점에 착안하여 학생이 수학을 배울 때 수학에 내재되어있는 질서와 내적 일관성을 인지하고 이해할 수 있도록 안내할 필요가 있다.

4 4. 수학은 언어이다.

우선 여러 가지 세모들을 모아놓고 모양이라는 정말로 본질적인 속성만 남겨두고 그 크기나 색 등은 배제시킨 채 삼각형이라는 개념을 만든다. 그 다음에는 이러한 삼각형의 각과 변의 크기에 따라 정삼각형, 이등변삼각형 등의 새로운 개념을 만든 다음 이러한 개념들 간의 관계를 파악하여 새로운 명제를 만들어가는 것이 수학이다. 예를 들면 "이등변삼각형의 두 밑각의 크기는 같다."와 같은 명제는 수학에서의 독특한 언어이다. 수학은 일상의 자연언어보다는 고도로 축약된 개념을 함축하고 있는, 즉 추상화의 정도가 매우 큰 언어이다. 다음과 같은 문제를 기하학적인 모델링에 의하여 해결하는 것도 일종의 함축적인 언어로 볼 수 있다.

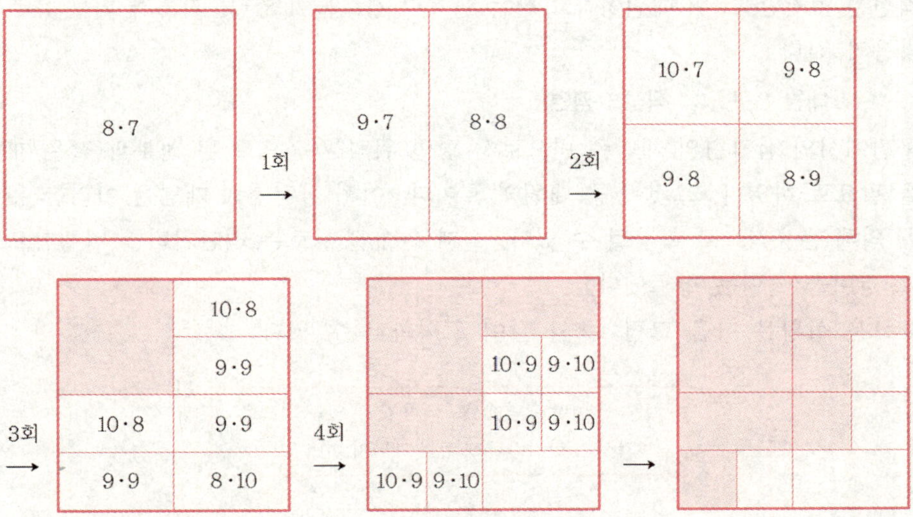

그림 1.4 기하학적 모델링에 의한 문제해결

확률론의 기원

갑과 을 두 사람이 동전던지기를 하였다. 동전의 앞면이 나오면 갑이, 뒷면이 나오면 을이 1점을 얻는 것으로 하여 먼저 10점을 얻은 사람이 피자를 혼자 다 먹기로 하였다. 그런데 갑이 8점, 을이 7점을 얻은 상황에서 시합이 중단되었다면, 피자는 어떻게 나누어 먹는 것이 바람직하겠는가?

5 수학은 도구이다.

수학은 수학자들뿐 아니라 모든 사람들이 일상생활에서 사용하고 있는 도구이다. 수학자 뿐 아니라 모든 학문 분야의 학자들이 각자 자신의 이론을 전개하는 도구로 이용하기도 한다. 금융이나 스포츠, 경제학 등 수학이 이용되지 않는 분야란 찾기 어려울

대권항로

구면 삼각형은 평명삼각형의 유추에 입각한 은유적 간결 표현이다. 구면 위에는 직선은 없지만, 소위 대원이라고 하는 단거리 경로들이 있다. 기초가 되는 유추는 다음과 같다.

대원 : 구 :: 직선 : 평면

구면에서의 삼각형의 개념은 변으로서 평면 위의 직선으로 된 선분과 같은 개념을 필요로 하였다. 그것이 곧 대원의 호이다. 이제 삼각형의 개념은 이러한 유추에 의해 은유적으로 확장될 수 있다. 실제로 대권 항로는 최단거리를 비행함으로써 경비를 줄이는 항로이다.

새로운 상황은 다음 그림 1.5와 같이 도식화할 수 있다:

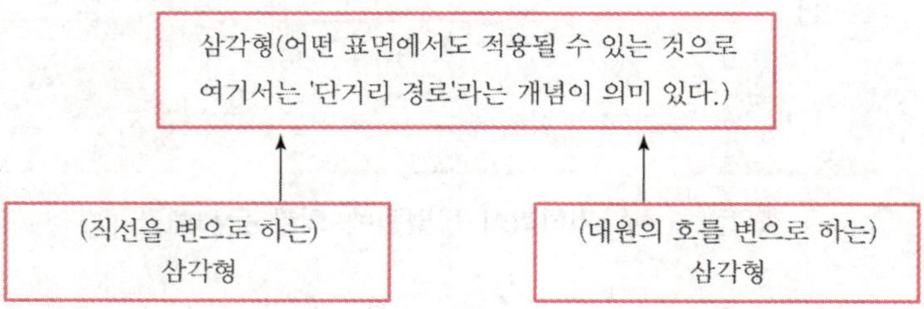

그림 1.5 구면삼각형의 구조적 은유

류의 영향으로 실용적인 면도 중시하고 있었다. 이러한 풍조를 대표하는 수학자의 한 사람이 헤론이다.

그리스 수학은 유클리드에게서 전형적으로 볼 수 있듯이 말하자면 "이론수학"이지만, 고대의 오리엔트 수학은 바빌로니아 수학에서 전형적으로 볼 수 있는 것처럼 "실제수학"이다. 전자가 "증명"에 의해 이론적으로 구축되어져 있음에 반하여, 후자는 실제적인 사실에 따라 전개되며 본래 "실험, 실측"에 의해 얻어진 수학적 지식을 모아 쌓은 것이다.

근대의 수학교육에서는 유클리드의 "이론수학"이 중심적 위치를 점하고 있는 것에 반기를 들어, 헤론의 "실제수학"도 같은 위치에 설 수 있도록 기도한 것이 20세기 초의 수학교육 개조 운동이었다. 곧, 증명 뿐 아니라 실험 · 실측의 도입과 더불어 수학의 실용성을 중시하려고 한 것이다. 이러한 관점에서 독일의 수학교육 개조운동가였던 클라인(K. Klein)의 협력자 트로이트라인(P. Treutlein, 1845~1912)의 "직관기하"의 창설은 큰 공적이며, 오늘날까지 초 · 중등학교의 도형 지도에 있어서 큰 영향을 미치고 있다.

3 인간중심주의

유클리드나 헤론은 고대의 수학자이었지만, 페스탈로치는 근대 스위스의 교육사상가로서, 더욱이 수학에는 조예가 깊지 않은 사람이었다. 그러한 사람이 오늘의 수학교육에 커다란 사상적 영향을 주었다는 것은 이상하게 보일 지도 모른다. 그의 수학교육상의 공적에 대해 말하자면, 그는 인간의 마음속에서 수학을 본 사람이라고 할 수 있다. 즉, 수학교육은 아동의 밖에 있는 수학을 아동의 머릿속에 주입하는 것이 아니고, 아동이 본래 가지고 있는 힘에 의해 아동이 수학을 만들어내게 하는 것이라는 것이 그의 교육 방법의 기본적인 생각이며, 이것이 오늘날 활동주의적 수학교육관의 출발이었다고 해도 과언이 아니다.

그의 교육사상은 이른바 "직관의 ABC", 곧 "수 · 도형 · 언어"의 교육을 통하여 구체화되지만, 이것들은 어느 것이나 수학교육 내용 그 자체인 것이다. 그의 교육 방법은 서구 특히 독일의 초등학교에 확고한 위치를 점하게 되었고, 이것을 중등학교의 수학

교육에까지 도입한 사람이 앞에서 언급한 트로이트라인 등 독일의 수학교육 개조운동의 지도자들이다.

1.4 교육적 관점에서의 수학교육의 목표

수학의 지도는 교육활동의 일환으로서 타 교과의 지도에서도 생각할 수 있는 일반적인 교육적 관점이 바탕이 된다. 일반적으로 "교육의 목적"을 생각할 경우 다음과 같은 관점이 중시되고 있다.

① 인간이 사회의 한 구성원으로서 생활을 실천하는 데 필요한 능력을 지니도록 젊은 세대를 기르는 일(실용적 목적)

② 인간의 과거에 있어서의 생활의 실천이나 창조가 문화유산으로서 축적되고, 학문으로서 체계화되어져 왔다. 이러한 문화유산은 생활의 실천에서 활용될 뿐 아니라, 그것 자체가 또한 중요한 가치를 지니는 것이므로 이것들이 다음 세대로 전승되도록 하는 일(문화·교양적 목적)

③ 인간이 본래 갖추고 있는 여러 가지 능력을 끄집어내어 갈고 닦는 일(도야적 목적)

④ 창의적인 실천 활동을 할 수 있고, 거기에서 아름다움과 즐거움을 찾을 수 있도록 하는 일(창의적인 활동의 실천)

이와 같은 교육에서의 일반적인 목적에 대응하여, 수학교육에서는 다음과 같이 구체적인 성격을 갖는 목표를 설정할 수 있다.

1 수학의 실용적 가치

수학교육에서는 일상생활에 필요한 수학적 지식이나 기능을 습득시키는 것을 목적으로 한다. 고대수학의 발생 자체가 인류의 생활의 필요에서 이룩된 것이므로 실용성을 목적으로 삼는 것은 당연한 것이다. 물론 실용성은 생활수준의 발전에 따라 다양한 성격을 지니게 되며 내용도 복잡하게 된다. 실용성은 개인이나 직업에 따라 다르며,

또한 일상적으로 필요한 지식, 기능이라도 단순히 형식적인 테두리에서 머물지 않고, 수량적인 사고를 할 수 있는 아이디어나 개념을 잘 쓸 수 있도록 해야 한다.

2 문화적 · 교양적 가치

인류는 역사상 과학 기술, 문학, 예술 등 많은 문화를 창조하여 왔다. 이들은 모두 빛나는 문화적 가치를 지니고 있으며, 인류는 이의 전승 및 발전에 기여해야 한다. 사람들은 여러 가지 문화를 동경하며 스스로도 실천 욕구를 가지고 있다. 물론 수학도 독특한 문화적 가치를 지닌 학문이다. 유클리드 기하학은 문화적 가치로 해서 고대에서 근세에 이르기까지 인류에 의해 전승되어온 것이다. 여기서 우리들이 유념할 것은 수학은 결코 특수한 사람에게만 필요한 것이 아니고, 수학교육도 훌륭한 수학자를 양산하는 데 목적이 있는 것이 아니란 점이다. 초등교육에서는 수학의 좋은 점을 알고, 즐겁고 재미있는 학습을 통하여 수학의 문화적 · 교양적 가치를 많은 아동들이 알 수 있도록 하는 것이 중요한 일이다.

3 도야적 가치

수학의 학습에서는 그 학습 과정이나 학습의 결과 어떤 정신적인 습관이 형성된다든가 어떤 성격의 능력이 육성되어진다든가 하는 직접적인 것은 아니지만, 어느 정도 밀접한 관련을 가진 정신적인 가능성이 기대된다. 예컨대, 수학이 지니는 논리성, 형식화하여 생각하는 등의 학습 방법을 통하여 논리적으로 사고하는 능력, 형식화하는 능력 등의 전이를 기대하게 된다. 이와 같은 수학 학습의 결과는 "형식"으로 정착하고, 이 형식은 다른 장면에서의 학습에 파급되기를 바라고 있다.

4 창의적 활동의 실천

인간으로서의 보람과 즐거움은 문화의 수용과 함께 어떤 형태로든 문화 활동에 참가하며, 더욱이 새로운 것을 만들어내는 능력을 발휘할 수 있다는 것이다. 새로운 수학적 지식을 만들어낸다는 것은 극히 어려운 일이며 학습도 어떤 표준적인 하나의 흐름에 따라서 진행되는 경우가 많은 것이지만, 그러한 경우에서도 아동 개개인의 이해의 방법이나 문제를 음미하는 방법 등은 모두 개성적인 것이다. 실제 학습 장면에서 아동들이 다양한 사고 활동을 하고 있는 모습은 곧 아동의 상상력이나 유연성의 표출이며 창의적 활동을 실천하는 일로 간주된다. 우리는 과정으로서 그리고 창의적 활동으로서의 수학 학습을 통하여 아동의 창의력을 고무시키고, 문제해결의 즐거움과 보람을 가지며, 수학의 힘을 자각할 수 있도록 지도하도록 해야 할 것이다.

1.5 우리나라 초등교육의 목표

일반적으로 교육목표, 특히 교과교육의 목표는 외적으로는 정치·경제 및 사회적 상황에서, 또 내적으로는 교육연구·교육실천의 성과 등으로 크든 작든 영향을 받고 있다. 초등수학과의 목표도 이와 같은 외적·내적 요인으로 시대와 함께 변천되어 왔다. 여기서는 1945년 이후의 우리나라 교육과정의 변천 과정에 따른 초등수학과의 일반목표만을 시대별로 개관한다.

1 교수요목기의 목표(1946~1954)

이 시기에는 교수요목의 목표를 제시하지 않고, 다만 "산수과는 일상생활에 필요한 수량적 관계를 정확하게 이해하여 처리하는 능력을 기르는 것"으로 산수과의 성격을 규정짓고 따로 지도 요지를 제시하고 있다.

2 제1차 교육과정에서의 목표(1954~1963)

일반목표로서 "산수과는 일상생활에 있어서 수량적인 관계와 도형에 대하여 고찰하고 이해하며 처리하는 능력과 태도를 기르는 데 있다."와 같이 제시하고, 이에 대한 세

부목표로서 14개항을 들고 있다.

3 제2차 교육과정에서의 목표(1963~1973)

2차의 일반목표는 3개항으로 되어있으며, 다시 학년별 목표가 설정되어 있다.

① 일상생활의 구체적인 경험을 통하여 수량이나 도형에 관한 기본적인 개념, 원리, 법칙을 이해하여 수리적인 사고방식과 처리 기능을 얻도록 한다.

② 수량이나 도형에 관한 기초적인 지식과 기능을 체계적으로 조직하고, 적절히 활용해서 일어나는 문제를 능률적으로 해결하도록 한다.

③ 수량이나 도형에 관한 생활상의 모든 문제를 올바르게 판단하고 과학적으로 처리하는 습관을 기른다.

여기서는 경험을 합리적으로 처리하기 위한 수단으로서의 방법으로 보며, 또한 수량이나 도형 문제에 대한 활용적 기능의 양성과 생활 수학에 중점을 두고 있다.

4 제3차 교육과정에서의 목표(1973~1981)

3차의 일반목표는 2차 때와 같이 3개항으로 되어있으며, 각 학년별로 5개항씩의 목표가 설정되어 있다.

① 일상생활의 여러 가지 사물의 현상을 수리적으로 사고하는 경험을 통하여 수학의 기초적인 개념, 원리, 법칙을 이해시킨다.

② 수리적인 사실에 관한 기초적인 원리·법칙을 간결·명확하게 표현하여 활용함으로써 논리적으로 사고하는 태도와 능력을 기른다.

③ 논리적인 사고를 필요로 하는 여러 가지 사실을 합리적으로 처리할 수 있는 기능을 기른다.

여기서는 수학적 대상의 인식과 논리적 사고의 강조, 수학적 구조의 중시, 그리고 수학적 문장의 학습과 수학적 기능 및 응용에 강조점을 두어 초등수학을 학문적으로 규정하려 한 점이 특색이다.

5 제4차 교육과정에서의 목표(1981～1987)

▌교과목표▐ 수학의 초보적인 지식과 기능을 익혀, 일상생활의 여러 가지 문제를 합리적으로 해결할 수 있는 능력과 태도를 기른다.

① 여러 가지 생활 현상을 수리적으로 고찰하는 경험을 통하여, 수량과 도형에 대한 기초적인 개념, 원리, 법칙을 이해하게 한다.

② 기초적인 계산의 기능을 익혀, 이를 일상생활에 적용할 수 있는 능력을 가지게 한다.

③ 일상생활의 여러 가지 사실을 합리적으로 처리하는 생활습관을 가지게 한다.

여기서는 수리적인 사고, 경험을 통한 초보적인 개념, 원리, 법칙의 강조, 기초적인 계산 원리와 기능의 숙달, 그리고 문제해결력의 강화와 발견적인 학습방법을 강조하고 있다.

6 제5차 교육과정에서의 목표(1987～1992)

▌교과목표▐ 수학의 초보적인 지식과 기능을 배우고 익히며, 이를 활용하여 합리적으로 문제를 해결할 수 있는 수학적인 능력과 태도를 기른다.

① 여러 가지 생활 현상을 수학적으로 고찰하고 조작하는 경험을 통하여 수량과 도형에 대한 기초적인 개념, 원리, 법칙을 이해하게 한다.

② 수학의 초보 기능을 익히고 이를 일상생활에 적용할 수 있게 함으로써 여러 가지 문제를 합리적으로 해결할 수 있게 한다.

③ 수학에 대한 흥미와 관심을 지속적으로 가지게 하고, 수학적 사실을 간결·명확하게 처리하는 생활 태도를 가지게 한다.

여기서는 수학적 지식과 기능의 활용을 바탕으로 수학적 사고를 통한 문제해결 및 내적인 학습동기 유발과 수학적 태도 육성 등을 강조하고 있다.

7 제6차 교육과정에서의 목표(1992~1997)

▌교과목표▐ 수학의 초보적인 지식을 습득하고 기능을 배우고 익히며, 이를 활용하여 문제를 해결할 수 있는 수학적 능력과 태도를 기른다.

① 여러 가지 생활 현상을 수학적으로 관찰하고 조직하는 경험을 통하여 수량과 도형에 대한 기초적인 개념, 원리, 법칙을 이해하게 한다.

② 수학의 기초 기능을 익히고, 이를 일상생활에 적용할 수 있게 하며 여러 가지 문제를 해결할 수 있게 한다.

③ 수학에 대한 흥미와 관심을 지속적으로 가지게 하고, 여러 가지 사실을 수학적으로 간결·명확하게 표현하고 처리하는 생활 태도를 가지게 한다.

여기서는 정보화시대에 생활할 수 있는 자질을 키우기 위하여 수량과 도형에 대한 기초적인 개념, 원리, 법칙을 이해하고, 수학적 기능을 숙달시키며, 수학적 사고력을 기르게 하여 생활 현장에서 발생하는 여러 가지 문제를 합리적으로 해결하는 데 중점을 두고 있다. 따라서 학습지도에서는 계산 위주나 문제풀이 위주의 방법보다는 기초학습 능력의 신장, 수학적 사고력, 문제해결력의 육성에 주안점을 둔 지도를 바라고 있다.

8 제7차 교육과정에서의 목표(1997~2007)

▌교과목표▐ 수학의 기본적인 지식과 기능을 습득하고, 수학적으로 사고하는 능력을 길러, 실생활의 여러 가지 문제를 합리적으로 해결할 수 있는 능력과 태도를 기른다.

① 여러 가지 생활 현상을 수학적으로 고찰하는 경험을 통하여 수학의 기초적인 개념, 원리, 법칙과 이들 사이의 관계를 이해할 수 있다.

② 수학적 지식과 기능을 활용하여 생활 주변에서 일어나는 여러 가지 문제를 수학적으로 관찰, 분석, 조직, 사고하여 해결할 수 있다.

③ 수학에 대한 흥미와 관심을 지속적으로 가지고, 수학적 지식과 기능을 활용하여 여러 가지 문제를 합리적으로 해결하는 태도를 기른다.

여기서는 10년간에 대한 수학과의 목표와 더불어 20개의 하위 단계에 대한 각각의 목표가 진술되어 있다. 이와 같은 목표들은 '수학적 힘의 신장'으로 종합될 수 있는데 이는 6차 교육과정이 목표한 '문제해결력의 신장'보다는 광의의 개념이라고 할 수 있다. 여기서 말하는 '수학적 힘'이란 탐구하고 예측하며 논리적으로 추론하는 능력, 수학에 관한 또는 수학을 통한 정보 교환 능력, 수학 내에서 또는 수학과 다른 학문적 영역 사이의 아이디어를 연결하는 능력, 문제해결이나 어떤 결정을 내려야 할 때 수량과 공간에 관한 정보를 찾고 평가하고 사용하려는 성향과 자신감을 포함하는 것으로, 인지적 측면과 정의적인 측면을 모두 포함하는 것으로 볼 수 있다.

9 2007년 개정 교육과정의 목표(2007~2009)

▌초등학교 수학과의 목표▐ 기초적인 수학적 지식과 기능을 습득하고 수학적으로 사고하고 의사소통하는 능력을 길러, 생활 주변에서 일어나는 현상과 문제를 합리적으로 해결하는 능력을 기르며, 수학에 대한 긍정적인 태도를 기른다.

① 생활 주변에서 일어나는 현상을 수학적으로 관찰하고 조직하는 경험을 통하여 수학의 기초적인 개념, 원리, 법칙을 이해하는 능력을 기른다.

② 수학적으로 사고하고 의사소통하는 능력을 길러, 생활 주변에서 일어나는 문제를 합리적으로 해결하는 능력을 기른다.

③ 수학에 대한 관심과 흥미를 가지고, 수학의 가치를 이해하며, 수학에 대한 긍정적 태도를 기른다.

개정 수학과 교육과정의 총괄목표에서는, '수학적 지식과 기능의 습득', '수학적 사고 능력, 의사소통 능력, 문제해결 능력의 신장', '수학에 대한 긍정적 태도 육성'을 강조하고 있다. '수학적 지식과 기능의 습득', '수학적 사고 능력', '문제해결 능력과 태도'라는 항목은 수학 학습에서 변하지 않는 기본 목표로서 7차 교육과정에서도 제시된 것이며, 앞으로의 수학 학습에서도 계속 강조될 필요가 있다. 다만 개정 교육과정에서는 수학교육의 최근 동향을 반영하여 수학적 의사소통 능력을 강조하였다. 또한 최근 관심이 증대되고 있는 정의적 측면과 관련하여 수학에 대한 긍정적인 태도를 새롭게 추가하였다. 개정 교육과정에서 제시된 태도는 정의적 측면의 태도라는 관점에서 제7차 교육과정에서의 문제를 합리적으로 해결하는 태도와 구분된다.

10 2009 개정 교육과정의 목표 (2007~2009)

수학 과목의 목표 수학적 개념, 원리, 법칙을 이해하고, 수학적으로 사고하고 의사소통하는 능력을 길러, 여러 가지 현상과 문제를 수학적으로 고찰함으로써 합리적이고 창의적으로 해결하며, 수학 학습자로서 바람직한 인성과 태도를 기른다.

① 생활 주변이나 사회 및 자연 현상을 수학적으로 관찰, 분석, 조직, 표현하는 경험을 통하여 수학의 기본적인 기능과 개념, 원리, 법칙과 이들 사이의 관계를 이해하는 능력을 기른다.

② 수학적으로 사고하고 의사소통하는 능력을 길러, 생활 주변이나 사회 및 자연의 수학적 현상에서 파악된 문제를 합리적이고 창의적으로 해결하는 능력을 기른다.

③ 수학에 대하여 관심과 흥미를 가지고, 수학의 가치를 이해하며, 수학 학습자로서 바람직한 인성과 태도를 기른다.

수학과는 수학의 개념, 원리, 법칙을 이해하고 기능을 습득하여 주변의 여러 가지 현상을 수학적으로 관찰하고 해석하는 능력을 기르며, 수학적 문제 상황을 수리·논리적 사고를 통하여 합리적으로 해결하는 능력과 태도를 기르는 교과이다.

복잡하고 전문화되어가는 미래 사회에서 사회 구성원에게 필요한 핵심 역량은 창의적 사고 능력, 문제 해결 능력, 정보처리 능력, 의사소통 능력 등으로, 이는 주로 수학적 추론, 수학적 문제 해결, 수학적 의사소통과 같은 수학적 과정의 학습·지도를 통하여 증진된다. 수학적 과정을 통해 길러진 핵심 역량은 타 교과의 성공적인 학습에 기반이 될 뿐 아니라, 나아가 개인의 전문적 능력의 증진과 창의·인성 중심의 21세기 지식 기반 사회의 민주 시민에게 필요한 소양과 경쟁력을 갖추는 데에도 토대가 된다.

한편, 학교 수학에서는 인지적 능력의 증진은 물론 수학에 대한 흥미와 호기심, 수학 학습에 대한 자신감과 긍정적인 태도 등 정의적 영역의 개선과 더불어 상대방을 이해하고 배려하는 바람직한 인성을 길러야 한다. 수학은 개인차가 크게 나타나는 교과이므로 학생의 인지 발달 단계, 학습 수준, 학습 특성 등을 고려하여 적절한 학습·지도 방법을 적용해야 한다.

연/구/문/제

1. 수학이란 무엇인가?

2. 수학의 특성에서 도출되는 목표를 논하시오.

3. 수학교육상의 교육 사상을 논하시오.

4. 교육적 관점에서의 수학교육의 목표를 설명하시오.

5. 우리나라 각 교육과정별 수학교육의 목표를 설명하시오.

6. 황금비의 값을 구하고, 주변에서 황금비를 이루는 것들을 예로 들어 보시오.

7. 확률론의 기원에 해당하는 문제를 다른 방법으로 풀어보시오.

8. 세계여행에서 대권항로를 이용한 사례를 들어 보시오.

9. 피보나치수열의 개념을 설명하고 이것과 황금비와의 관계를 설명하시오.

Chapter 02 수학교육의 변천

학문으로서 가장 오랜 역사를 가진 수학의 역사를 간략히 살펴본 다음, 20C 이후의 수학교육의 동향을 그 중요한 운동을 중심으로 개관해 본다.

그리고 초등수학교육의 개선 방향을 모색하기 위하여 사회적 구성주의와 메타인지, 멀티미디어의 활용 등에 대해서도 관심을 가지도록 한다. 마지막으로 우리나라 교육과정상의 초등수학교육의 변천과정과 외국의 초등수학교육을 살펴봄으로써 그 바람직한 전망을 모색해 본다.

2.1 수학의 발달

1 고대수학

현존하는 자료에 의하면, 기원 전 2,000년경의 고대 오리엔트에서는 정수·분수의 계산, 1차·2차방정식의 해법, 도형의 구적법 등 고도의 수학적 내용이 존재하고 있었다. 그것들은 그 당시의 사회생활에 필요한 수학적 지식·기법으로서 일상적 사상을 수량적·공간적 관점에서 잡아낸 경험적 지식이며 실용적 성격의 지식으로 볼 수 있다. 주로 고대문명의 발상지들이 큰 강을 끼고 있음을 보더라도 농경문화가 정착된 시점들에서의 큰 홍수가 지나간 뒤 토지의 측량 등의 필요성에서 비롯된 수학적 지식이었을 것으로 추측할 수 있다.

한편, 고대 그리스인들은 이집트와 오리엔트의 수학을 받아들이고, 기원전 600년경에는 탈레스(Thales), 피타고라스(Pythagoras) 등을 비롯한 뛰어난 학자들에 의하여 기존의 수학적 지식을 이론적으로 체계화하려는 노력이 지속되었다. 유클리드는 만인이 인정하는 몇 개의 공리를 설정하고, 이를 근거로 논리적·연역적 방법을 적용하여 정리를 유도함으로써 수학을 학문적으로 체계화하였는데 이것이 유명한 「기하학원론」이다. 여기에는 평면·입체기하, 양의 이론, 정수론 등의 논증체계가 수록되어있다.

원론

유클리드의 〈원론〉은 논리적인 사고를 위해서 필요한 공리나 공준을 모아 놓은 책이다. 이런 공리나 공준은 논리적인 사고 즉, 연역적인 사고의 진행을 위해 필요한 것이다. 탈레스는 연역적인 기하학을 발견한 최초의 인물이다.
대표적인 연역적 결과는 맞꼭지각의 같음이다. 'x는 y와 같고 y는 z와 같으니까 x는 z와 같구나!'라는 생각도 연역적인 생각이다.

1. 원은 임의의 지름으로 이등분된다.
2. 이등변 삼각형의 두 밑각의 크기는 서로 같다.
3. 교차하는 두 직선이 만드는 두 맞꼭지각은 각각 서로 같다.
4. 두 삼각형에서 대응하는 두 각의 크기와 대응하는 한 변의 길이가 각각 서로 같으면, 그 두 삼각형은 서로 합동이다.
5. 반원에 내접하는 각은 직각이다.

한편, 중국의 경우에도 당나라의 천문학자 이순풍에 의한 주공의 유서에 의하면 기원전 1,050년경에 이미 오늘날 구장산술로 알려진 구장산경이 완성되었다고 전한다. 이는 유클리드의 원론에 필적할 만한 대작이지만, 당시의 원본을 찾지 못하고 있다. 혹자는 기원전 200년경의 진시황의 분서갱유 사건으로 소실된 것은 아닐까하고 추측하기도 한다.

2 중세수학

중세 유럽에서는 그리스 수학의 계승을 멈추고, 수학의 본질적 발전을 보여주지 못하였다. 한편, 중세 인도의 계산 술과 그것을 바탕으로 한 중세 아라비아의 대수는 그리스의 논증수학과는 달리, 말하자면 기교적 수론이라고 할 만한 것을 발전시켰다. 825년경 알 콰리즈미(Al-Khowarizmi)가 방정식 $x^2+10x=39$와 동치인 문제를 풀기 위하여 문장으로 기술한 규칙은 $x=\sqrt{\left(\frac{10}{2}\right)^2+39}-\frac{10}{2}$과 동치이며 이는 대수적 규칙에 대한 기하학적 증명의 한 예이다.

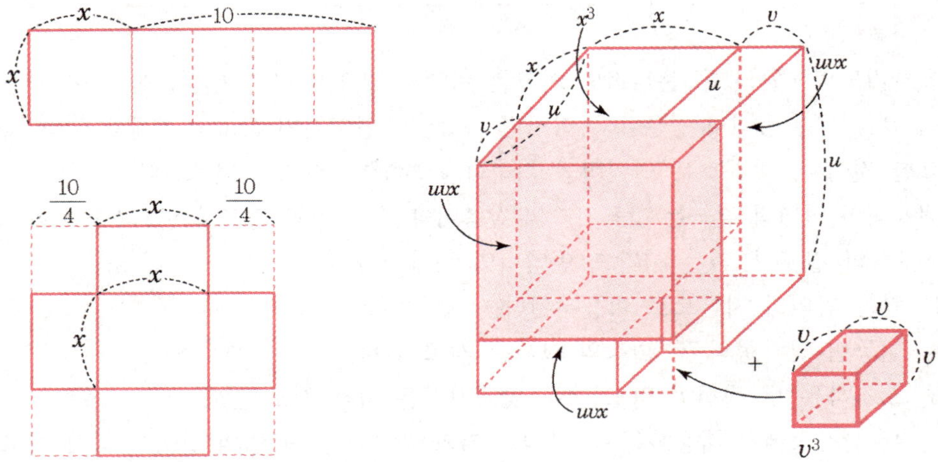

그림 2.1 도형에 의한 방정식의 풀이

>> 카르다노와 타르탈리아의 방법은 일반적인 삼차방정식을 $az^3+bz^2+cz+d=0$ $(a\neq 0)$으로 표현할 수 있고 z은 $x-\dfrac{b}{3a}$로 치환하면 $x^3+mx=n$이 되어 이차항이 없는 꼴로 바뀌어서 $(u-v)^3+3uv(u-v)=u^3-v^3$ 꼴의 항등식에 대입하면 $x=u-v$, $m=3uv$, $n=u^3-v^3$이 된다. 이를 일련의 계산과정을 거쳐서 정리하면 구하고자 하는 미지수 x는 $x=u-v=\sqrt[3]{\dfrac{n}{2}+\sqrt{\left(\dfrac{n}{2}\right)^2+\left(\dfrac{m}{3}\right)^3}}-\sqrt[3]{-\dfrac{n}{2}+\sqrt{\left(\dfrac{n}{2}\right)^2+\left(\dfrac{m}{3}\right)^3}}$로 나타낼 수 있다.

1202년 피보나치(Leonard of Pisa)는 실용적 · 상업적 수학의 개론서라고 할 수 있는 "산반서(Liber Abaci)"를 썼다. 이는 인도 · 아라비아식 체계에 바탕을 두고 있는 것으로, 피보나치수열 문제를 포함한 400개 이상의 문제들이 일상어로 풀어져 있다. 이처럼 인도 · 아라비아 수학은 14세기경 유럽에 전파되고 그 실용성으로 인하여 유럽 사회에 널리 보급되었으며, 16세기에는 유럽인에 의한 3차 · 4차방정식의 대수적 해법의 성공을 보게까지 되었다. 알 콰리즈미와 같이 문제해결의 기술자라고 할 수 있는 카르다노(Cardano, 1501~1576), 미지수 x, y, z, a, b, c 등을 도입함으로써 대수학의 아버지라 불리는 비에트(Viète, 1540~1603) 등의 역할이 두드러진다. 17세기에는 비에

트보다 훨씬 더 추상적인 기호를 이용한 데카르트(Descartes)에 의해 오늘날과 같은 대수의 기호화가 추진되고 그 때까지의 문장기술에 따른 수학이 오늘날과 같은 "기호적 수학"으로서 형성되기에 이르렀다. 이 기호적 수학의 형성은 또 기하와 대수와의 통합, 즉 데카르트의 해석기하학을 탄생시켰다. 이러한 해석기하학적 방법은 그리스의 논증적 방법과 함께 그 이후의 수학 연구의 지침적인 방법이 되었다.

그리고 해석기하학적 방법으로 곡선에 접선을 긋는다든지, 역으로 각 점에서 접선을 주고 그것들을 접선으로 하는 곡선을 구하는 등의 문제로부터, 라이프니츠(Leibniz)에 의해 각각 미분법 및 적분법이 발견되고, 또 뉴턴(Newton)은 그의 역학·운동 등을 구축하기 위한 수학적 도구로서, 같은 미분법, 적분법을 발견하였다. 무한소량이나 극한개념을 바탕으로 한 이 새로운 수학은 18세기 수학의 주류를 이루고 눈부신 발전을 이루었다.

3 근대수학

19세기 수학에서의 중대한 사건은 비유클리드 기하학의 출현으로서 유클리드의 평행성공리의 부정을 공리로 한 연역적 체계이다. 또 칸토르(G. Cantor)는 수학에서의 무한 개념의 해명에 노력하여 19세기 말에 집합론을 확립하였다.

무한집합의 농도

자연수의 농도=정수의 농도=유리수의 농도< 실수의 농도

$N=\{ 1,\ 2,\ 3,\ 4,\ 5,\ 6,\ 7,\ \cdots\}$

↕ ↕ ↕ ↕ ↕ ↕ ↕

$Z=\{ 0,\ 1,\ -1,\ 2,\ -2,\ 3,\ -3,\ \cdots\}$

1 →	2	3 →	4	⋯	;	분모가 1인 모든 양의 분수
	↙	↗	↙			
$\frac{1}{2}$	$\frac{2}{2}$	$\frac{3}{2}$	$\frac{4}{2}$	⋯	;	분모가 2인 모든 양의 분수
↓	↗	↙				
$\frac{1}{3}$	$\frac{2}{3}$	$\frac{3}{3}$	$\frac{4}{3}$	⋯	;	분모가 3인 모든 양의 분수
	↙					
$\frac{1}{4}$	$\frac{2}{4}$	$\frac{3}{4}$	$\frac{4}{4}$	⋯	;	분모가 4인 모든 양의 분수
↓						
⋮	⋮	⋮	⋮	⋯		

0과 1 사이의 모든 실수는 셀 수 없다.

이 증명은 직접 증명이 아니며, '칸토어의 대각 논법'이라 부르는 색다른 방법이 사용된다. 주어진 구간의 실수의 집합이 셀 수 있다고 가정하자. 그러면 그 집합의 원소들을 수열 $\{p_1,\ p_2,\ p_3, \cdots\}$으로 나타낼 수 있다. 0과 1사이의 모든 실수 p_i은 무한 소수로 유일하게 표현할 수 있다. 그러면 위의 수열을 다음과 같이 배열할 수 있다.

$$p_1 = 0.a_{11}a_{12}a_{13}\cdots$$
$$p_2 = 0.a_{21}a_{22}a_{23}\cdots$$
$$p_3 = 0.a_{31}a_{32}a_{33}\cdots$$
$$\cdots\cdots\cdots\cdots$$

여기에서 각 기호 a_{ij}는 숫자 0,1,2,3,4,5,6,7,8,9 중의 하나를 나타낸다. 그런데 이런 수열로 0과 1사이의 모든 실수를 나열하더라도, 그 수열에 낄 수 없는 수가 존재한다.

$a_{kk}\neq 7$이면 $b_k=7$, $a_{kk}=7$이면 $b_k=3$으로 정의한 수 $0.b_1b_2b_3\cdots$이 바로 그런 수이다. 이 수는 0과 1사이의 수이지만, 이수는 각 p_i와 다르다. 왜냐하면 이 수는 p_1과 적어도 소수점 아래 첫째 자리에서 다르고, p_2와는 적어도 소수점 아래 둘째 자리에서 다르며, p_3과는 소수점 아래 셋째 자리에서 다르고 이와 같이 계속되기 때문이다. 따라서 0과 1사이의 모든 실수를 수열로 표현할 수 있다는 원래의 가정은 받아들일 수 없으므로, 그 집합은 셀 수 있는 무한집합일 수 없다.

그러나 20세기 초에 이러한 칸토르의 무한 개념에 중대한 역리가 숨어있음이 지적되고, 이것이 발단이 되어 수학의 기초적 문제-수학적 대상이란? 수학적 진리란? 수학의 방법이란?- 등의 논쟁을 불러일으켰다. 이 논쟁 중의 유명한 것은 러셀(Russel)의 "논리주의", 브라우어(Browner)의 "직관주의", 그리고 힐버트(Hilbert)의 "형식주의"이다.

그 이후의 수학의 경향은 결과적으로는 형식주의·공리주의가 주류를 이루었다. 곧, 그의 수학 이론은 몇 개의 무정의 용어와 그들을 사용한 몇 개의 공리로부터 연역된 공리체계로서, 더욱이 그 체계 내에 논리적 모순을 품지 않은 것이라고 하는 수학관이 주류가 되었다. 이와 같은 수학에는 대상의 추상성·통일성·형식성 등이 그 특징으로 나타난다.

4 현대수학

특히 1950년대 이후로는 그 때까지의 각 수학 분야가 더욱 통합·통일화되는 추세이며, 수학의 연구대상은 집합과 위상을 토대로 한 이른바 "수학적 구조"의 탐구가 주류를 이루고 있다. 이와 같은 추상수학은 과학은 물론 종래에는 예상도 하지 않았던 여러 분야에서도 뛰어난 응용성을 보여주고 있다. 또한, 컴퓨터의 등장으로 실험수학의 지평을 연 1980년 만델브로트(Mandelbrot)의 업적 이후의 프랙털(Fractal) 도형의 등장이나, 카오스 이론 등과 함께 갈르와의 유한체론을 토대로 한 암호 학의 발전은 응용대수학의 눈부신 발전의 일면을 보여주고 있다.

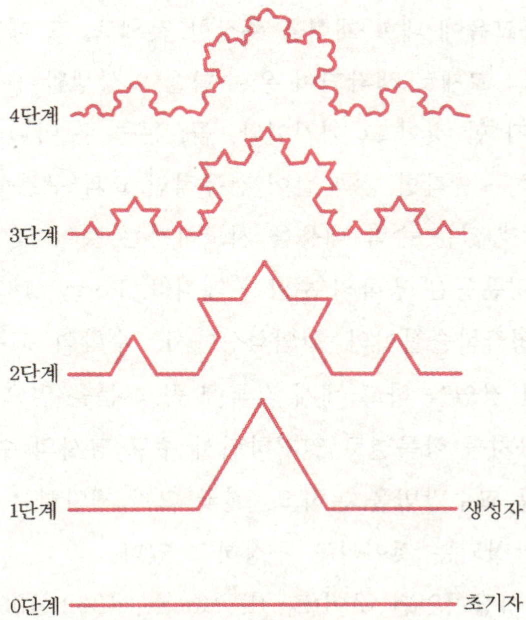

▌그림 2.2▐ Koch 곡선

2.2 수학교육의 동향

새로운 교육이념은 언제나 운동이라고 하는 형태로 실천되고 있다. 오늘날의 수학교육에 크게 영향을 미친 개혁운동은 두 가지로서 그 하나는 1901년의 페리의 강연으로 시발점이 된 수학교육 개량운동이며, 다른 하나는 1960년대에 시작된 수학교육 현대화운동이다.

1 수학교육 개선 운동

이 운동은 특히 중등교육에 대한 개혁을 주장한 것으로, 그 때까지의 형식도야적 관점에서 주로 정신도야의 교재로 생각되어 온 수학을 일상생활이나 과학적 연구에도 유용한 것으로 개혁하고자 한 것이 그 취지이다. 곧, 논증 뿐 아니라 실험·실측도 중시하고, 산술·대수·기하·삼각법 등과 같이 전통적인 교과 구분을 없애고, 학생들에게 실질적으로 효용 가치가 있는 수학 내용을 지도하자는 것이 그 실천적 목표였다.

근대의 수학교육 개량운동은 영국의 수학자 페리(J. Perry, 1850~1920)로부터 비롯된다. 그는 1901년 영국학술협회의 회의석상에서 "수학의 교수(The Teaching of Mathematics)"에 대한 강연을 하고 세계 각국에 큰 파문을 일으켰다. 그는 그 강연을 통하여 수학 학습의 가치를 항목별로 열거하면서 주로 당시의 수학 교육의 결함을 들어 그것을 개혁해야 할 교수방법을 논하고, 결국 그가 제안하는 요목을 실시함으로써 수학 학습의 목적이 관철되는 것이라고 주장하고 있다.

또한 미국수학회의 회장이었던 무어(E. H. Moore, 1862~1932)는 1902년 "수학의 기초에 대하여(On the Foundation of Mathematics)"란 주제로 고별 강연을 하였는데, 이는 미국의 수학교육 개량운동에 큰 영향을 끼쳤다. 특히 그는 초등학교의 수학교육도 언급하였는데, 수학을 구체적인 사물과 직접 관련지을 수 있도록 아동의 관찰, 실험, 추리 능력의 함양을 강조하고 있다. 초급대학 이하 각 급 학교의 학습 방법으로서는 실험실법을 철저하게 적용하도록 권고하고 있다.

독일의 수학교육 개량운동은 클라인(F. Klein, 1849~1925)에서 비롯한다. 1902년

그는 "중등학교의 수학 교수에 대하여"란 논문을 발표하고, 이어서 1904년 괴팅겐 대학에서의 강연을 통하여 응용수학의 중시와 고등학교 및 실업계학교에서의 수학교육의 특수목적을 논하고, 특히 수학 학습에서는 연역적 사고를, 자연과학 학습에서는 귀납적 사고의 중요성을 주장하고 있다. 또한 함수 개념의 양성과 공간 개념의 함양이 수학교육상 가장 유념해야 할 점임을 역설하고 있다.

2 수학교육 현대화 운동

1957년 10월 4일 구소련의 무인 인공위성 스푸트닉이 발사되면서, 미국을 위시한 서구의 많은 나라들에서는 수학교육의 위기를 의식하게 된다. 이것이 수학교육 현대화 운동의 시발점이라고 보는 견해도 있지만, 1930년경부터 비약적으로 발전된 현대수학을 학교수학에 반영시키려고 한 수학자·수학 교육자들의 집약된 의지의 결과로 보는 견해도 있다. 어쨌건 "학교수학 연구회(SMSG : School Mathematics Study Group)"의 현대적 교과서 저작활동을 하기까지, 많은 논의 과정들을 거쳐 현대 수학의 지식의 구조를 학교 수학교육에도 도입하자는 주장들이 설득력을 갖게 되었다. 이른바 "새 수학 운동"으로 일컬어지는 수학교육 현대화의 과정에서, 현대수학의 이론적 구조를 도입하기 위해서는 집합론이 바탕이 되어야 하였으며, 또한 엄밀한 기호의 사용과 증명의 과정들이 강조되었다. 이는 거의 세계의 전역에 영향을 미쳤으며, 시간이 지날수록 그에 대한 문제점들이 생겨나기 시작하였다.

새 수학 접근 방법은 "구조적 중요성들을 강조하기 위하여 재조직되어 매우 엄밀하고 확정적인 언어로 제시된 수학의 체계적인 기술"로 특성화할 수 있다. 또한 "부르바키(Bourbaki) 학파의 기본적인 원리인 공리들로부터의 내용의 연역적 추론 역시 수학의 교수에 중심이 되었다." 로야몽(Royaumont)의 OEEC 세미나에서의 듀돈네(Dieudonné, 1961)의 연설은 이러한 접근 방법에 이론적 추진력을 제공하는 것으로 인용되며, SMSG와 SMP(School Mathematics Project)는 이러한 접근 방법과 연유한 예들로써 제공되었다. 모든 사람이 수학자가 될 필요는 없으며, 체계적인 접근 방법을 지나치게 강조하였다는 점에서, 이는 수학 교육의 목적에 부합한다고 보기 어렵다. SMSG는 1958년 새 수학의 연구-개발-보급을 위하여 미국의 주요 대학의 수학자들로 구성된 연구 집단의 주관 하에 유치원부터 12개 학년 전체 수준에 대한 광범위한 새수학 프로그램을 제공한 최초의 프로젝트였다. 결과물은 15개 국어로 번역되어 보급될 정도로 성공적이었다고 할 수 있으나 다른 나라에는 여러 가지 문제점을 낳기도 하였다. SMP는 새 수학의 영향으로 영국에서 1961년에 시작된 프로젝트로 개발된 자료들은 영국의 50% 이상의 중학교에서 이용되었다. 이 과정에는 그래머 스쿨에 입학할 학생들을 위하여 선형대수와 변환기하 등이 도입되었지만, 주요 목적은 대학생을 위한 준비가 아니라 현대 기술 사회에서 수학을 응용할 수 있도록 하기 위한 것이었다. 또한 이는 산업체의 자금 지원에 의한 것이었으므로 컴퓨터 수학, 통계, 확률, 선형 계획 등 광범위한 응용성에 주안점을 두었다.

3 Back to Basics 운동

미국에서의 수학교육의 동향은 1960년대의 현대화를 반성하고 1970년대에는 "기초·기본으로 돌아가자(Back to Basics!)"란 운동이 일어나 기초적·기본적인 사항의 중시라는 입장을 갖게 되었다.

4 문제해결의 강조

1980년에 미국 수학교사협의회(NCTM)는 활동계획서(Agenda for Action)를 통하여 수학교육에 대한 8개항의 권고사항을 제시하였다. 그 중 가장 주목을 끄는 것은 "문제해결이 1980년대의 학교수학의 초점이 되어야 한다."는 것으로, 이것은 1990년대에도 계속 이어지는 과제로 본다.

문제란 개인이나 집단이 직면한 상황으로, 해결을 요하지만, 그 해결의 분명한 경로가 보이지 않는 것을 말한다. 문제와 비슷한 용어로 질문(question), 연습문제(exercise), 문제(problem) 등이 있다. 질문이란 단순한 회상과 기억에 의해 해결이 가능한 상황이며, 연습문제란 이미 학습된 기능이나 알고리즘의 강화를 위한 반복 연습을 요하는 상황이며, 문제란 해결을 위하여 이미 학습된 지식의 분석과 종합을 요하는 상황이라고 볼 수 있다. 문제란 수용, 장벽, 탐구의 세 가지 준거를 만족해야 한다.

렌츠너(Lenchner, 1983)는 학교 수학에서 창의적 문제해결력을 높이기 위해 다음과 같은 열두 가지 문제해결 전략을 중점적으로 지도해야 한다고 주장한다. ① 그림이나 도표 그리기 ② 규칙성 찾기 ③ 조직화된 목록 만들기 ④ 표 만들기 ⑤ 문제를 단순화하기 ⑥ 시행착오 ⑦ 실험하기 ⑧ 문제의 실연 ⑨ 거꾸로 풀기 ⑩ 식 세우기 ⑪ 연역적 추론의 이용 ⑫ 고정관념 바꾸기

5 만인을 위한 수학교육 운동

수학교육국제위원회(ICMI)는 1986년 쿠웨이트 심포지엄을 통해 "1990년대의 수학교육"이란 보고서를 내놓았다. 그 내용은 1990년대를 범세계적인 시야에서 관조하고, 기술공학의 급속한 발전에 영향을 받는 사회의 큰 변용 속에서 학교, 학교수학, 교육과정, 그리고 수업이 어떻게 변하고 또 변혁되어져야 하는가에 대한 광범위한 논의이다. 그 중 주목을 끄는 것은 "만인을 위한 수학(Mathematics for All)"이다.

6 수학적 힘과 수학적 의사소통 능력의 강조

2000년대 들면서 미국을 위시한 전 세계의 교육과정 개선 과정에 '수학적 힘'에 대한 강조를 하고 있다. 수학적 힘이란 탐구하고 예측하며 논리적으로 추론하는 능력, 수학에 관한 또는 수학을 통한 정보 교환 능력, 수학 내에서 또는 수학과 다른 학문적 영역 사이의 아이디어를 연결하는 능력, 문제해결이나 어떤 결정을 내려야 할 때 수량과 공간에 관한 정보를 찾고 평가하고 사용하려는 성향과 자신감을 포함하는 것으로, 인지적인 측면과 정의적인 측면을 모두 포괄하는 것으로 볼 수 있다. 아울러 수학적 능력과 수학에 대한 정의적 태도 개선도 추진하고 있다. 수학적 능력이란 수학적 의사소통 능력, 논리적 추론 능력, 개연적 추론 능력, 문제해결 능력 등을 말한다. 학생 개인 뿐 아니라 각국의 국가경쟁력 강화를 위해 학생들이 수학 학습에 관심과 흥미를 갖게 하고, 수학 학습에 자신감을 갖도록 하며, 수학의 유용성과 가치를 인식하게 하는 등 수학에 대한 정의적 태도를 개선하도록 하는 것이 주된 흐름이다.

2.3 초등수학교육의 개선 방향

1 구성주의의 개념과 사회적 구성주의

구성주의가 수학교육상의 용어로 등장한 것은 1985년 네덜란드에서의 PME(수학교육심리학 국제연구그룹)부터이고, 1987년 캐나다의 PME에서는 미국의 킬 패트릭의 강연을 비롯하여 여러 발표들이 구성주의를 중심으로 한 논의들이었다.

구성주의란 무엇인가? 어떤 사람은 "학습자는 수학적 내용을 자기 자신의 사고 방법으로 마무리 짓는 것이 구성주의적 가설이다."라고 말하고 있지만, 이는 지나치게 간략한 정의로서 사람에 따라서는 여러 가지 해석이 있을 수 있겠다. 그러나 어떻든 학생은 교사가 말하는 것, 교과서에 쓰여 있는 것을 그대로 받아들이는 것이 아니고 그것을 바탕으로 하여 자기 자신 속에 수학을 자기가 만들어내는 것이라고 하는 것이 공통된 생각이다.

만일 학생이 배우는 것을 그대로 받아들인다면 흔히 말하는 "주입식" 또는 "형식주의(formalism)"가 유효할 것이고, 어떻게 하면 보다 효율적으로 주입되는가의 문제가 교수법 연구의 최대 과제가 될 것이다. 그러나 최근의 초등수학교육계에서는 그와 같은 형식주의는 결코 유효한 수학교수법이 아닌 것으로 인정되고 있다. 구성주의는 그와 같은 형식주의와 대조적인 교수법의 이념이다. 이와 같이 볼 때 구성주의는 별로 새로운 것이 못되는 것으로 생각하기 쉽지만, 교육이념으로서 새롭게 주목되기에 이른 까닭은 반성해보아야만 한다.

먼저 역사적인 경위로서 생각되는 것은 피아제(J. Piaget)의 영향으로 볼 수 있다. 피아제 심리학으로부터의 가장 유익한 시사는 학생은 자기 스스로 수학적 개념을 만들어낸다는 것이며, 어른의 관점에서 보았을 때 때로는 잘못이 있고 엉뚱한 생각으로 비치는 것조차 드디어는 확고한 수학적 개념의 형성으로 연결되는 불가결한 과정이라는 것이었다. 그런데 이와 같은 생각을 어떻게 실천하는가, 특히 교사가 어느 정도로 어떠한 모양으로 학생의 학습에 개입할 수 있는가 등의 문제는 미해결로 남아 있었다.

흔히들 수학은 합리성과 객관성을 동시에 추구하는 교과라고 한다. 수학의 객관적인 지식은 인간의 사회적인 활동, 상호작용, 규칙들을 통하여 개인의 주관적인 지식(과 언어와 사회생활)에 의해 지원을 받는데, 이들은 계속적인 재창출을 필요로 하는 것이라고 사회적 구성주의 자들은 주장한다. 수학에 대한 사회적 구성주의자의 관점은 주관적인 지식과 객관적인 지식이 서로 돕고 의존하는 입장에 두는 것이다.

주관적인 지식은 사회적 상호작용과 수용을 통하여 수학적 지식을 창출해낸다. 즉, 주관적인 지식은 객관적인 지식을 유지시키고 재창출하며, 객관적 지식은 개인의 주관적 지식에 의해 영향을 받는다. 객관적 지식의 표상은 주관적 지식의 발생이자 재창조를 가능하게 하는 것이다. 이는 순환적인 창조로 설명할 수 있는데, 주관적인 지식이 객관적인 지식을 창출하고 다시 객관적인 지식은 주관적인 지식의 창조로 이어진다.

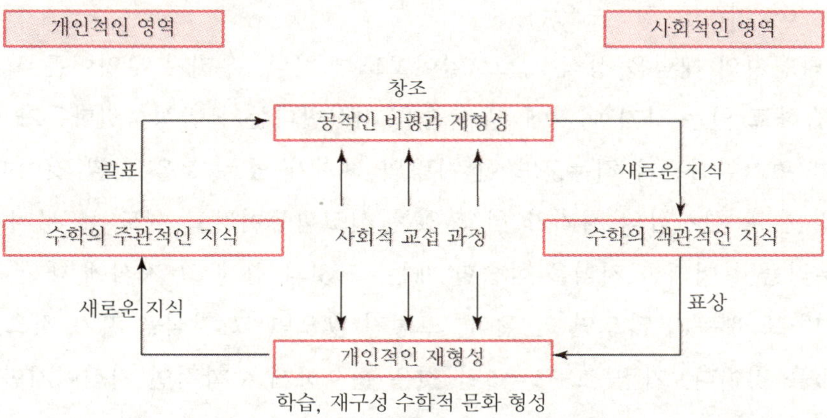

그림 2.3 수학의 객관적인 지식과 주관적인 지식의 관계

위의 그림 2.3은 주관적인 지식의 개인적인 영역과 객관적인 지식의 사회적 영역 사이의 연결을 보여주는 것으로 각각 서로의 창출을 지탱해주는 역할을 한다. 이를 위해서는 각각이 공개적으로 표현되어야 한다. 그런 다음에 상호작용적이고 사회적인 교섭 과정이 있어서 지식의 재형성과 함께 새로운 지식으로서 다른 영역에의 구현에 이른다.

사회적인 교섭의 장은 여러 가지가 있겠지만 그 대표적인 것은 바로 학교의 교실이라고 할 수 있다. 바꾸어 말하면 교실에서 수업을 하는 과정은 많은 학습자들 상호간에 그리고 학습자와 교사간의 사회적 · 문화적 · 인지적 · 정의적인 교섭의 장이어야 한다. 많은 학생들로 구성된 다인수 학급의 경우 수업 도중에 교사가 많은 학생들 각자에게 세심한 주의를 기울이기는 쉽지 않다. 하지만 학습자들 개인의 입장에서는 동료 학생들과 교사와의 상호작용적인 교섭을 필요로 한다. 따라서 이러한 상호작용적인 교섭과 의사소통의 활성화를 도모할 수 있는 방안을 모색할 필요가 있다.

2 메타인지에 대한 관심

구성주의는 초등수학교육상의 개념이 아니고, 실은 보다 광범위한 인식론상의 문제와 관련을 갖고 있음을 말했지만, "메타인지" 또한 마찬가지로 인지심리학상의 개념이다. 그리고 이 같은 까다로운 심리학적 개념이 수학교육 연구에서 주목되어진 것도 또한 세계적 동향이라고 할 수 있다.

우선 메타인지의 개념을 상식적으로 알아보도록 한다. 우리가 무엇이든 사물을 학습할 때, 학습하고 있는 자기 이외에 그 학습을 지시한다든가 반성시킨다든가 때로는 감시한다든가 평가한다든가 하는, 또 한 사람의 자기가 있는 것을 느낄 것이다. 메타인지란 이 같은 또 한사람의 자기가 하고 있는 사고활동이라고 해도 큰 무리가 없다.

실은, 우리들이 어떠한 지식을 학습할 때는, 그것과 함께 그 지식에 대한 지식도 배우고 있으며 또 배우지 않으면 안 된다. 그렇지 않으면 그 지식을 자기 것으로서 사용할 수가 없을 것이다. 가령, $2+3=5$란 것은 순수하게 수학적인 지식이지만, 이 계산은 어떤 때에 쓰이는가 하는 것은 메타인지이며, 그것을 배우지 않고는 이 계산은 소용이 없는 것이 될 것이다.

실천적으로 주의할 것은, 지식은 지도내용으로서 명기되어 있지만, 메타지식은 대개 지도방법 속에 묻혀있다는 점이다. 그리고 뛰어난 교사는 학생에게 메타지식을 썩 잘 주고 있는데 반해, 서툰 교사는 지식은 주지만 메타지식을 주지 않으므로 학생에게 지식을 살려 쓰게 할 수가 없다. 그 뿐 아니라 학생에게 잘못된 메타지식을 주고 마는 경우조차 있다. 예컨대, "특별한 재능을 가진 사람만이 수학을 할 수 있다."는 신념도 하나의 (나쁜) 메타지식이 될 수 있다. 그것이 만일 학생의 것이 된다면 그 학생은 이제 수학은 하지 않게 될 지도 모른다.

수학을 모든 사람에게 보다 유효하게 학습시키고자 하는 것이 21세기를 향한 우리의 목표라면, 단순히 학습내용 뿐 아니라 학습지도법에도 보다 근원적인 검토를 가하자는 움직임은 당연할 것이다. 메타인지의 문제가 단순히 심리학상의 새로운 테마로서만 나타난 것이 아니고 수학교육상의 문제로서 논의하게 된 것은 "모든 사람을 위한 수학(mathematics for all)"을 지향하는 이와 같은 시대적 요청이 있었기 때문이다.

메타인지에 관하여 플라벨(J. H. Flavel)은 "자기 자신의 인지과정 및 그에 관련된 생산물 등에 관한 지식"이라고 정의하고 있다. 수학교육에서 메타인지의 문제가 등장하게 된 계기는 다음과 같은 연구에서 비롯된 것으로 생각된다.

- 스켐프(R. R. Skemp)의 "이해"에 관한 연구
- 숀펠드(A. H. Schoenfeld)의 문제해결에 관한 연구

메타인지의 문제는 스켐프의 경우 "안다는 것은 어떤 것인가"라는 "이해의 기구"를 설명하는데 관련되고 있는 것으로 생각된다. 또 최근에는 문제해결과의 관련에서 메타인지의 문제가 빈번히 논의되는데 숀펠드의 경우도 마찬가지이다. 곧, 문제해결이라고 하는 심적 활동을 반성하기 위한 지식이라는 의미에서 메타인지에 속하는 지식을 다루고 있다는 것이다. 문제해결이 20세기 말의 수학교육의 초점이라면, 21세기에서는 문제해결지도의 초점은 메타인지에 있다고 볼 수도 있다.

3 멀티미디어의 활용

교단 선진화 작업의 일환으로 초등학교 교실은 실물환등기, OHP, 인터넷이 가능한 컴퓨터 환경, 오디오, 비디오 등 다양한 멀티미디어들의 활용이 가능하게 되어가고 있다. 따라서 이에 걸맞은 학습·지도 활동의 실천이 절실히 요망되는 시점이다.

(1) Logo 프로그래밍 활동

1980년 페퍼트(Papert)에 의해 개발된 Logo 프로그래밍 언어는 아동들의 자연스런 프로그래밍 활동을 가능하게 하는 유익한 프로그래밍 언어임이 많은 연구자들에 의해 밝혀졌다. 그 결과 영국이나 미국 등에서는 교육과정과 교과서 등에 많이 이용되고 있다. 그 기본 명령어들을 살펴보면, FD(앞으로 몇 걸음), BK(뒤로 몇 걸음), RT(오른쪽

으로 몇 도 회전), LT(왼쪽으로 몇 도 회전) 등을 포함한 몇 개의 명령어들을 이용하여 나름대로의 명령어들인 절차들(procedures)을 만들어 갈 수 있으므로 굉장히 유력한 인공지능 언어라고 할 수 있다. 아동들을 수학 나라로 인도하여 활발한 활동을 하게 함으로써 장차 수학에 가까이 할 수 있고 탐구 의욕을 북돋우고자 한 그의 역작이라 할 수 있다.

(2) 컴퓨터를 활용한 프랙털(fractal) 도형 탐구 활동

차원을 직관적인 방법으로 말하자면, 직선은 일차원 대상들의 전형적인 것이며, 평면은 이차원 대상들의 전형적인 것이다. 그렇다면 분수의 차원을 갖는 기하학적 대상들은 없을까? 1890년에는 페아노(Peano)가, 바로 그 이듬해인 1891년에는 힐베르트(Hilbert)가 어떤 평면에 존재하는 곡선들을 논하였는데 그것은 곡선에 관한 우리들의 고지식한 생각이 너무나 제한적임을 입증하였다. 그들은 어떤 평면을 '가득 채우는' 곡선들을 논하였다. 즉, 주어진 어떤 평면의 조각에 대하여, 그 평면 조각의 모든 점과 만나는 어떤 곡선이 존재한다는 것이다.

자연에서 공간을 채우는 구조들의 유기체는 생명체들의 기초적 성분들 중의 하나이다. 어떤 기관은 물과 산소와 같은 필수적인 지원 물질들이 공급되어야 한다. 많은 경우에 이러한 기체들은 그 기관의 입체에 있는 모든 점을 지나는 도관 체계를 통하여 운송될 것이다. 가령, 신장은 세 개의 잘 짜인 나무와 같은 도관 체계 즉, 동맥, 정맥, 비뇨기를 갖고 있다. 그들 각각은 신장의 모든 부분에 접근할 수 있다. 차원분열 도형은 그러한 복잡한 구조를 효율적인 방법으로 어떻게 조직화할 것인가 하는 문제를 해결해준다. 물론 이것은 페아노와 힐베르트가 100년쯤 전에 흥미를 가졌던 것은 아니었다. 프랙털 도형의 개념이 분명해진 것은 만델브로트(Mandelbrot)의 업적이 드러난 1980년 이후인 지금이다.

수학이라면 누구나 딱딱하고 재미없는 언어와 기호들의 조작이라고 생각하기 쉽고, 그런 이유로 의식적으로 수학적인 활동을 회피하는 사례들이 많은 것도 사실이다. 수학적 활동 자체가 흥미롭고 도전 감을 불러일으킬 수 있는 정의적 요인을 고려한 탐구 활동 자료의 개발과 보급이 시급한 일이라 생각된다. 교사는 소위 말하는 문제해결 과제의 제시 뿐 아니라 거기에 동기부여의 작용을 하는 과제를 끊임없이 제시할 수 있어야 할 것이다. LOGO나 BASIC 언어로 프로그래밍 하여 프랙털 도형의 단계별 분열과정을 컴퓨터 화면을 통하여 실제로 관찰해볼 수 있는 자료들도 이미 시중에는 많이 소개되고 있다. 뿐만 아니라 프랙털 도형의 개념을 쉽게 접근할 수 있도록 하기 위한 만화책도 보급되어 있으므로 이에 관심 있는 사람들은 누구나 쉽게 접근할 수 있으리라 생각된다.

고전적인 차원분열도형의 예를 들면 칸토르 집합, 시어핀스키 개스킷과 양탄자, 파스칼의 삼각형, Koch 곡선, 페아노와 힐베르트의 공간을 채우는 곡선 등을 들 수 있는데, 이들의 특성을 자체 닮음성(self-similarity)을 갖는다는 것이다.

(3) 인터넷을 활용한 수학 교육

세계적인 컴퓨터 환경의 구축으로 말미암아 여러 가지 정보의 교류가 원활해지게 되었다. 따라서 국내에서도 에듀넷(Edunet)과 같은 전문적인 교육 전산망도 생겨나게 되었다. 이 외에도 수학 교육과 관련된 웹사이트 등이 많이 만들어짐에 따라 관련 정보를 상호 원활하게 교류할 수 있게 되었다. 이는 수학교육의 측면에서도 획기적인 변화를 가져올 개연성을 보여주는 것이다.

(4) 계산기를 활용한 탐구 활동

전통적으로 계산 기능의 숙달이 초등학교 수학 교육의 중요한 부분을 차지해온 점을 부인하기 어렵다. 따라서 탐구 활동의 활성화를 위하여 언제쯤 계산기의 활용을 허용할 것인가에 관한 논란이 있어 왔다. 그러나 최근에는 적절한 시점에 창의적인 문제해결 활동을 돕기 위한 계산기의 활용이 허용되어야 한다는 점에는 많은 공감을 이루고 있다. 또한 거의 컴퓨터의 기능에 맞먹는 그래픽 기능까지 보유한 훌륭한 계산기까지 등장하고 있으므로, 그 이용을 위한 다각적인 연구와 실천이 요망된다고 할 수 있다.

2.4 우리나라 초등수학 교육과정의 변천

1945년 이후 우리나라의 교육과정은 7차에 걸쳐 개정되어 왔다. 그 동안의 교육과정의 시기와 성격 및 특징 등을 중심으로 개관해 보면 다음 표 2.1과 같다.

표 2.1 우리나라 교육과정의 변천 과정

구 분	시 기	성 격	특 징
교수요목기 (1946. 9) 미군정 발표	1946~1954	혼미기 전시 체제인 일본 교육과정 모방	- 광복 전 일본의 전시체제의 교육과정 - 실용에 치중되었으며, 지도 내용이 어렵고 과다함
1차 (1954. 4. 20) 문교부령 제35호 1955.8.1 문교부령 제 44호	1954~1963	생활단원 학습 중심	- 교과중심 교육과정(총론) - 생활 문제 해결을 중시 - 수학적 체계의 계통성 미약 - 내용 수준의 낮음
2차 (1963. 2. 15) 문교부령 제 119호 1969. 9. 4 문교부령 제251호 부분개정	1963~1973	계통학습 중심	- 경험중심 교육과정(총론) - 수학 본연의 계통을 중시 - 수학의 기초 학력을 신장하는 데 주력
3차 (1973. 2.14) 문교부령 제 310호 1979. 3. 1 문교부 고시 제424호 정비	1973~1981	수학교육의 현대화	- 학문중심 교육과정 - 수학교육의 현대화에 노력 - 집합 개념을 바탕으로 수학의 구조 중시 - 발견적 학습 방법 강조
4차 (1981. 12.31) 문교부 고시 제 422호	1981~1987	1차 수정기, 문제해결력 중시	- 현대화의 반성 - 새 수학의 내용 경감 - 문제해결력 도입
5차 (1987. 6. 30) 문교부 고시 제87-9호	1987~1992	2차 수정기, 문제해결력 및 기초 기능의 중시	- 새 수학의 내용을 더욱 정선 - 엄밀한 기호 사용 약화 - 문제해결력 신장, 기초학력 배양 중점
6차 (1992. 9.30) 교육부 고시 제1992- 16호	1992~1997	문제해결력 및 기초 기능의 중시	- 학습 부담 경감을 위한 내용 축소 - 문제해결력 신장을 위한 구체적인 전략의 제시 - 정보화 사회, 컴퓨터의 활용 강조 - 다양한 평가 방법 권장

표 2.1 우리나라 교육과정의 변천 과정(계속)

구 분	시 기	성 격	특 징
7차(1997. 12.30) 교육부 고시 제1997-15호	1997~2007	학습자 중심, 단계형 수준별 교육과정, 수학적 힘, 사고력과 창의력 강조	- 학습자 중심 교육과정 - 단계형 수준별 교육과정 - 학습 부담 경감을 위한 내용 축소 - '수학적 힘'의 신장
2007년 개정 교육과정 고시(2006. 8.25) 교육인적자원부 고시 제2006-75호 및 제2007-79	2007~2009	단계형 수준별 교육과정의 개선 및 수학적 의사소통 강조	- 수준별 수업 운영 권장 - 교육내용의 적정화 - 수학적 추론 능력, 문제해결력, 의사소통 능력 신장 강조 - 수학의 가치 제고와 정의적 측면 강조
2009 개정 교육과정 고시(2009.12.23) 교육과학기술부 고시 제2009-41호 및 제2011-361호	2009~	스토리텔링 도입	- 공통교육과정 축소 - 선택교육과정 확대 - 학생들의 인성 함양

1 교수요목 시대(1946~1954)

1945년 8·15 광복 후 미군정하에서 같은 해 10월 1일 각 급 학교가 개교되었는데, 이 시기의 주요 과제는 일제의 제국주의 교육방식을 버리고 민주주의 정신을 기르는 일이었다. 1946년 3월에 군정청 문교부에서 용어에 대한 안이 나오고, 1947년에는 「초등셈본」이라는 국정교과서가 발간되었다. 이 시기에는 교육과정을 연구할 여러 가지 여건이 미비하였으므로, 광복 이전의 산수과 학습 내용을 답습한 교수요목에 의한 교육이 이루어졌다.

2 제1차 교육과정 시대(1954~1963)

1953년 교육과정연구위원회와 교수요목제정위원회가 합동으로 된 회의에서 "각 급 학교 교육과정 시간배당 기준령"이 성안되어 1954년 4월 20일 문교부령 제 35호로서 공포되었다. 이에 따라 각 급 학교 교과별 시간배당과 교육과정의 기본원칙이 결정되었으며, 1955년 8월 1일 문교부령 제 44호로 국민학교 교육과정을 공포하여 생활단원

학습 시대를 맞게 되었다. 생활단원학습은 경험 중심의 실용주의 교육 사상을 신조로 하고 있었기 때문에 종래의 지식 위주의 교육과정에서 벗어나 아동들의 경험과 생활을 중시하는 기본방침에 따라 제정된 교육과정이다.

산수과 교육에서 요구하는 것은 아동들의 생활 경험에서 소재를 채택하고, 그 문제를 해결하기 위해 필요한 수리적인 지식의 습득을 하도록 하는 입장이었다.

3 제2차 교육과정 시대(1963~1973)

1955년부터 실시되어 오던 교육과정은 생활 경험이나 노작 교육이 중시되어 수학의 학력이 저하되는 등 많은 문제가 수반되어 문교부는 교육과정의 개편에 착수하게 되었고, 1963년 2월 15일자 문교부령 제 119호로 새 교육과정을 공포하였다.

여기서는 수 체계를 근간으로 하여 계통을 명백히 하였으며, 전반적으로 산수에 대한 기초 능력의 향상을 도모하였다. 따라서 생활 중심에 치우쳤던 산수 교육이 이론적인 계통성을 중시하는 방향으로 변모한 것이다.

4 제3차 교육과정 시대(1973~1981)

1950년대부터 시작된 외국의 수학교육 현대화 운동이 우리나라에 영향을 끼친 것은 1960년대 중반기로서, 이때부터 문교부와 수학교육자들에 의하여 현대화에 대한 연구가 시작되었다. 그리하여 1973년 2월 14일자로 문교부령 제 310호에 의하여 새 수학 전환기를 맞게 되었다. 새 교육과정의 개정 방향은 집합 개념을 토대로 하고, 수학적 구조와 논리적 사고 과정을 중시하며, 학습 내용의 조기 도입과 발견적 학습 방법을 하도록 하는 데 두었다. 이와 같이, 내용과 방법을 현대화한 점에서 주목되고, 집합 개념과 구조를 중시한 발견 학습을 강조한 것이 특징이었다.

5 제4차 교육과정 시대(1981~1987)

현대화 과정을 거치면서 미국에서의 "기초 · 기본으로 돌아가자"는 운동과 같이 우리나라에서도 현대화에 대한 반성론이 대두되었다. 즉, 지나치게 구조 중심적 접근 방식, 기호·내용의 조기 도입, 과정 중심 지도에 따른 기초 계산 기능의 저하, 집합 등 현대 수학적 개념의 지도에 큰 반성이 일게 되었다. 이리하여 1981년 12월 31일자 문교부 고시 제422호로 제4차 교육과정을 공고하고, 1982년부터 시행을 보게 되었다. 제4차의 구성에서는 제 3차의 여러 가지 문제점을 수정·보완하는 수준에서 지도 내용의 양을 축소하고 수준을 적정화하는 전제하에 다음과 같은 기본 방향을 가지고 있다.

① 발달 수준에 따른 기초 개념의 습득
② 기초 계산 기능의 신장
③ 기본 개념 이해를 위한 시간 배려
④ 문제해결력의 신장
⑤ 발견적 학습 방법의 강조

6 제5차 교육과정 시대(1987~1992)

제5차에서는 지식의 급격한 팽창과 과학의 발달에서 오는 고도 산업사회에 능동적으로 대처하기 위하여 제4차 교육과정에서의 교육과정 운영 실태, 교육과정과 교과서의 분석 및 수학교육의 국제적인 동향 등을 파악하여 새로운 교육과정을 구성하고, 1987년 6월 30일 문교부고시 제 87~89호로 공고하였다.

산수과의 이번 개정은 제4차의 골격을 그대로 유지하면서 수정·보완을 한 바 그 개정의 기본 방향은 최소의 필수 기본 지식 및 기능의 정선과 수학적 활동의 강화 및 심체 기능과 정의적 측면을 강조하고 있다. 제5차의 특징은 다음과 같다.

① 기초 학습 능력 및 기초학력과 관련된 내용의 강화
② 학생용 보조 교과서의 제공으로 자율학습의 기회 제공
③ 수학적 지식·기능의 활용을 바탕으로 수학적 사고를 통한 문제해결력의 강조
④ 학습 내용의 양과 수준의 적정화
⑤ 내적인 학습 동기 유발 및 긍정적인 수학적 태도 육성의 강조

7 제6차 교육과정 시대(1992～1997)

1991년 11월 1일 교육부는 제 6차 수학과 교육과정 개정을 위하여 개정 방향 및 교육과정 시안 개발을 한국교육개발원에 위임하고 여러 차례의 심의회와 공청회를 거쳐 1992년 9월 30일에 확정된 교육과정을 교육부 고시 1992-16호로 고시하기에 이르렀다.

제6차 교육과정 개정의 기본 방향은 다음과 같다.

① 추론 능력과 문제해결력의 개발을 보다 중시한다.

② 수학의 실용성을 강조한다.

③ 수학적 도구로서의 계산기와 컴퓨터의 활용을 권장한다.

④ 진로에 적합한 수학을 학습할 수 있는 기회를 제공한다.

⑤ 정보화 사회와 발전되는 수학을 반영하여 수학의 기본적인 지도 내용을 엄선한다.

⑥ 학습목표와 내용에 적합한 보다 다양한 지도방법과 평가방법을 구사한다.

제6차 개정에서 가장 주목되는 것은 "산수"라는 교과 명을 "수학"으로 바꾼 점이다. 초등학교 수학과의 성격을 한 마디로 요약하면, 기초학습능력과 합리적 근거에 의하여 적절한 방법으로 문제를 해결할 수 있는 능력을 기르는 데 강조점을 둔 점이다. 따라서 학습지도에서는 계산 위주, 문제 풀잇법 위주의 방법보다는 기초학습능력의 신장, 수학적 사고력, 문제해결력의 육성에 주안점을 두고 지도하도록 하였다.

8 제7차 교육과정 시대(1997～2007)

내용의 총량을 경감시켜 학생의 부담은 줄이되 수학적 사고력을 신장시킬 수 있는 내용으로 체계화하여 학생 중심적 학습지도가 이루어질 수 있도록 되어야 한다는 요구를 수렴하여 1997년 12월 30일 교육부는 제 7차 교육과정을 고시하였다. 그 기본 방향은 다음과 같다. 제7차 교육과정은 학습량을 경감시켜 학생의 부담을 줄이고, 학생의 인지발달 수준을 고려하여 학습의 위계도와 난이도에 따라 단계형 수준별 교육과정으로 구성하였으며, 문제해결력을 모든 영역에서 강조하였고, 다양하고 재미있는 활동을 통하여 수학적 사고력과 창의력을 배양하려고 하였다.

제7차 교육과정의 내용 조직은 수와 연산, 도형, 측정, 확률과 통계, 문자와 식, 규칙성과 함수로 6개 영역으로 조정되었다. 수와 연산 영역에서 정수와 십진기수법이 7단계로 이동하였고 수판셈과 집합이 삭제되었다. 도형 영역에서는 공간감각 기르기의 소영역이 신설되었고, 측정 영역에서 부채꼴과 관련된 부분이 7단계로 이동되었다. 확률과 통계 영역에서는 줄기와 잎 그림이 삽입되었고 문자와 식 영역에서는 문제해결의 구체적인 전략을 제시하였고 방정식과 관련된 내용이 7단계로 이동하였다. 규칙성과 함수 영역에서는 규칙 찾기 활동이 강조되었으나, 비례식 부분은 간단한 것만 취급하게 하였다.

9 2007년 개정 교육과정(2007~2009)

2006년 및 2007년 개정 교육과정의 기본 방향은 제7차 교육과정의 기본 철학 및 체제 유지, 단위 학교별 교육과정 편성·운영의 자율권 확대, 국가·사회적 요구 사항의 반영, 고등학교 선택중심 교육과정 개선, 교과별 교육과정 내용의 적정화 추진, 수업 시수 일부 조정의 6가지이었다.

개정의 기본 방향은 다음과 같다.

(1) 제7차 교육과정의 기본 철학 및 체제 유지

자기 주도적으로 지적 가치를 창조할 수 있는 자율적이고 창의적인 인재 양성을 목표로 하면서 학습자 중심의 교육과정을 추구한다. 이에 따라 학생의 능력과 수준, 적성에 적합한 수준별 교육을 지속적으로 실시할 수 있는 기반을 제공하도록 한다.

(2) 수준별 수업의 편성·운영 권한의 학교 부여

수준별 교육에 필요한 심화 또는 보충 과정의 학습 내용을 단위 학교에서 선정하여 지도할 수 있도록 한다. 즉, 국가 수준의 교육과정에서는 모든 학생들이 필수적으로 학습해야 할 수학과 학습 내용만 제시하고, 단위 학교에서는 각 학교 학생의 능력과 수준, 적성에 적합하게 수학과 교육 내용 및 방법을 재조직하여 지도할 수 있도록 한다.

(3) 국가·사회적 요구 사항의 반영

학생들의 진로와의 연계성을 강화한 수학 학습이 이루어 질 수 있도록 한다. 따라서 학생들이 미래에 전공하게 될 학문 분야나 직업의 세계에서 필요로 하는 수학을 충실히 학습할 수 있도록 수학과 교육 내용을 개선하도록 한다.

(4) 수학과 교육 내용의 적정화 추진

수학과 교육 내용을 학생들의 미래 생활이나 학습에서의 필요성, 학습량, 난이 수준, 학년 간, 학교급 간, 교과 간 연계성 측면에서 적정화하도록 한다. 즉, 다음 학년의 내용을 학습하거나 미래 사회를 살아가는 데 필요한 수학과 교육 내용을 정선하고, 수학 수업 시간을 고려하여 학생들의 수학 학습량과 난이 수준을 적절하게 조정하도록 한다. 또한 제7차 수학과 교육과정의 문제점으로 지적된 일부 학습 주제의 학년 간, 학교급 간, 교과 간 연계성 부족 문제를 해결하도록 한다.

(5) 수학적 능력 신장 추진

수학적 의사소통 능력 신장을 강조하는 세계적인 추세를 감안하여 반영함과 아울러 논리적 추론 능력, 개연적 추론 능력, 문제해결 능력 등의 신장을 강조한다.

(6) 수학에 대한 정의적 태도 개선 추진

학생 개인 뿐 아니라 우리나라의 국가경쟁력 강화를 위해 학생들이 수학 학습에 관심과 흥미를 갖게 하고, 수학 학습에 자신감을 갖도록 하며, 수학의 유용성과 가치를 인식하게 하는 등 수학에 대한 정의적 태도를 개선하도록 한다.

10 2009 개정 교육과정 (2009~)

이전의 국민공통교육과정 기간이 고등학교 1학년 때까지 10년이던 것을 중학교 3학년 까지 9년간을 공통교육과정으로 하고, 고등학교 1학년부터는 선택교육과정으로 편성하였다. 또한 진로 적성과 인성 교육 등을 강조하고 있다. 뿐만 아니라 단원 도입 시스토리텔링을 강조하는 것이 특징이다.

(1) 공통교육과정 내용 체계와 성취 기준

초등학교 수학은 수와 연산, 도형, 측정, 규칙성, 확률과 통계의 내용영역에 대하여 1-2 학년 군, 3-4 학년 군, 5-6 학년 군 별로 내용 체계를 제시하고 있다.

중학교 수학은 수와 연산, 문자와 식, 함수, 확률과 통계, 기하의 내용 영역에 대하여 1 - 3 학년 군 별로 내용 체계를 제시하고 있다.

아울러 각 학년군(학교급)별 성취 기준, 영역 성취 기준, 학습 내용 성취 기준 등을 제시하고 있다.

(2) 선택 교육과정 내용 체계와 성취 기준

기본 과목으로서의 기초 수학, 일반 과목으로서의 수학 Ⅰ, 수학 Ⅱ, 확률과 통계, 미적분 Ⅰ, 미적분 Ⅱ, 기하와 벡터, 심화과목으로서의 고급 수학 Ⅰ, 고급 수학 Ⅱ의 각 내용 영역에 대하여 각각 내용 체계를 제시하고 있다.

아울러 영역 성취 기준과 학습 내용 성취 기준 등을 제시하고 있다.

(3) 교수 학습 방법

수학의 개념, 원리, 법칙, 기능의 학습・지도, 의미 있는 발문, 수학적 창의력을 신장, 수학적 문제 해결력을 신장, 수학적 추론 능력을 신장, 수학적 의사소통 능력을 신장, 학생들의 인성을 함양시키기 위하여 학습・지도, 수학에 대한 긍정적 태도 신장, 수학 학습・지도 과정에서 교육기자재 및 수학 교과 교실의 활용, 수준별 수업 운영을 위한 유의점을 제시하고 있다,

또한, 수학 학습 시 학생 스스로 학습 목표를 설정하고 학습을 수행하며 학습 결과를 스스로 평가하는 자기 주도적 학습 능력을 신장시키도록 요구한다.

2.5 외국의 초등수학교육

1 미국

미국은 미국수학교사협의회(NCTM)에서 “학교수학을 위한 원리와 규준(Principles and Standards for School Mathematics)”을 개발하고, 각 주정부는 이를 토대로 한 각각의 교육과정을 보유하고 있다.

(1) 학교 수학을 위한 원리

원리는 수준 높은 교육과정이 지닌 특징을 기술한 것으로 기회균등, 교육과정, 교수, 학습, 평가, 공학 등 여섯 가지로 폭넓은 주제를 다르고 있다.

① 기회균등의 원리

수학교육의 수월성은 모든 학생을 위한 높은 기대와 강한 뒷받침이라는 측면에서의 기회균등을 필요로 한다.

㉠ 기회균등은 모두를 위한 높은 기대와 가치 있는 기회를 요구한다.

㉡ 기회균등은 모두가 수학을 배우는 것을 돕기 위하여 차이를 조절하도록 요구한다.

㉢ 기회균등은 모든 교실과 모든 학생들을 위한 자원과 지원을 요구한다.

② 교육과정 원리

교육과정은 활동을 모아 놓은 것 이상이어야 한다. 이것은 일관성이 있어야 하고 중요한 수학에 초점을 두어야 하며 모든 학년에 걸쳐 매우 명료하게 기술 되어야 한다.

㉠ 수학 교육과정은 일관성이 있어야 한다.

㉡ 수학 교육과정은 중요한 수학에 초점을 맞춰야 한다.

㉢ 수학 교육과정은 각 학년에 걸쳐서 매우 명료하게 기술되어야 한다.

③ 교수원리

수학을 효과적으로 가르치려면 학생들이 무엇을 알고 있으며 무엇을 학습할 필요가 있는지에 대해 이해하여야 하며 그들이 수학을 잘 배우도록 격려하고 지원해야 한다.

㉠ 효과적으로 가르치려면 수학, 학습자로서의 학생들, 교수 전략을 알고 이해해야 한다.

㉡ 효과적으로 가르치려면 도전적이며 지원이 잘 갖추어진 교실 학습 환경을 만들어야 한다.

㉢ 효과적으로 가르치려면 계속해서 개선을 추구해야 한다.

④ 학습원리

학생들은 경험과 이전의 지식을 바탕으로 새로운 지식을 능동적으로 구성함으로써 수학을 이해하면서 학습해야 한다.

㉠ 수학 학습의 본질은 이해이다.

㉡ 학생들은 이해하면서 학습할 수 있다.

⑤ 평가원리

평가는 중요한 수학의 학습 및 뒷받침해야 하며 교사와 학생 모두가 유용한 정보를 제공해야 한다.

㉠ 평가는 학생의 학습을 향상시켜야 한다.

㉡ 평가는 수업 상의 결정을 내리는데 가치 있는 도구이다.

⑥ 기술공학의 원리

기술공학은 수학을 가르치고 배우는데 필수이다. 그것은 수학을 가르치는데 영향을 미치고 학생들의 학습을 향상시킨다.

㉠ 기술공학은 수학 학습을 향상시킨다.

㉡ 기술공학은 수학을 가르치는 것에 영향을 끼친다.

(2) 학교 수학을 위한 규준

유아원 · 유치원~12학년까지의 규준은 학생들이 배워야 할 수학 내용과 과정을 기술한 것으로서 다음과 같다.

① 수와 연산 규준

㉠ 수, 수의 표현방식, 수 사이의 관련성, 수 체계를 이해할 수 있다.

㉡ 연산의 의미와 연산들이 서로 어떻게 관련되는지 이해할 수 있다.

㉢ 유창하게 계산하고 합리적으로 어림할 수 있다.

② 대수 규준

㉠ 규칙성, 관계, 함수를 이해할 수 있다.

㉡ 대수 기호를 이용하여 수학적 상황과 구조를 표현하고 분석할 수 있다.

㉢ 수학적 모델을 활용하여 양 사이의 관계를 표현하고 이해할 수 있다.

㉣ 다양한 맥락에서 변화를 분석할 수 있다.

③ 기하 규준

㉠ 2차원, 3차원 도형의 특징과 성질을 분석하고, 기하 관계에 대해 수학적으로 논쟁할 수 있다.

㉡ 좌표 기하와 다른 표현 체계를 이용하여 위치를 확인하고 공간 관계를 기술할 수 있어야 한다.

㉢ 수학적 상황을 분석하기 위해 변환을 적용하고 대칭을 활용할 수 있다.

㉣ 문제를 해결하기 위하여 시각화, 공간적 추론, 기하 모델링을 활용할 수 있다.

④ 측정 규준

㉠ 측정 가능한 대상의 속성, 측정단위, 측정 체계, 측정 과정을 이해할 수 있다.

㉡ 측정값을 결정하기 위해 적절한 기법, 도구, 공식을 적용할 수 있다.

⑤ 자료 분석과 확률 규준

㉠ 문제를 제기하고, 그 문제에 답하기 위해서 자료를 수집하고 조직하며 표현할 수 있다.

㉡ 자료를 분석하기 위한 적절한 통계적 방법을 선택하고 사용할 수 있다.

㉢ 자료에 기초하여 추론과 예측을 시도하고 평가할 수 있다.

㉣ 확률의 기본 개념을 이해하고 적용할 수 있다.

⑥ 문제해결 규준

㉠ 문제해결을 통해 새로운 수학적 지식을 만들어 낼 수 있다.

㉡ 수학과 다른 상황에서 나타나는 문제를 해결할 수 있다.

㉢ 문제를 해결하기 위하여 다양하고 적절한 전략을 적용하고 채택할 수 있다.

㉣ 수학 문제해결 과정을 관찰하고 반성할 수 있다.

⑦ 추론과 증명 규준

㉠ 추론과 증명을 수학의 가장 근본적인 측면으로서 인식할 수 있다.

㉡ 수학적 추측을 만들고 조사할 수 있다.

㉢ 수학적 논쟁과 증명 능력을 개발하고 평가할 수 있다.

㉣ 다양한 유형의 추론과 증명 방법을 선택하고 사용할 수 있다.

⑧ 의사소통 규준

㉠ 의사소통을 통하여 학생 자신의 수학적 사고를 확고히 할 수 있다.

㉡ 학생 자신의 수학적 사고를 학급친구, 교사, 다른 사람들에게 일관적이고 명확하게 의사소통할 수 있다.

㉢ 다른 사람의 수학적 사고와 전략을 분석하고 평가할 수 있다.

㉣ 수학적 아이디어를 정확하게 표현하기 위하여 수학의 언어들을 사용할 수 있다.

⑨ 연결성 규준

㉠ 수학적 아이디어 간의 연결성을 인식하고 활용할 수 있다.

㉡ 수학적 아이디어가 서로 어떻게 연결되어 있는지 이해하고, 각각의 아이디어에 기초하여 일관된 전체를 산출할 수 있다.

㉢ 수학 이외의 상황에서 수학을 인식하고 활용할 수 있다.

⑩ 표현 규준

㉠ 수학적 아이디어를 조직하고 기록하며 의사소통하기 위해서 표현을 만들고 활용할 수 있다.

㉡ 문제를 해결하기 위해서 수학적 표현을 선정하고 적용하며 변환할 수 있다.

㉢ 물리적 · 사회적 · 수학적 현상을 모델링하고 해석하기 위해서 표현을 활용할 수

있다.

물론 이를 실현하기 위하여 유아원 · 유치원~2학년의 규준, 3~5학년의 규준, 6~8학년의 규준, 9~12학년의 규준으로 나누어 다음 각각의 목표를 더욱 상세하게 세분화하여 진술하고 있다. 가령, 〈① 수와 연산 규준 ㉡ 연산의 의미와 연산들이 서로 어떻게 관련되는지 이해할 수 있다.〉 이를 위하여 유아원 · 유치원~2학년 학생들은 다음을 할 수 있도록 한다.

- 범자연수의 덧셈과 뺄셈의 다양한 의미를 이해하고, 덧셈과 뺄셈의 관련성을 이해할 수 있다.
- 범자연수를 더하고 뺀 결과를 이해할 수 있다.
- 대상을 동일한 양으로 묶기, 동등하게 분할하기 등의 곱셈과 나눗셈을 필요로 하는 상황을 이해할 수 있다.

2 영국

영국은 전통적으로 개방형 교육과정을 구비해오다가 1980년대 후반에 10수준의 수준별 국가교육과정을 마련하였다. 그러나 그 단점들이 드러나 새로이 10수준을 8수준으로 정리하는 등 새로운 수정안을 만들어가고 있다. 개정된 영국의 국가 교육과정(DFE, 1995)의 수학과 내용은 학습 프로그램과 성취 목표로 구성되어 있다.

첫째, 학습 프로그램의 개요를 살펴보면 표 2.2와 같다. 여기서 사용되는 용어인 Key Stage는 5~16세의 아동들의 주요 발달 단계를 말하는 것으로, 우리나라의 초 · 중 · 고등학교의 개념에 초등학교를 2단계로 나눈 것과 유사하다. 자료의 처리는 2단계 이상에서, 대수는 3단계 이상에서 취급하며, 4단계에서는 3단계에서 취급된 내용을 보다 깊이 취급한다. 그리고 특기할 것은 각 상세화 된 내용들에 대한 기술에 앞서, 학습자들이 실시하도록 제시할 도구의 활용이나 탐구 활동들을 명기하고 있다는 점이다.

둘째, 성취 목표(Attainment Target)를 보면, AT 1은 수학의 이용과 적용, AT 2는 수와 대수, AT 3은 모양, 공간과 측정, AT 4는 자료의 처리에 대하여 각각 8개의 수준과 아울러 예외적 성취로 기술하고 있다. 기술된 내용은 특정의 수준에 있는 학생들이 각 주요한 단계의 말에 특징적으로 보여주어야 할 성취의 유형과 범위를 묘사한 것으로, 학생들의 성취도가 어느 수준에 가장 잘 맞는가는 교사가 결정한다. 대부분의 학생들의 성취도는 1단계 말에는 1~3수준, 2단계에서는 2~5수준, 3단계에서는 3~7 수준으로 기록하도록 되어 있다. 수준 8은 매우 유능한 학생들에게 적용되는 것으로, 교사가 3단계에서 예외적인 성취를 이룬 학생을 차별화하기 쉽게 하기 위하여 수준 8 이상이라는 기술을 할 수 있다. 그러나 이러한 척도는 4단계에서는 적용하지 않는다. 표 2.3은 주요 단계별 연령과 학년, 성취 수준 기록의 범위를 나타내는 표이다.

표 2.2 영국 국가 교육과정의 학습 프로그램 개요

학습 프로그램 \ Key Stage		1	2	3	4
수학의 이용과 적용	문제 해결을 위한 의사 결정과 모니터링				
	수학적 의사소통				
	수학적 추론 기능의 증진				
수	자릿값의 이해와 수체계의 확장				
	수와 계산법 발달과의 관계의 이해와 적용				
	계산 기술과 관련된 문제의 해결				
	분류, 표현과 자료 해석				
대수	함수 관계의 이해와 적용				
	방정식과 공식의 이해와 적용				
모양 공간 측정	패턴과 모양의 성질에 대한 이해와 적용				
	위치와 운동의 성질들에 대한 이해와 적용				
	측정의 이해와 적용				
자료 처리	자료의 처리와 해석				
	확률의 계산과 추정				

표 2.3 AT1, AT2, AT3, AT4에 대한 각 단계별 성취 수준 범위

Key Stage	연령	학년	성취 수준 범위
1	5 ~ 7	1 ~ 2	1 ~ 3
2	7 ~ 11	3 ~ 6	2 ~ 5
3	11 ~ 14	7 ~ 9	3 ~ 7 또는 8 이상
4	14 ~ 16	10 ~ 11	

3 싱가포르

싱가포르는 수학교육 국제비교 연구 결과 최상 위권을 형성하는 중심국가로서 전 세계의 이목이 집중되어온 나라이다. 그 교육과정의 단면을 다음과 같이 살펴본다.

(1) 싱가포르의 학제와 계열화

싱가포르의 학제는 초등학교 6년, 중학교 4년, 고등학교 2(3)년으로 구성되어 있다. 싱가포르의 초등학교는 1학년부터 4학년까지의 기초단계가 끝난 후 능력에 따라서 수준(EM1, EM2, EM3)으로 구분하여 5, 6학년의 탐색단계의 학습을 하도록 되어 있어, 학습자의 수준에 따른 계열화가 조기에 이루어진다. 초등학교 6학년을 마치면서 초등학교 졸업시험인 PSLE(Primary School Leaving Examination)을 치르고, 성취수준이 정해진 기준에 도달하지 못하면 유급한다. PSLE의 자격 조건을 충족시키는 경우 특별/고속과정(special/express course), 보통학습과정(normal academic course), 보통기술과정(normal technical course)으로 구분하여 중학교 4년 과정을 학습한다. 특별/고속과정을 이수한 학생들은 GCEO(General Certificate of Education Ordinary) 수준의 시험을 치르고 고등학교로 진학하며, 보통학습과정과 보통기술과정을 이수한 학생들은

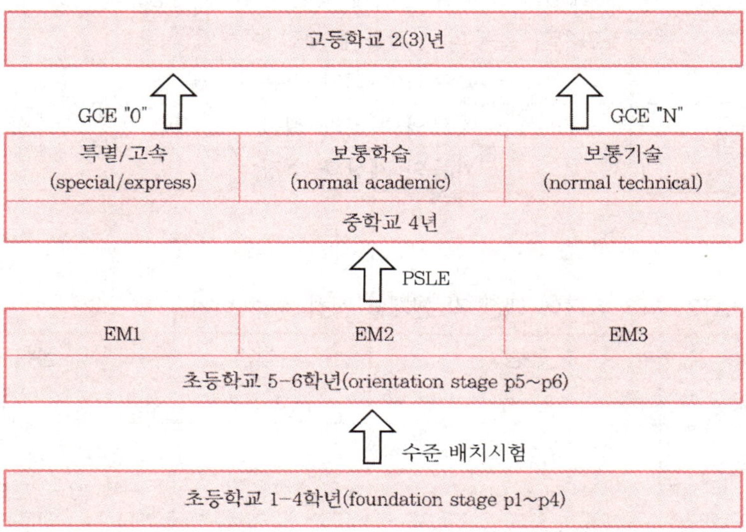

그림 2.4 싱가포르의 학제 및 시험

GCEN(Normal) 수준의 시험을 치른 후 고등학교나 종합기술전문학교(Polytechnics)로 진학한다(박경미, 2005).

(2) 싱가포르 수학 교육과정의 모형

싱가포르의 수학 교육과정의 구조는 그림 2.5와 같이 문제해결이 중심에 위치하고 그 주위를 개념, 기능, 과정, 태도, 메타인지의 다섯 가지 구성 요소가 둘러싼 정오각형 모형으로 되어 있다.

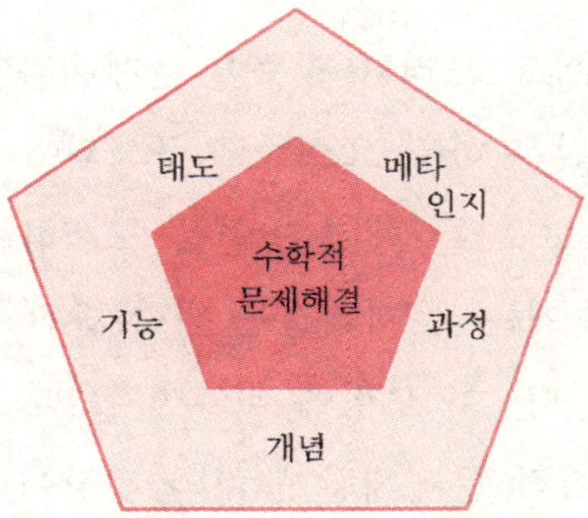

❙그림 2.5❙ 싱가포르 교육과정의 모형

❙표 2.4❙ 싱가포르 교육과정의 구성 요소

요 소		하위 요소		
개 념		• 수치적 개념 • 대수적 개념	• 기하적 개념 • 통계적 개념	
기 능		• 어림셈과 근사 • 수학적 도구의 사용 • 대수적 처리	• 암산 • 산술적 처리 • 자료의 취급	• 의사소통
과정	사고기능	• 분류 • 계열화 • 일반화 • 공간 시각화	• 비교 • 귀납 • 정당화	• 성질과 요소의 확인 • 연역 • 입증
	문제해결을 위한 발견술	• 실행하기(act it out) • 예상과 확인 방법 • 체계적인 목록 만들기 • 거꾸로 풀기 • 다른 방법으로 문제를 재 진술하기 • 문제의 단순화 • 관련된 문제를 생각하기	• 그림과 모델 이용하기 • 가정하기 • 규칙성 찾기 • 이전-이후 개념의 이용 • 문제를 부분적으로 해결하기 • 방정식을 이용하기	

표 2.4 싱가포르 교육과정의 구성 요소(계속)

요 소	하위 요소
태 도	• 수학을 즐기기 • 수학의 미와 위력을 인식하기 • 수학을 이용하는 자신감을 보이기 • 인내심을 가지고 문제를 해결하기
메타인지	• 과제를 수행하는 전략과 사고 과정을 계속적이고 의식적으로 모니터하기 • 과제를 수행하는 다른 방법을 모색하기 • 답의 적절성과 합리성을 점검하기

싱가포르 교육과정은 모형에도 드러나 있듯이 문제해결이 중핵을 이루고 있고, 다섯 가지 구성 요소는 표 2.4와 같은 하위 요소들로 구성되어 있다. 문제해결 과정을 모니터하고 반성적으로 되돌아보고 다른 해결 방안을 모색하는 '메타인지'를 독립적인 요소로 설정하고 있으며, '과정'에는 '문제해결을 위한 발견술(heuristic)'을 두어 다양한 문제해결 전략을 강조하고 있다. 이 모형에 비추어 볼 때, 싱가포르 수학 교육에서 추구하는 궁극적인 목표는 수학적 문제해결 능력의 신장이며, 개념, 기능, 과정, 태도, 메타인지의 다섯 가지 요소들이 이를 직간접적으로 뒷받침하고 있음을 알 수 있다(박경미, 2005).

4 일본

일본의 '학습지도요령'은 국가에서 고시하는 단일한 교육과정 문서로 우리나라의 교육과정 문서에 해당한다. 일본은 정보화·창조화 사회에 대비하는 새 '소학교, 중학교 수학과 학습지도요령'을 1998년 12월에 개정 공포하였고, 2002년 3월까지 실험 과정과 이행 조치 기간을 거쳐 2002년 4월부터 새 '학습지도요령'에 의한 교육이 실시되었다.

새 학습지도요령에서는 2002년부터 주5일제 학교 수업의 완전 실시를 전제로 수업 시수를 축소하고 교육 내용을 엄선하였다. 수업 시수는 약 20%가 축소되었으며, 내용을 엄선하여 학습 내용의 을 경감하는 것을 목표로 하였다. 일본의 새 학습지도요령은 '삶의 역량의 육성'을 기본 정신으로 하고 있다. 삶의 역량의 육성이 강조되면서, 학교

수학의 교과 목표에서 산수적·수학적 활동과 그 즐거움이 새롭게 강조되었다.

새 학습지도요령에서는 산수적·수학적 활동의 중시에 따라 작업 및 체험이 더욱 중시되었다. 또 전자계산기 및 컴퓨터의 활용을 추진하고 있다. 전자계산기는 새 학습지도요령에서는 초등학교 4학년에서 도입하도록 되어 있다. 한편, 초등학교 3학년에서 주판에 의한 수의 표현과 덧셈, 뺄셈 계산을 다루는 것도 특색이라고 할 수 있다.

일본의 초등학교 수학과는 '수와 계산', '양과 측정', '도형', '수량 관계'의 네 영역으로, 중학교는 '수와 식', '도형', '수량 관계'의 세 개 영역으로 내용이 나누어져 있다.

한편, 고등학교 선택 과목에는 수학 기초, 수학 Ⅰ, 수학 Ⅱ, 수학 Ⅲ, 수학 A, 수학 B, 수학 C가 있다. 여기에서 수학 기초와 수학 Ⅰ 과목 중 한 과목은 반드시 이수하여야 하며, 일반적으로는 수학 Ⅰ 과목을 이수하도록 되어 있다. 수학 Ⅱ와 수학 Ⅲ을 이수하는 경우에는 원칙적으로 수학 Ⅰ, 수학 Ⅱ, 수학 Ⅲ의 순으로 이수하도록 하고 있다. 수학 A는 수학 기초 및 수학 Ⅰ과 병행에서 또는 그것들을 이수한 후 이수하게 하고, 수학 B는 수학 Ⅰ을 이수한 후 이수하게 하고, 수학 C는 수학 Ⅰ 및 수학 A를 이수한 후에 이수하게 하는 것을 원칙으로 하고 있다.

대수, 해석, 기하 영역 모두 우리나라 교육과정에 제시된 내용이 일본 교육과정에 제시된 내용보다 다루는 내용의 양이나 범위, 학년 수준에서 대체적으로 높은 것으로 나타났다.

표 2.5 우리나라와 일본의 선택교과목 비교

<table>
<tr><th></th><th colspan="2">우리나라</th><th colspan="4">일본</th></tr>
<tr><td>초등학교</td><td rowspan="2">공통</td><td>1학년-6학년 수학</td><td rowspan="5">기본</td><td>1학년-6학년</td><td colspan="2"></td></tr>
<tr><td>중학교</td><td>1학년-6학년 수학</td><td>1학년-3학년</td><td colspan="2"></td></tr>
<tr><td rowspan="3"></td><td rowspan="3">선택</td><td>기초수학</td><td>수학Ⅰ</td><td rowspan="3">선택</td><td>수학 A</td></tr>
<tr><td>수학Ⅰ, 수학Ⅱ,
확률과 통계, 미적분Ⅰ,
미적분Ⅱ, 기하와 벡터</td><td>수학Ⅱ</td><td>수학 B</td></tr>
<tr><td>고급수학Ⅰ, 고급수학Ⅱ</td><td>수학Ⅲ</td><td>수학 C</td></tr>
</table>

연/구/문/제

1. 수학의 발달 과정을 논하시오.

2. 수학교육의 동향을 설명하시오.

3. 초등수학교육의 개선 방향을 논하시오.

4. 우리나라 초등수학교육과정의 변천과정을 설명하시오.

5. 외국의 수학교육의 최근 동향을 설명하시오.

Chapter 03 수학적 사고방법과 태도

수학적 사고가 무엇인지를 알기 위해서는 수학사의 전개의 자취를 되돌아보고, 수학에 있어서 방법(사고방법)의 본질을 추구하고 현대 수학 연구의 여러 가지 상황에 직면하여, 끊임없이 내성적으로 탐구해 가야 할 것이다.

수학적 사고방법이라는 표현 속에는 수학적 사고를 포함하고 있으며, 사고의 경향, 수법, 수순 등의 방법론적인 것뿐만이 아니라, 수학적 내용으로서의 사고 그 자체도 중요하다고 생각된다. 또, 수학적 사고방법은 수학적 사고에서 형성되므로, 그 지도에 있어서는 내용과 방법은 물론이고 수학에 대한 태도와 자세를 중요시할 필요가 있다.

수학적 사고방법은, "수, 량, 공간 등을 연구의 대상으로 하는 추상적 개념에 대한 사고 그 자체와 사고의 경향, 수법, 절차 등의 방법을 포함한 것"으로 정리된다. 그리고 수학적 태도란, 수학적으로 사고하려고 하는 마음가짐으로 정의할 수 있을 것이다. 수학적 사고방법에서 수학적 태도가 생겨나며, 또 그 태도에서 사고방법이 향상·확립된다고 하는 의미에서 수학적 사고방법·태도라는 용어를 사용한다.

수학교육에서 수학적 사고방법·태도는 수학의 지식·기능을 추진하는 에너지가 되고, 또한 문제해결의 과정을 통하여 육성될 수 있는 것으로, 문제해결의 추진력으로서 중요한 역할을 한다. 수학의 학력은 문제해결의 과정을 거침으로서, 그 해결의 과정에서 태도가 지식을 발전시켜가게 된다. 즉, 수학적 사고방법·태도를 육성하는 것은 수학의 학력을 신장하는 것이 되며, 발전적이고 살아 있는 수학 학력이 되므로 문제해결과 그 과정을 반드시 거칠 필요가 있다.

3.1 수학적 사고방법 및 태도의 분류

1 수학적 사고방법을 낳는 배경이 되는 사고방법

수학에서 지식이나 기능을 충분히 학생들의 몸에 익히게 하는 것은 대단히 중요한 목표이지만, 더욱이 수학적 사고방법을 신장시키는 것은 중요하다. 이것은 학생 자신이 적극적으로 사물을 수학화 하고, 그것을 자기의 힘으로 수학적으로 해결하고, 더 나아가서 통합하고 발전시켜 나가기 위한 원동력이 될 것이다. 수학적 사고방법이란 어떤 것인가를 명확히 하고, 이것을 수학 교수·학습에서 어떻게 학생에게 몸에 익히게 할 것인가 하는 것에 관하여 많은 사람들이 연구 노력하여 왔다.

또한, 수학적 사고방법은 창조적 사고와도 밀접한 관계가 있으므로, 수학과에서 창조적 사고를 기르는 것은 수학적 사고방법을 기르는 것이라 생각하여도 좋을 것이다. 창조라고 할 때, 이것을 그 결과에 의하여 생각하는 입장과 그 과정으로 생각하는 입장이 있다. 물론 결과가 독창적이며 가치가 있을 때 창조가 되었다고 생각하지만, 이와 같이 창조를 생각했을 때는 뛰어난 재능을 가진 극히 소수만이 창조가 되는 것이 문제가 되고, 많은 것에 이들을 기대할 수는 없다. 이에 반하여 사고의 과정으로 생각했을 때에는 모든 사람에게서 가능한 가치 있는 노력목표가 될 것이다. 그러므로 교육의 목표로서 이것을 신장하는 것을 취급할 수 있을 것이다.

이와 같이 과정으로서의 창조성을 신장하려고 하는 것은 인간이 살아가는 방법 그 자체에 관계하는 것이라고도 말할 수 있으므로, 이 과정이 수학적 사고방법이 된다. 즉, 어떠한 태도로 문제 상황을 수학화 하려고 시도할까, 어떤 관점에서 그것에 접근하려고 할까, 항상 보다 새로운 것, 보다 일반적인 것을 구하려고 할까 하는 것이 과정으로서의 창조성 신장을 위한 중요한 점이다. 이와 같이 볼 때에 수학적 사고방법이 크게 작용하여 이 사고방법이 성장한다고 생각할 수 있기 때문이다.

(1) 수학적 사고방법을 낳는 배경이 되는 사고방법

① 자주적으로 행동하려고 한다.

㉠ 의문의 눈을 가지고 본다.
㉡ 문제의식을 가진다.
㉢ 수학을 스스로 일상생활에 살린다.

② 합리적으로 행동하려고 한다.

㉠ 목적을 파악한다.
㉡ 예측을 세운다.
㉢ 정확하게 판단한다.

㉣ 사용할 수 있는 자료는 무엇인가 등을 생각한다.

㉤ 관계시켜서 사물을 파악하려고 한다.

㉥ 조리 있는 생각을 한다.

③ 내용을 명확하게 하고 이것을 간단 명확히 표현하려고 한다.

㉠ 내용을 명확하게 하고 정확하게 그것들을 기록하던가 전달한다.

㉡ 분류, 정리한다.

④ 사고, 노력을 절약하려고 한다.

㉠ 사고를 대상적 사고에서 조작적 사고로 높인다.

㉡ 자기와 타인의 사고와 그 결과를 평가하고 세련시킨다.

(2) 수학의 흐름을 만드는 수학적 사고방법

① 수학의 목표로도 말 할 수 있는 수학적 사고방법

㉠ 귀납적 사고방법

㉡ 유추적 사고방법

㉢ 축차 근사적 사고방법

㉣ 연역적 사고방법

㉤ 통합적 사고방법

㉥ 확정적 사고방법

㉦ 공리적 사고방법

② 사고의 대상에 대한 수학적 사고방법

㉠ 추상하는 사고

㉡ 수량화 하든가 도형화 하든가 하는 사고

㉢ 기호를 사용하든가 읽든가 하는 사고

㉣ 이상화하는 사고

㉤ 단순화하는 사고

㉥ 일반화하는 사고

㉦ 특수화하는 사고

㉧ 형식화하는 사고

(3) 수학의 내용에서 본 수학적 사고방법

① 수·식에서의 사고

㉠ 대소, 상등, 순서 등을 고찰할 때, 1대 1 대응을 사용하려고 한다. 또한 어떤 집합의 크기를 고찰할 때에 그것과 1대 1로 대응하는 다른 집합으로 바꾸어 생각하려고 한다.

㉡ 여러 가지 사물의 대소나 순서, 크기를 고찰할 때에 수를 추상하려고 한다.

㉢ 수를 단위의 크기와 그 개수를 나타내는 기호로 나타내려고 한다.

㉣ 수의 범위를 확장함으로서, 점의 위치나 선의 길이 등을 수를 사용하여 표현하는 것을 가능하게 하든지 연산을 가능하게 하려고 한다.

㉤ 문제를 직접 처리하지 않고, 수의 조작에 의하여 처리하려고 한다.

㉥ 사칙을 가법과 승법에 귀착시키려고 한다.

㉦ 대소, 상등 등의 기본성질에 착안한다.

㉧ 수의 고찰을 점의 위치나 도형의 크기에 대한 고찰로 바꾸려고 한다.

㉨ 예측을 하고 나서 계산하든가, 수의 크기를 대략으로 하려고 한다.

㉩ 식은 수량이나 그들 사이의 관계, 법칙을 간결하게 일반적으로 나타낸 것으로 알고, 이것을 사용하려고 한다.

㉪ 식을 읽으려고 한다.

㉫ 식에 관한 기본적인 조작에 착안하고, 이것을 사용하여 식을 형식적으로 처리해가려고 한다.

㉬ 목표에 맞추어 식을 가능한 한 간단한 형태로 나타내려고 한다.

㉭ 식의 형태에 착안하여, 그 나타내는 내용이나 관계를 통합하던가 발전시키거나 더욱 일반적인 형태로 나타내려고 한다.

② 측정에 있어서의 사고

㉠ 목표에 준하여 어떤 양을 취하면 좋을까를 생각하려고 한다.

㉡ 매개물을 사용하여 양의 크기를 취하려고 한다.

㉢ 양의 크기를 수를 사용하여 객관적으로 나타내려고 한다.

㉣ 사물을 정확하게 판단하든가 정확하게 전달하기 위하여 측정값을 구하려고 한다.

수학 내용에 관련되는 사고방법	식·수, 양, 계산, 측정, 단위, 도형, 변수, 함수, 집합, 변형, 극한, 확률, 통계, 대소, 수치화, 대수화, …
수학의 방법에 관련되는 사고방법	귀납적, 유추적, 연역적, 논리적, 통합적, 발전적, 확정적, 추상적, 단순화, 일반화·특수화, 기호화, 수리화, 구체화, 구조화, …
수학적 태도에 관련되는 사고방법	자주성, 합리성, 분류·정리, 간결·명확, 창조성, 사고·노력의 절약, 문제의식을 가진다, 전망을 세운다, 목적의 파악과 정확한 판단, …

이 분류표의 내용 이외에도 더 많은 요소의 사고방법을 생각할 수 있으며, 각 카테고리의 요소는 완전히 독립적인 것이 아니라 서로 유기적인 관련을 가지고 있음을 알 수 있다.

교사는 어떤 단원이나 수학 내용을 지도할 경우, 그 내용이 이러한 사고방법 및 태도의 요소 중 어느 것에 강조점을 둘 것인지를 지도하기 전에 반드시 결정하는 것이 긴요하다.

3.2 직관과 논리

직관과 논리는 서로 상반되는 듯 한 인식이면서도 상보적인 역할 관계에 있으며, 동시에 일어나는 것은 아니지만 수학적으로 사고하는 경우 거기에는 긴밀한 연대성이 요구되는 것이다. 직관으로 계획을 세워서 논리로 정리하고 확인하게 되며, 또한 논리적으로 정리된 결과야말로 거기서부터 새로운 직관이 생성되는 것이다. 이러한 양자의 관계에 대한 배려는 뛰어난 교사가 경험적으로 터득하고 있는 수업의 지혜라고 할 수 있는 것이다.

인식은 그 대부분이 언어활동으로 환원될 수 있지만, 언어학적 관점에서 직관과 논리의 밀접한 관계는 다음과 같이 해석된다. 즉, 어떤 언어 체계 내의 한 개의 말을 실제의 언어활동에 결부시키는 두 종류의 짜임새를 소쉬르(F. Saussure, 1859~1913)는 각각 결합관계, 연합관계라고 부르고 있다. 전자는 언어활동에서 현재하는 관계로서 말과 말을 어떤 순서 하에 결부시켜 의미 있게 합쳐 마무리해가는 시스템으로 생각된다. 한편, 후자는 언어활동에 있어 잠재하는 관계로서 무엇인가 공통성을 가지고 어군을 형성하는 작용이며, 일종의 기억의 창고를 이룬다고 생각된다. 언어가 선형으로 늘어놓아질 때 각각의 자리에 적절한 말이 선택되는 것은 기억하의 연합관계에 있는 어군에서 비롯하며 그 선택을 지탱하는 것은 이미지와 같은 것이다.

이와 같이 문맥을 구성하는 작용과 말을 선택하는 작용은 언어활동을 지탱하는 기본관계라고 할 수 있으나, 결합관계를 논리에, 연합관계를 직관에 대응시키면 논리와 직관은 인식활동을 지탱하는 매우 일상적인 그리고 불가분의 정신작용이라고 할 수 있다.

직관적 사고는 사고의 대상을 인지하는 활동으로서, 다소 분명하지는 않지만 전체를 감지할 수 있는 사고이다. 또한 이론 전개의 방향과 기틀을 마련해주는 직감적 표상(idea)으로서 이론과 구체를 맺어주는 것이고, 또 구체에서 논리의 방향을 시사해주는 것이다. 아동의 직관적 사고는 자기중심적이며 상징적이다. 초기에는 상징적 차원으로 옮겨진 감각운동적 지능의 연장에 불과하므로 합리적 지능보다는 실용적 지능의 특징이 강하게 드러난다.

논리적 사고는 모든 사상에 대해서 감정적 또는 정서적인 생각이나 자기중심적인 생각을 떠나 인과관계라는 입장에서 미지의 사상의 연쇄를 발견하려는 심적인 기능을 말한다. 아동들에 있어서는 직관적인 인지 도식(schema) – 아동들이 같은 부류 내의 다른 물체들이나 상태들을 하나의 전체로 묶는 틀, 말하자면 전체의 윤곽 또는 도식을 말함 – 이 여러 가지의 조직적 구조들로 재조직함에 따라 평형은 보다 안정된 수준으로 상승하고, 동화와 조절은 논리적 사고의 특징을 갖추기 시작한다. 즉, 논리적 사고는 직관적인 판단에 대하여 의문이나 불안감이 생길 때에 일어나는 것이고, 이 직관적인 판단은 논리적 사고 과정을 거쳐야 비로소 그 확실성을 보장받게 된다.

학생들의 직관력의 육성을 위해서는 구체적인 조작활동을 경험시키고, 그림이나 그래프 등의 영상적 표기를 중시하는 지도가 이루어져야 하며, 논리적 사고력의 육성을 위해서는 아동 상호간의 논의나 토론을 교수-학습에 도입하는 일과 표현의 지도를 중시하는 수업이 이루어져야 하겠다.

3.3 사고와 인지·메타인지

1 사고

"사고"란 무엇인가? 일상용어로는 "생각하는 것", "생각"이며, 철학에서는 넓게는 "인간의 지적 작용의 총칭"으로, 좁게는 감성의 작용과 구별하여 "개념·판단·추리의 작용"으로 해석한다. 또한 심리학에서는 "어떤 사상을 야기하는 심적 과정"또는 "어떤 과제에 대처하는 심적 조작"으로 설명한다. 이와 같이 심적 과정으로서의 사고는 학교의 테스트와 같은 문제라든가 일상생활 속에서 해결의 필요를 의식하였을 때 비롯하며, 이미 알고 있는 지식이나 기능을 구사하여 해결하려고 하는 과정이라고 할 수 있다. 그리고 사고를 나타내는 용어로서는 사고의 과정을 강조하였을 때는 "사고 활동"·"사고 과정"·"사고 작용"등의 표현이 잘 쓰이고, 사고의 결과에 대해서는 "사상"이나 "사고 내용"이란 표현이 쓰인다. 다음에는 사고의 패턴에 대하여 살펴보기로 한다. 사고 활동은 사고 주체에 의한 자율성·수의성·능동성의 정도나, 사고의 대상, 장면 등에 따라서 몇 개의 유형으로 나누어 볼 수 있다. 수학 학습과 관련이 깊은 사고 활동에는 다음과 같은 것이 있다.

- 재생적 사고와 생산적 사고(창조적 사고) (Wertheimer)
- 직관적 사고와 논리적 사고 (Bruner)
- 확산적 사고와 수렴적 사고 (Guilford)
- 반성적 사고 (Piaget)

재생적 사고는 기존의 개념 등을 구사함으로써 문제에 대처할 때 작용하며, 생산적 사고는 미지의 비정형문제에 대처할 때 작용하는 것이다. 직관적 사고는 사고활동의 방향을 시사하고 즉각 경험적인 해결을 지향하는 것이며, 이 방향의 옳고 그름을 계통적·연역적으로 뒷받침하면서 판정해가는 것이 논리적 사고라고 할 수 있다.

확산적 사고는 당면하는 문제에 대하여 가능한 한 실마리를 찾고 해결하려 할 때 유효하게 작용하고, 그 뒤에 문제를 어떤 해결을 위하여 결말지어 가는 것이 수렴적 사고라고 할 수 있다. 끝으로 일련의 직접적인 사고활동을 대상으로 하여 일단 얻어진 결론에 대하여 보다 좋은 해결이나 해결의 가치 등을 문제로 하여 논리적인 결론을 얻을 경우에 작용하는 것이 반성적 사고라고 할 수 있다. 여기서 든 사고활동 이외에 분석적 사고와 종합적 사고, 알고리즘적 사고, 발견적 사고와 같은 것에 주목할 필요가 있다.

2 인지 · 메타인지

우리는 어떤 문제를 해결하는 데 필요한 똑같은 지식을 가진 학생들 중에서도 어떤 학생은 풀고 어떤 학생은 풀지 못하는 경우를 볼 수 있다. 이는 문제해결에 필요한 지식을 보유하는 것과 그 지식을 실제로 활용하는 것은 별개의 능력이라는 것이다. 후자, 즉 지식을 실제로 활용하는 능력은 자기 자신의 지식의 기저의 상태를 모니터하고 문제 해결의 과정을 평가하는 등의 측면과 관련된다. 이러한 측면이 곧 "메타인지"의 시사점에 관한 것이다. 최근에 메타인지는 심리학자들 사이에서 뿐 아니라 수학교육 연구자들 간에서도 인간의 인지 활동의 중요한 기능으로 주목되어 왔다. 그럼에도 불구하고, 메타인지의 양상과 역할들은 충분히 밝혀지지 못하였으며, 메타인지의 개념은 여전히 모호하고 퍼지한 개념이다.

메타인지란, 광의로 말해서 인지 그 자체를 반영하는 지식과 이해의 일체로 볼 수 있다. 또한 객관적인 지식이 인간의 사고 활동들에서 활성화되게 하는 지식과 기능으로 볼 수 있다. 다시 말해서, 메타인지는 다른 지적 상태나 과정들이 반영의 대상이 되는 지적 활동들을 말한다. 이와 같이 메타인지는 때로는 "인지에 관한 사고", "사고에 관한 사고", "인지에 관한 반영" 또는 "인지에 관한 인지" 등으로 언급되고 있다. 문제해결에 있어서의 사고 중에는 다음의 두 측면을 생각할 수 있다.

- 문제에 대한 직접적인 해결 활동으로서의 사고활동(인지적 활동)
- 위의 직접적인 해결 행동을 조정하려고 하는 간접적인 해결활동으로서의 사고활동 (메타 인지적 활동)

인지는 좁은 의미로 지각과 같은 것으로 보지만 여기서는 "계산한다, 측정한다, 작도한다, 그래프를 그린다."든가 하는 수학적 활동에 작용하는 지식이나 기능까지를 뜻하는 것으로 한다. 이에 대하여 지식이나 기능이 제대로 잘 활용되고 있는가? 등 그 인지작용을 조정하는 작용이 메타인지라고 생각된다. 이렇게 보면, 메타인지는 환경에 대처하는 직접적 행동이라기보다는 인지를 대상으로 하는 인지작용, 곧 인지에 대한 인지라고 할 수 있다.

(1) 메타 인지적 지식(메타지식)

인지작용의 상태를 판단하기 위하여 모아진 환경·과제·자기·전략에 대한 지식을 말한다.

① **환경에 대한 메타 지식** : 환경의 상태가 인지 작용에 어떻게 영향을 주는가에 관한 지식 – "시험이 아니니까 틀려도 좋다."

② **과제에 대한 메타 지식** : 과제의 본성이 인지 작용에 어떻게 영향을 주는가에 관한 지식 – "먼저 푼 문제는 쉽다."

③ **자기에 관한 메타 지식** : 자기의 기능, 능력이 인지 작용에 어떻게 영향을 주는가에 관한 지식 – "식만 알면 계산에는 자신이 있다."

④ **전략에 관한 메타 지식** : 인지 작용을 잘하기 위한 전략에 관한 지식 – "알고 있는 것을 그림으로 그리는 편이 이해하기 쉽다."

(2) 메타 인지적 기능(메타기능)

메타인지에 비추어 인지작용을 직접적으로 조정하는 모니터, 자기평가, 통제의 기능을 말한다.

① **모니터에 관한 메타기능** : 인지작용의 진행 상태를 직접적으로 점검하는 기능 – "전에 풀어본 문제인가?"

② **자기평가에 관한 메타기능** : 인지작용의 결과를 메타지식과 대조하여 직접적으로 평가하는 기능 – "재미있다."

③ **통제에 관한 메타기능** : 자기평가에 따라 인지작용을 직접적으로 제어하는 기능 – "풀어본 대로 해라."

위의 세 가지 메타 기능은 각각이 독립하여 기능하고 있는 것이 아니고 일련의 작용이라고 생각된다.

쉔펠드는 문제해결과 관련하여 다음 그림 3.1과 같이 지적 행동의 세 가지 관련된 다른 영역들 ① 자기 자신의 사고 과정에 관한 자신의 지식 ② 통제 또는 자아-조절 ③ 신념과 직관에 초점을 두었다.

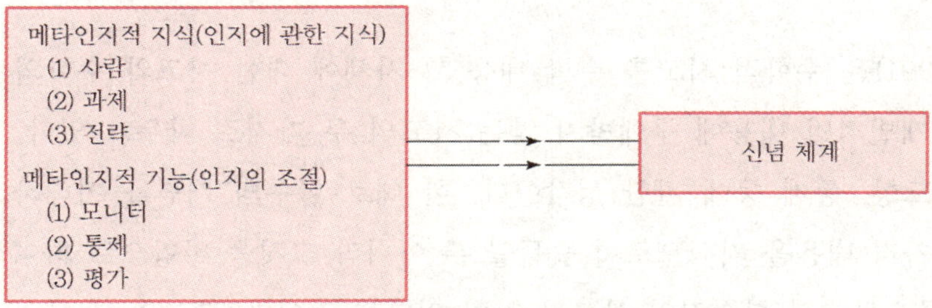

▌그림 3.1▌ 메타인지의 분류와 메타인지와 신념 체계의 관계

쉔펠드의 체계에서 신념 체계는 메타 인지적 지식과 메타 인지적 기능 뿐 아니라 메타인지와 관련된 중요한 측면으로 강조되었다. 정말로 신념 체계는 수학적 문제해결 수행에 중요한 영향을 미치는 것으로 생각된다. 가령, "나는 문장제를 해결하기가 어렵다고 느낀다."와 같은 신념은 문장제 문제를 해결하는 데 부정적인 영향을 미칠 것이다. 그리고 "나는 수학을 좋아한다."와 같은 신념은 긍정적인 영향을 미쳐 수학의 학습을 증진시킬 것이다. 한편, 시게마츠와 가추미는 메타인지를 교사에 대한 대체 개념인 또 다른 자아, 즉 "내적 교사"로 보고 있다.

3.4 수학적 사고의 본질

수학적 사고란 복합적이고 포괄적 성격을 지니는 것이므로 이를 명쾌하게 정의하기는 어렵다. 그러나 여러 사람들의 연구는 다 같이 한마디로 "수학적 개념이나 법칙 등이 생성되어지는 과정에서 작용하는 사고"를 수학적 사고로 보고 있다는 점에서 본질적으로 다름이 없다.

수학적 사고가 무엇인지를 알기 위해서는 수학사의 전개의 자취를 되돌아보고, 수학에 있어서 방법(사고방법)의 본질을 추구하고 현대 수학 연구의 여러 가지 상황에 직면하여, 끊임없이 내성적으로 탐구해 가야 할 것이다.

1 국내학자들의 관점

박한식(1991)은 수학적 사고를 수학 내용 그 자체에 대한 사고와 수학의 내용을 매개로 하여 개별적인 내용에 구애받지 않는 사고의 두 가지로 나누고 있다. 전자는 집합, 함수, 도형, 통계 등에 관한 생각이다. 한 예로 함수의 개념을 이해하고, 함수에 대한 여러 가지 내용을 지식으로서 습득할 뿐 아니라 그것을 바탕으로 하여 그들에 공통적인 흐름으로서의 함수적인 사고란 것이 있다는 것이다. 후자는 수학의 내용이 매개가 되는 것은 물론이지만, 사고 작용의 측면이 강조되어 있는 것이다. 가령, 논리적 사고, 추상화의 생각, 귀납적 · 유비적 사고, 연역적 사고 등이다.

한편, 강시중은 수학적 사고를 "대상을 수학적으로 보고 생각하며 수학을 만들고 다듬어가는 데 근원이 되는 생각"이라 하고, 이를 수학교육의 목적 달성 면에서 생각되는 수학적 사고, 수학의 특성이나 수학적 방법 면에서 생각되는 수학적 사고, 수학의 내용면에서 생각되는 수학적 사고로 분류하고 있다.

수학교육의 목적 달성 면에서 생각되는 수학적 사고는 다음과 같다.

① 자주적으로 수리화 하는 일

② 수리화를 통한 수학의 기초적인 개념, 원리, 법칙을 이해하는 일

③ 대상을 간결하고 명확하게 통합적으로 처리하는 일

④ 논리적으로 사고하는 태도와 기능을 기르는 일

⑤ 대상을 합리적으로 처리하는 기능을 기르는 일

수학의 특성이나 수학적 방법 면에서 생각되는 수학적 사고는 다음과 같다.

① **수학의 특성 면** : 추상화, 형식화, 일반화, 특수화, 계통성, 직관성, 논리성

② **수학적 방법 면** : 귀납적 사고, 연역적 사고, 유추적 사고, 공리론적 방법, 구조화의 방법, 확산적 사고 등

2 외국학자들의 관점

일본의 나까지마(中島)와 가다기리(片桐)는 선행연구를 바탕으로 수학적인 사고에 대한 연구의 선도적 역할을 하고 있는데 개관해보면 다음과 같다.

나까지마는 다음과 같이 수학적 사고의 내포적인 측면에 주목하고 있다.

"수학에 알맞은 창조적인 활동을 자주적으로 행하는 능력, 태도"라고 규정하고, 수학적인 사고라고 하는 창조적인 활동이 지녀야 할 구조로서 다음을 들고 있다.

① 문제를 간결, 명확, 통합 등의 관점에 입각하여 파악하는 일

② 가상적인 대상의 설정과 그 실제화를 위한 수법

③ 해결의 열쇠로서의 "수학적 아이디어"의 존재와 의식화

④ 구조의 인식과 보존, 특히 확장, 일반화에 따른 창조의 수법과 논리

⑤ 평가 – 해결 확인과 그 음미, 남겨진 문제점과 발전으로서의 지향

한편, 가다기리는 수학적인 사고와 태도를 크게 세 가지로 분류하여 다음과 같이 제시하고 있다. 이것은 주로 수학적인 사고의 외연적인 측면에 주목한 연구로 보인다.

(1) 수학적인 태도

① 스스로 자기 문제나 목적과 내용을 명확히 파악하려고 한다.

수학의 학습에서 언제나 강조되는 것이 바로 자기 주도적인 학습이다. 말을 물가에까지 끌고 가서 마실 수 있는 환경을 만들어 주는 것이 중요하다. 따라서 다음과 같은 태도를 갖도록 지도할 필요가 있다.

㉠ 의문을 가지려고 한다.

㉡ 문제의식을 가지려고 한다.

㉢ 사물이나 현상 중에서 수학적인 문제를 찾으려고 한다.

② 사리에 맞는 행동을 하려고 한다.

수학의 가치와 특성 중에서 합리성과 논리성이 매우 중요하다. 모든 학문 분야에서 독자들을 설득시키기 위하여 수학을 도구로 활용하는 이유가 바로 여기에 있다, 따라서 다음과 같은 태도를 갖도록 지도할 필요가 있다.

㉠ 목적에 맞는 행동을 하려고 한다.

㉡ 예상을 세우려고 한다.

㉢ 쓸 수 있는 자료나 이미 학습한 내용과 가정에 따라 생각하려고 한다.

③ 내용을 간결하고 명확하게 표현하려고 한다.

수학은 기호성과 형식성이 뛰어난 교과이다. 순수수학의 박사학위 논문은 그 함축성이 뛰어난 기호로 표현하여 다른 전문 분야의 논문보다 훨씬 적은 분량으로 표현이 가능한 경제성의 장점을 가진다. 주어진 문제 상황을 간결하고 알기 쉬운 표나 그래프를 이용하는 것의 장점을 살리기 위하여도 다음과 같은 태도를 갖도록 지도할 필요가 있다.

㉠ 문제나 결과를 간결하고 명확하게 기록한다든가, 전달한다든지 하려고 한다.

㉡ 분류하고 정리하여 나타내려고 한다.

④ 보다 좋은 것을 구하려고 한다.

수학은 그 아름다움에 매료될 수 있는 특성이 있다. 수 백 가지의 피타고라스 정리의 증명 방법이 보여주듯이 나름대로의 기발한 증명이 매력을 제공할 수 있으므로 다음과 같은 태도를 갖도록 지도할 필요가 있다.

㉠ 사고를 대상적(구체적) 사고에서 조작적(추상적) 사고로 높이려고 한다.

㉡ 자신과 타인의 사고와 그 결과를 평가하여 세련되게 하려고 한다.

(2) 수학의 방법에 관계된 수학적인 사고

① 귀납적인 사고

우선 몇 개의 자료를 수집하고, 자료들 사이에서 볼 수 있는 규칙이나 성질을 찾아내어 그 규칙이나 성질이 그 자료를 포함하는 집합에서 성립하리라 추측하고, 그 추측이 일반성이 있음을 보다 확실하게 하기 위하려 새로운 자료들로 확인하는 절차를 거치에 된다. 하노이 탑 문제에서 원판이 1, 2, 3, 4, … 개일 때 몇 번 만에 옮길 수 있는 지에 대한 예측 식을 세우는 과정에 이르는 것을 예로 들 수 있다.

② 유추적인 사고

평면에서의 직선 개념을 구면 위에서 유추하면 대원이 되고, 평면에서의 삼각형을 유추하여 구면삼각형 개념을 만들어 내는 것을 예로 들 수 있다. 또한 비행기의 연료 절감을 위하여 대권항로를 이용하는 것은 역시 구면상에서의 최단거리에 해당하는 것이 대원의 궤적이기 때문이다.

③ 연역적인 사고

넓은 의미로는 전제로 주어진 몇 개의 명제로부터 논리적인 법칙을 써서 필연적인 결론을 이끌어내는 방법이며, 좁은 의미로는 일반적인 주장으로부터 특수한 주장으로 나아가는 추리이다.

예

다음과 같은 전개도를 이용하여 만들 수 있는 주사위는?

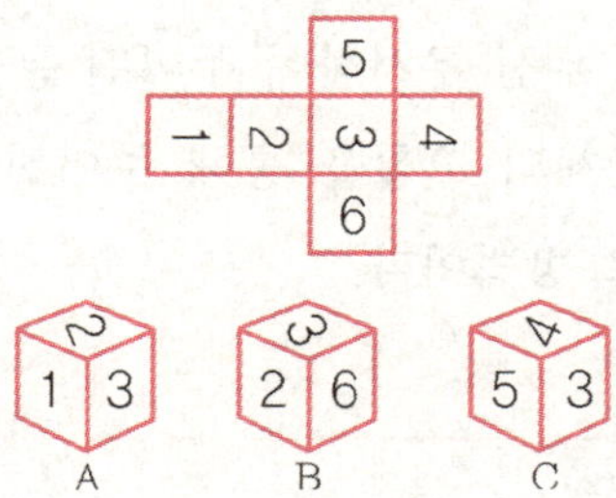

[풀이] A는 1과 3, 2와 3 등이 맞지 않고, C는 5와 4, 5와 3 등이 맞지 않다. 그런데 B는 모두 옳다.

④ 통합적인 사고

여러 사상을 이산 상태로 두지 않고 보다 넓은 관점에서 그들의 본질적인 공통성을 추상하여 그들을 모두 동일한 범주의 것으로 종합·정리해 나가려 하는 사고 방법이다. 예를 들어 자연수의 덧셈과 진분수의 덧셈 알고리즘을 통합하면 대분수의 덧셈 알고리즘이 된다.

⑤ 발전적인 사고

대상을 고정적이고 종국적인 것으로 보지 않고 끊임없이 새로운 것으로 창조해 나가 발전시키려는 생각, 즉 통합한 것을 보다 넓은 범위에 적용하려 한다거나, 어떤 결과를 구했더라도 보다 나은 더 나은 방법을 추구하거나 보다 일반적이거나 새로운 것을 발견하려는 생각이다. 예를 들어, 하노이 탑 문제에서 고리가 3개가 아니라 4개인 경우는 어떨까 하는 문제를 생각해볼 수 있다.

⑥ 추상화의 사고 – 추상화, 구체화, 이상화, 조건의 명확화의 사고

전체로서의 사물의 표상에 포함되는 여러 가지 특징 가운데 한 가지 이상을 분리·독립시켜 사고의 대상으로 삼으려는 정신 작용을 추상이라 한다. 즉, 어떤 개념의 외연을 고정시키고 내포를 명확히 하려고 할 때 작용하는 사고 방법이다. 예를 들어, 여러 가지 네모 모양의 물건들에서 모양만을 고려하여 사각형의 개념을 추상화 할 수 있다.

⑦ 단순화의 사고

주어진 몇 개의 조건을 모두 만족하는 해결 방안을 알 수 없을 때, 조건을 단순한 것으로 대체하거나 조건의 일부를 우선 무시하여 주어진 문제를 간단한 기본적인 문제로 손질하고, 그 손질된 간단한 문제의 고찰을 통해 주어진 문제의 구조나 해결 방안을 알아내는 경우에 적용되는 사고 방법이다.

예

어떤 주택가 대로변에 150개의 주택의 번지가 1번지에서 150번지까지 연속적으로 주어져 있다. 번지수에 숫자 7이 적어도 하나 포함된 번지수는 모두 몇 개인가?

[풀이] 1의 자리에 7이 있는 번지: 7에서 147까지 15개

10의 자리에 7이 포함된 번지: 70에서 79까지 10개

77은 중복

따라서 15+10−1=24

⑧ 일반화의 사고

문제에서 볼 수 있는 일반성을 찾아낸다거나 또는 해결된 문제를 바탕으로 이를 포함하는 집합 전체에서 성립하는 일반성을 구하려고 할 때 쓰이는 사고 방법이다. 특히 내포를 고정시키고 외연을 명확하게 또는 확장하려는 생각이다.

예를 들어, 하노이 탑 문제에서 고리의 개수가 n개일 때 필요한 최소 시행 횟수는

$f(n)=2^n-1$ 인 것으로 일반화 할 수 있다.

⑨ 특수화의 사고

어떤 사상의 집합에 관한 고찰로부터 그 집합에 포함되는 보다 작은 집합이나 하나의 사상에 관한 고찰로 이행하는 사고 방법이다. 예를 들어 삼각방정식의 일반해를 구하기에 앞서 특수 해를 먼저 고려하는 것과 같이 구체적인 예나 특수한 범주의 해를 먼저 찾은 다음에 일반화하려는 생각이다.

⑩ 기호화의 사고 – 기호화, 수량화, 도형화의 사고

기호로 나타내려는 생각과 더불어 기호화한 것을 바르게 해석하려는 생각 또는 수학적 용어를 써서 간결·명확하게 나타낸다거나 이것을 읽어내려는 생각이다.

예

두 개의 주사위 위에 적절한 수를 써넣어 두 주사위의 눈의 합이 1에서 12까지의 수가 나올 확률이 같도록 하려면 어떻게 해야 할까?

[풀이] 모두 36가지의 경우의 수 중 1부터 12까지의 합이 각각 $36 \div 12 = 3$가지가 나와야 한다. 따라서 다음과 같다.

주사위 1 (가로), 주사위 2 (세로)

+	0	1	2	3	4	5
1	1	2	3	4	5	6
1	1	2	3	4	5	6
1	1	2	3	4	5	6
7	7	8	9	10	11	12
7	7	8	9	10	11	12
7	7	8	9	10	11	12

(3) 수학의 내용에 관계된 수학적인 사고

① 구성요소(단위)의 크기나 관계에 유념한다. (단위의 생각)

수의 대소, 상등, 순서 등의 고찰에서 단위들끼리의 일대일 대응을 이용하거나 다른 집합으로 치환하거나, 도형의 성질이나 상호 관계를 명확히 하기 위해 도형의 구성요소, 즉 단위에 주목하려는 것 등을 예로 들 수 있다.

② 표현의 기본적 원리에 따라 생각하려고 한다. (표현의 생각)

어떤 문제를 직접 처리하지 않고 수의 조작으로 처리하거나, 수의 고찰을 점의 위치나 도형의 크기에 대한 고찰로 대체하거나, 수량 또는 그 사이의 관계나 법칙을 간결하고 일반적인 식이나 그래프로 나타내는 것 등을 예로 들 수 있다.

③ 사물이나 조작의 의미를 명확히 한다. (조작의 생각)

수의 범위를 확장함으로써 점의 위치나 선분의 길이 등을 수를 써서 나타내거나, 도형의 위치를 옮겨도 그 모양이나 크기가 불변임을 이용하거나, 표준 단위로 측정하는 것 등을 예로 들 수 있다.

④ 조작의 방법을 형식화하려고 한다. (알고리즘의 생각)

신속하고 정확한 계산을 위하여 계산의 의미에 대한 이해를 바탕으로 형식적인 계산 공식을 이용하거나, 계기를 이용하여 정확한 측정을 하거나, 인수분해의 공식을 이용하여 식을 간결하게 표현하는 것 등을 예로 들 수 있다.

⑤ 사물이나 조작의 방법을 대충 파악한다든가, 그 결과를 이용하려고 한다. (총괄적 파악의 생각)

어림을 이용하여 문제를 해결하거나, 도형의 개형을 그려 작도나 증명 문제를 해결하거나, 귀납적 추측을 하는 것 등을 예로 들 수 있다.

⑥ 기본 법칙이나 성질에 유념한다. (기본적 성질의 생각)

교환 법칙, 결합 법칙, 배분 법칙 등을 이용하여 복잡한 수와 식을 계산하거나, 기본적인 도형의 성질을 이용하여 복잡하고 다양한 도형의 성질을 알아내는 것 등을 예로 들 수 있다.

⑦ 무엇을 정하면 무엇이 정해지는가에 유념한다든가, 변수간의 대응의 규칙을 찾는다든가, 이용한다든지 하려고 한다. (함수적인 생각)

자연 현상이나 사회적인 현상 중에서 서로 의존하거나 영향을 받는 것들이 있는지를 살피거나, 다각형의 각의 개수와 내각의 크기의 합과의 상관관계가 있는 지를 알아보는 것 등을 예로 들 수 있다.

⑧ 사항이나 관계를 식으로 나타낸다든가, 식을 읽으려고 한다. (식에 대한 생각)

자연 현상이나 사회적인 현상에서 서로 관련이 있는 것을 식으로 나타내거나, 식으로 나타내어진 것을 바르게 해석하는 것 등을 예로 들 수 있다.

연/구/문/제

1. 직관과 논리란 무엇인지 설명하시오.

2. 사고에 대한 여러 가지 관점을 설명하시오.

3. 메타인지란 무엇이며 수학교육에서의 그 시사점은 무엇인지 설명하시오.

4. 수학적 사고란 무엇인지 설명하시오.

5. 수학의 내용, 방법, 태도에 관련되는 사고방법을 설명하시오.

Chapter 04

수학교육의 심리학적 연구

실험 심리학자와 발달 심리학자들이 학습, 사고, 그리고 지능에 대하여 의문을 가지고 있는 것과 같이, 수학심리학은 수학의 특별한 내용에 대한 관점에 초점을 맞춘다. 다시 말하면, "사람들은 어떻게 사고하는가?"와 같은 일반적인 질문을 하는 대신에 "사람들은 수학에 대하여 어떻게 사고하는가?"에 의문을 가지는 것을 의미한다. "사람들의 사고과정이 어떻게 발달되는가?"라고 묻는 대신에, "수학적 개념의 이해가 어떻게 발달되는가?"라고 질문한다. 수학학습 심리학에서는 경험과 지능이 어떻게 결합되어 수학적 능력(mathematical ability)을 형성하는지에 관심이 있다. 수학학습 심리학자들은 수학적으로 중요한 기능에 대한 인간의 수행능력이 어떻게 능숙해질 수 있는가를 알고자 하며, 그러한 기능이 수학적 문제해결의 맥락에서 어떻게 통합될 수 있는가를 알고자 한다.

지난 20세기는 수학 학습에 관하여 세계적인 탁월한 학자들이 연구에 박차를 가하여 괄목할 만한 연구 성과와 업적을 달성하였다고 볼 수 있다.

이 장에서는 세계적으로 알려진 많은 심리학자 중에서 특히 수학교육에 공헌한 미국의 손다이크의 연구와 독일의 형태 심리학파의 연구, 피아제의 연구 및 정보 처리 심리학의 연구를 중심으로 살펴보기로 한다.

4.1 손다이크(Thorndike)의 결합이론과 수학교육

미국의 손다이크(E.L. Thorndike : 1874~1949)는 1922년 「산술의 심리학」(The Psychology of Arithmetic)이라는 저서에서 산술 학습에 관한 많은 실험적 연구를 하여 수학교육 발전에 기여하였고, 그 후의 수학 학습심리 연구 발전에 기틀을 마련하였다고 볼 수 있다.

1 결합이론

미국의 교육심리학자 손다이크(E.L. Thorndike : 1874~1949)가 주장한 학습이론으로, 그는 발판을 밟으면 문이 열려 밖으로 나올 수 있게 장치한 상자에 허기진 고양이를 가두어 두고 그 바깥에 먹이를 놓아, 고양이가 어떻게 해서 먹이를 먹게 되는가를 실험하였다. 이 실험을 여러 번 되풀이하였더니 처음에 보이던 불필요한 반응은 점차 감소하고, 결국에는 고양이를 상자에 넣으면 바로 발판을 밟고 나와서 먹이를 먹게 되는 것을 관찰하였다. 이 이외에도, 개, 닭 등 여러 동물 실험을 하였다고 한다.

이들 실험 결과로부터 그는 학습은 상자에 넣는다는 자극(stimulus)과 장치를 밟으면 문이 열려 먹이를 먹을 수 있다는 반응(response)과의 결합에 의해서 생기는 것이고, 그 결합은 시행착오를 되풀이하는 과정 속에 생기는 것이라고 하였다. 이로부터 그의 이론은 결합이론, 연합이론, S-R이론, 시행착오설로 다양하게 불리고 있다.

손다이크는 이런 실험을 거듭하여 학습을 보다 효율적으로 이루게 하는 원리로 다음 3 가지 법칙을 제시하였다.

① **효과의 법칙(law of effect, 자극과 반응이 반복되고 중지되는 조건)** : 유기체에 만족한 결과가 따르는 반응은 강화되고, 만족을 주지 않는 반응은 약화되어 사라져 간다.

② **연습의 법칙(law of exercise, 연습 또는 중지가 S-R결합에 미치는 영향)** : 연속적으로 되풀이되는 연습의 빈도와 연습의 중지 시간 간격에 따른 자극과 반응의 결합에 따라 학습의 정도는 달라진다.

③ **준비의 법칙(law of readiness, 만족 또는 불만족을 주는 상태)** : 학습자의 학습에 대한 심신의 준비가 되어 있을 때 학습은 보다 효과적으로 이루어진다.

이와 같이 여러 동물 실험을 통하여 학습의 원리까지 끌어낸 것도 대단한 업적이며, 특히 산술 학습에 대해서도 결합이론에 기초한 연습과 훈련 및 전이의 중요성을 주장하게 된다. 결합이론은 동물의 학습에 대한 것이고 고전적인 것으로, 오늘날의 인간 그것도 수학의 학습에 그대로 적용할 수는 없지만, 수학의 학습에서 계산 등의 기능적인 면과 전이에 대해서는 이 이론의 적용을 통한 효과도 기대할 수 있을 것으로 생각된다.

『산술의 심리학』은 일관하여 결합설(connectionism)의 입장을 취하고 있는데, 그는 도입 부분에서 다음과 같이 기록하였다. "초등학교 각 교과목의 심리학은 결합관계에 관련되어 있다. 곧, 이 결합관계에 의하여 아동은 인쇄된 글을 보고, 반응하여 그 의미를 생각하고 6과 8을 합하면 곧 14를 생각해 낸다. … 차차 여러 사항에 대해서도 대처해 갈 수 있는 것이다. … 초등수학교육의 목적은 … 결합관계(또는 습관)라는 수없이 많은 변화를 인간성 속으로 산출하는 것이다."

손다이크의 학습에 관한 입장은 모든 심리과정을 자극(S)과 반응(R)과의 결합으로 설명하였고, 그 원리는 산수교육의 각 영역에 많이 적용되었으며, 지금도 많은 관심을 불러일으키고 있다.

2 산술능력

그는 초등교육의 산술능력으로써 수의 의미, 산술용어, 문제해결, 산술의 추리 등을 들어, 이것들을 일정한 학년에서 어느 정도까지 길러낼 것인지를 고민하였다. 그러한 능력을 확실하고 용이하게 길러내기 위해서는 어떻게 하면 좋을 것인가 등의 문제를 특정한 자극과 반응과의 관계로 환원하면서 고찰하였다. 예를 들면, 그는 당연히 만들어 주지 않으면 안 될 결합관계인데도 이제까지 소홀하였던 것으로써 다음과 같은 것을 들었다.

① **연속량의 눈금으로써의 수** : 수를 사물의 개수와 함께 사물의 크기나 양(측도)과 결합하여 가르치지 않으면 안 된다.

② **한자리 받아 올리는 덧셈** : $16 + 7 = 23$, $24 + 8 = 32$ 등의 결합은 특히 잘 연습하여 그 습관이 일반화되도록 하지 않으면 안 된다.

③ **나누어떨어지지 않는 나눗셈** : 실제 생활에서는 완전히 나누어떨어지는 경우가 극히 적기 때문이다.

④ **등식의 형식** : $4 + 8 = (\ )$, $5 + (\ ) = 14$ 등 미지의 수를 포함하고 있는 등식의 형식은 앞으로 대수나 분수를 다루기 위한 기초가 된다.

⑤ **분수의 조작** : 가감법의 경우는 편리한 분모로 고쳐서 계산하는 습관을 붙인다. 곱셈과 나눗셈의 경우는 "곱하면 큰 수를 얻고, 나누면 작은 수를 얻는다."라는 지금까지의 결합관계를 배제하고, 새로운 결합관계, 즉 "어떤 수에 1보다 큰 수를 곱하면, 결과는 그 수보다 큰 수가 되고 1을 곱하면 결과는 같아지며, 1보다 작은 수를 곱하면 결과는 작아진다(나눗셈에서는 반대임)."는 것을 연습에 의하

여 습득시킨다(약분이 필요할 때에는 약분하는 습관을 붙인다).

⑥ **퍼센트의 의미** : 이 관계는 5분 정도씩 4회쯤 연습하면 1시간 내내 말로만 설명해 주는 것보다 효과가 있다.

⑦ **답을 확인하는 습관** : 9+9까지의 덧셈이나 18~9까지의 여러 가지 뺄셈에서도 아동이 이해할 때까지 8회 내지 10회 정도 헤아려 알아보게 할 필요가 있다.

요컨대, 산술능력을 향상시키기 위하여, 그는 다음의 7가지의 지도 원리를 주장하였다.

① 아동이 있는 현재 상황을 고려할 것.
② 그 상황과 결합되는 반응을 고려할 것.
③ 결합관계(습관)를 만들 것.
④ 특별한 사정이 없는 한, 곧 파괴될 결합관계를 만들지 말 것.
⑤ 특별한 사정이 없는 한, 하나의 결합관계로 알맞은 것을 2, 3개로 만들지 말 것 (혼란을 우려).
⑥ 특별한 사정이 없는 한, 나중에도 사용되는 결합관계를 만들 것.
⑦ 생활 속의 상황이나 생활에서 필요로 하는 반응을 중시할 것.

3 산술 훈련

위의 산술능력을 향상시키기 위한 지도 원리를 습관화하는데 어느 정도로 할 것이며 또 얼마나 지속시킬 것인가, 그리고 그 결합관계를 보다 경제적인 순서로 배열하는 방법 등을 고찰하면서 아래와 같은 원리를 세웠다.

① **특별한 사정이 없는 한**, 새로운 결합관계는 그 이전의 것이 완전히 습관화되지 않았을 때까지 시작하여서는 안 된다. 즉, 다른 두 종류의 것을 동시에 시작해서는 안 된다. 예를 들면, (한 자리 수)×(세 자리 수)의 경우, 처음에는 받아 올림이 없는 수나 0의 혼란이 없는 수를 도입하고, 그 후에 206이나 320과 같은 수를 사용하는 것이 좋다는 것이다.

② **특별한 사정이 없는 한**, 나중에 곧 파괴되지 않는 순서로 결합관계를 만들어야 한다. 예를 들면, 일찍부터 나머지가 있는 나눗셈에 습관을 가지게 할 필요가 있다.

③ **특별한 사정이 없는 한**, 변화 있는 배열을 해야 하며 단조로운 학습은 지양해야

한다.

④ **특별한 사정이 없는 한**, 산술의 과정, 곧 추리를 함과 동시에 이것을 확인하기 위하여 객관적인 도움을 이용하는 것이 좋다. 예를 들면, 덧셈을 가르치기 시작할 때, 사물을 3개 보인 뒤 책 밑에 감추고 또 다음에 2개를 보인 후 또 책 밑에 감춘다. 그리고 책 밑에는 모두 몇 개인가를 묻는다. 다음에는 계산이 정확한가를 보기 위해 실제로 세어보게 한다.

⑤ **특별한 사정이 없는 한**, 어떤 산술의 과정이 왜 옳은가라는 설명은 아동 자신이 정확하게 사용하거나, 또 틀리지 않았다는 것을 확신할 때까지 내버려두는 것이 좋다. 예를 들면, 소수의 나눗셈에서 소수점을 찍는 방법이라든지, 분수의 나눗셈에서 제수의 역수를 취하여 곱하는 방법 등의 이유를 처음부터 가르쳐 주어도, 아동은 알지 못한다. 그것을 이해하게 되는 것은 그 계산방법을 충분히 소화하고 난 후인 것이다.

⑥ 수학 이외의 과목이나 학교 밖에서 실제로 필요한 것을 적절히 고려하여 결합관계의 순서를 배열하여야 한다.

4 산술적 사고

그는 산술에 있어서 추상적 관념, 일반적 관념 및 추리의 문제를 다루고 있다. 추상적 관념을 가진다는 것은, 각각의 사물에 공통적인 요소를 뽑아서 그것에 반응시키는 것이다. 5명의 아동, 5자루의 연필, 5 cm의 막대기 등에서 5라는 공통의 요소를 추출하는 것이 추상적 관념을 가지는 것이다.

또 일반적 관념을 가진다는 것은, 어떤 것이 어떤 종류에 속하고 있는 가를 앎으로써 종류라는 사물에 반응하는 것이다. 예를 들면, 특정한 장소에 특정한 크기를 가진 직사각형을 그대로 파악하는 것이 아니라, '직사각형' 일반을 파악하는 것을 일반적 관념을 가진다고 한다. 이 추상화와 일반화의 과정은 거기에 포함되어 있는 여러 가지 요소를 분석하는 것을 전제로 하고 있다.

5 결합이론에 관한 문제점 및 요약

이상은 손다이크의 『산술의 심리학』의 일부인데, 철저하게 결합이론의 입장에서 기술하고 있다. 이 책에 실려 있는 실례는 풍부하며, 특히 산술 테스트는 지금까지도 우리들이 참고하고 있는데, 반복에 의한 자극과 반응의 결합만이 학습의 기초라고 하는 기계론적인 입장에 대해서는 많은 지적을 받아 왔다.

손다이크는 처음으로 교육심리학의 체계를 세운 사람으로, 교육사상 잊힐 수 없는 존재이지만 그의 출발점이 된 것은 동물에 의한 학습심리의 연구였다. 동물을 문제상자 속에 가두어 두고 문을 여는 방법에 대한 학습과정을 실험적으로 연구한 결과, 그는 이른바 시행착오에 의한 학습이론을 세웠다. 문제 상황에서 여러 가지의 시행을 거듭함으로써, 성공과 실패의 경험을 몇 번이고 반복하는 가운데 점점 소용없는 행동은 하지 않게 되고 필요한 행동만 하게 된다. 이때에 문제의 자극과 동물의 일정한 반응 사이에 연합(association ; 결합)이 이루어진다는 것이다.

손다이크의 결합이론의 결함은, 모든 것을 요소에 환원하고 그것들을 기계적으로 결합한다던가, 분석한다던가 하여 만족하고 있는 점이다. '왜'라는 의미를 붙이는 것은 습관이 붙은 후 설명하여 주면 된다고 하였다. 이와 같이 기계론적 입장을 가장 잘 보여주는 것은 학습의 전이에 관한 실험이다. 그에 의하면 학습효과가 다른 학습에 파급하여 그 효과를 높이는 것은 두 학습상황에 동일한 요소가 있기 때문이며, 두 가지 경험이 아주 닮았을 때에는 전이가 크고, 다를 때에는 전이가 작다고 주장하였다.

이 점에 대해서는 당시의 교육심리학계에 큰 논쟁을 일으켰는데, 특히 이 전이는 경험이 닮았기 때문에 생긴 것이 아니고 아동이 그 경험을 일반화하기 때문에 일어나는 것이라고 비판받게 된다. 그 후 아동들에게 언어로 이론적인 설명을 해 줌으로써 습관 형성에 큰 역할을 한다는 사실을 인정하면서부터는 그 역시 결합이론을 수정하기에 이른다.

4.2 형태 심리학과 수학 교육

형태(Gestalt)심리학파의 '場(field)의 이론', '인지 이론'은 손다이크의 결합이론에 대립되는 것으로 알려져 있다. 형태심리학에 의하면, 정신 현상은 어떤 요소가 더해져서 결합된 것이 아니라 애초부터 어떤 구조를 가진 하나의 전체를 이루고 있다고 보는 것이다.

예를 들면, 쾰러(W.Köhler, 1887~1913)는 손다이크의 시행착오 설을 부정하여 가설을 세웠는데, "학습은 우연적인 성공에 기인한 것이 아니고, 돌연히 '아! 그런가.'라는 체험과 더불어 그 학습장(學習場)의 구조에 대한 연관을 간파하는데서 성립된다."는 것이다. 이것을 그는 '학습장의 재구조화'라 하고 학습의 본질이라고 생각하였다. 쾰러는 침팬지의 실험으로 그것을 입증하였는데, 이것을 더욱 일반화한 것은 베르트하이머(M. Wertheimer, 1880~1943)와 던커(K. Duncker, 1903~1940)이었다.

1 형태 심리학의 기본 입장

이 이론은 형태 심리학파의 한 사람인 쾰러(W. Köhler)의 유인원(chimpanzee)에 대한 지혜실험으로부터 시작되었다. 그 실험 중의 하나로 우리(cage) 안의 천장 높은 곳에 바나나를 매달고, 바닥에는 상자 몇 개와 막대기를 무질서하게 늘어놓고, 허기진 침팬지를 가두고 그가 바나나를 어떻게 따 먹을 수 있는지를 관찰하였다.

침팬지는 처음에는 직접 손으로 바나나를 잡으려 했으나 여의치 않자, 한참 주위를 살펴보며 무언가 생각하는 듯 하더니 갑자기 상자를 몇 개 포개고 막대기로 바나나를 따먹었다.

이 사실로부터 쾰러는 학습은 시행착오적으로 성립하는 것이 아니라, 지금까지는 목적 수단의 의미 관계가 있는 것으로 알지 못했던 상황의 구조가 지금까지와 다른 새로운 인지구조로 의미를 전환함으로써 성립한다고 설명한다. 이 인지구조의 변화를 '장의 이론', '장의 재구조화'로 불렀다.

인지이론은 유인원의 학습으로부터 얻어진 것이지만, 인간의 학습 특히 사고가 수반되는 학습, 즉 이해가 수반되는 학습을 설명해 주는 이론이라고 할 수 있다. 이 주장은 유기체의 정신구조의 생득성을 전제로 하고 있는 것으로, 지금에 와서는 크게 발전하여 인간의 인지 양상이나 이해의 메커니즘(mechanism) 등을 연구 대상으로 하게 되었다. 이들 연구의 성과 중에는 수학교육에 적용 가능한 원리나 수학의 학습을 대상으로 한 것도 많다.

형태 심리학자들-Köhler, Koffka, Werthimer, Duncker-은 인간의 정신은 정보를 단순히 받아들이는 것이 아니라 어떤 방식으로든 이해가 이루어질 수 있도록 인간에게 입력되는 모든 감각과 경험을 어떤 원리에 따라 해석한다고 주장한다.

인간은 지각 경험에 따라 독특하게 지각하며, 일반적으로 그 자신의 지각에서 구조를 보려는 경향이 있다. 즉, 어떤 환경에서 전체적인 모양이나 형태를 찾으려는 경향이 있으며, 이것은 지각의 특별한 법칙에 영향을 받는다고 생각한다. 형태 심리학자들의 관심은 지각적 현상에 관심을 가지면서 결국은 일반적인 문제, 즉 사고와 문제해결의 본질에 초점을 맞추었다.

2 통찰과 문제의 구조

문제해결에 대한 형태 심리학자들의 주된 연구 중의 하나는 통찰의 현상이다. 문제해결에서 통찰의 역할은 지각에 대한 초기의 실험들을 베르트하이머와 같이 연구한 쾰러(1925)의 노력으로 대부분 소개되었다.

손다이크는 동물의 사고와 문제해결을 목표지향적인 시행착오와 자극·반응의 단순한 결합으로 전체를 구성하는 것으로 설명하려고 하였지만, 쾰러는 관찰을 통하여 사고와 문제해결은 보다 전체적인 조직 과정에서 이루어지고 기능적인 전체로서 문제를 지각한다고 확신하였다.

행동은 항상 목표가 되는 대상을 향하여 곧바로 나아가지 않으며, 목표에의 접근이 어려울 때는 피하기도 하고 같은 결과를 가져오는 우회 경로를 찾아 해결하기도 한다. 즉, 문제와 그 해결의 본질에 대한 인식은 한 동안 겉으로는 멋대로 행동을 한 후에 갑자기 그리고 동시에 일어나는데, 장을 재구조화 하여 학습이나 문제해결을 이루는 순간, 통찰이 일어난 순간이라고 주장한다.

문제구조에 대한 인식으로 해석되는 이해나 통찰은 새로운 상황에서 볼 수 있는 문제 요소들의 재조직에 기인된다. 침팬지는 상자나 막대기가 바나나 문제를 구성하고 있는 요소들의 형태와 관계가 있다는 것을 갑자기 깨닫고 거의 즉각적으로 문제해결을 하게 된다.

문제 해결이 즉각적으로 되지 않고 문제 상황에서 갈등이 있게 되면, 역동적인 정신력은 어떤 재조직을 통하여 평형화를 이루는데, 이 재조직은 긴장 상태를 해소하게 된다. 즉, 문제의 올바른 구조를 밝혀내어 해결하게 된다는 것이다.

이러한 내적 갈등의 해소는 문제의 구성요소들이 전체와 관련하여 그들의 적절한 기능에서 지각되었을 때에만 일어날 수 있는데, 이러한 재구조가 이루어지는 시점이 바로 통찰의 시점이다.

수학의 문제해결을 위한 통찰을 용이하게 하는 방법으로는 폴리아의 문제해결의 4단계가 대표적인 것으로 생각된다.

3 베르트하이머의 평행사변형 문제

수학 학습·지도에 관심을 가졌던 베르트하이머는 아동의 사고 과정을 연구하기 위하여, '생산적 사고' 또는 구조의 이해에 기초한 사고를 입증하려는 연구를 하였다. 그 예로 평행사변형 문제를 사용하여 생산적 사고의 조작과 필요성을 주장하였다.

베르트하이머(1945/1959)는 그림 4.1의 위 그림의 평행사변형으로 넓이를 계산하는 지도를 하고 그것과 비슷한 다른 평행사변형의 넓이를 구하는 연습을 시키고, 학생들은 어려움 없이 알고리즘을 사용하여 쉽게 넓이를 구한다.

조금 뒤에, 교사는 이제와는 전혀 다른 그림 4.1의 아래와 같은 평행사변형(위 그림과 똑 같은 평행사변형을 거꾸로 세운 것)을 제시하여. 넓이를 구하게 하였다. 아동들의 반응은 이 문제는 배우지 않았고 심지어 틀린 문제라고 하고, 밑변×높이의 알고리즘을 적용할 수 없다고 하기도 하며, 문제 풀기를 포기하기도 하였다.

평행사변형의 넓이를 구하기 위한 알고리즘의 기초가 되는 구조적인 원리를 이해하지 않은 채 알고리즘을 학습한 아동들은 교사가 제시한 방법을 무조건 따르기만 하였다.

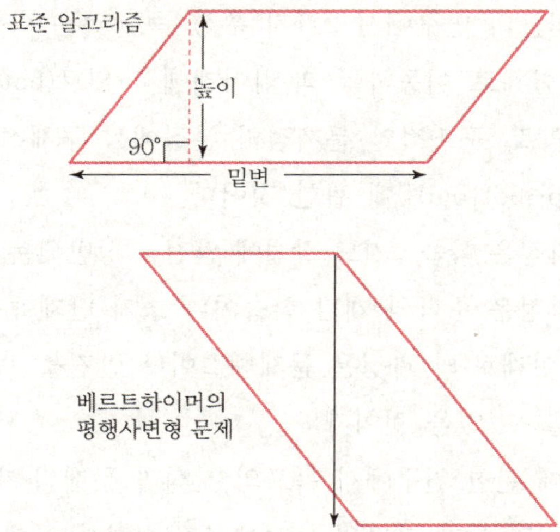

▌그림 4.1▐ 베르트하이머의 평행사변형 문제

이 예로 아동들은 평행사변형의 넓이 구하는 알고리즘을 기계적으로 학습했으며, 유의미 학습이 되지 못했기 때문으로 지적한다. 즉, 평행사변형과 직사각형의 기능적 동치관계(등적 변형)를 이해하도록 지도할 필요가 있음을 지적한다. 문제에서 본질적인 기본은 구조이므로, 과제의 목표(넓이 구하기)와 평행사변형의 지각적이고 수학적인 특성을 조직하고, 문제 상황의 전체와 부분의 관계가 모두 고려되어야 함을 강조한다. 이 예를 통하여, 생산적 사고가 일어나게 하려면 유의미 학습이 되어야함을 시사하고 있다.

4 생산적 사고의 과정

전체의 구조가 그것의 부분들의 기능과 그들의 상호 관계를 분명히 한다는 형태 심리학자들의 관점은 특히 문제 해결과 일반적인 사고 기능(技能)의 개발에 관련이 있는 것 같다. 위에 든 생산적 사고의 예로 평행사변형의 넓이구하는 문제를 보았다. 그림 4.1의 밑의 평행사변형의 넓이도 구할 수 있는 학생은 생산적 사고를 하였다고 보는데, 그러한 사고는 어떻게 진행되는지에 대해서는 의문이 남아 있다. 형태 심리학자들 또한 이러한 능력은 통찰이 일어난 것으로만 보고 있는 듯하다. 사실 아동들에게 생산적 사고를 하도록 고무하고 도울 수 있는 방법을 찾는 것은 쉬운 일이 아니다.

문제 해결에 관한 최근의 연구에서 2가지 주장 즉, '낮은 수준에서 높은 수준으로, 부분적인 것들에서 통합체로 이동하는 과정[아래에서 위로(bottom-up)]'과 '높은 수준의 것을 낮은 수준으로, 구조적인 문제점의 본질에서 구체적인 단계들로 이동하는 과정[위에서 아래로(up-bottom)]'에 관한 것이다.

이 두 가지 유형의 과정은 학습·지도 방법에 완전히 상반되는 접근 방법을 제공한다. '아래에서 위로'의 과정은 수학의 개념 학습이나 초기 단계에서 주로 사용되는 것으로 생각되며, '위에서 아래로'의 과정은 문제해결이나 발견을 포함한 창조적인 능력의 육성을 요할 때 적용될 수 있을 것이다.

덩커는 통찰의 과정에 관한 연구에서 목표의 분석과 문제의 재구성을 먼저 시작하는 위로부터 아래로의 과정과 문제 자료의 분석에서 시작하는 아래에서 위로의 과정을 구별하였다. 이것은 인지적 수행 능력의 연구에 공헌하고 있는데, 이 두 과정의 상반성보다는 상호작용에 관한 연구가 좋은 평가를 받고 있다.

베르트하이머, 덩커 등의 형태심리학파에서 생산적 사고의 육성이나 창조성의 육성과 관련되는 문제해결에 관한 연구를 보면, 전체적인 구조나 형태의 파악을 강조하고 있으므로 '위에서 아래로'의 사고 과정의 학습이 예상된다.

5 학습에 대한 형태심리학의 관점

카토나(Katona, 1940~1967)는 구조와 의미에 관한 형태 심리학자들의 관심을, 어른들이 과제를 수행하기 위하여 학습을 어떻게 하는가에 대한 형태심리학의 이론과 전통적인 학습 이론의 설명을 체계적으로 비교하였다.

카토나는 학습을 기계적인 암기에 의한 학습을 '무의미 학습'으로, 구조적으로 관련된 일련의 개념과 요소들에 근거를 두고 이해하는 학습을 '유의미 학습'으로 구분하였다.

그녀는 유의미 학습에 의한 기억력에 관한 실험을 통하여, 유의미 학습에 관한 본질을 다음과 같이 서술하고 있다.

① 암기에 의한 학습과 이해에 의한 학습은 학습의 과정이 서로 다르다.

② 이해에 의한 학습은 문제해결-원리의 발견-과 본질적으로 같은 과정을 가진다.

③ 문제해결과 유의미 학습은 모두 자료를 변화시키고 조직하는 활동으로 구성된

다. 조직의 역할은 내재적인 관계를 설정하거나 발견하고 이해하는 것이다.

아래에서는 형태 심리학 연구의 교육에 관한 몇 가지 시사점에 대하여 서술하기로 한다.

통찰이 수학적 문제 해결로 이끈다는 것은 수학적 구조로 표현될 수 있고, 또한 생산적 사고의 기반이 되는 구조 또한 수학적 구조로 귀결된다.

형태심리학에서는 사고와 지각은 구조를 이해하려는 선천적인 기질에 지배된다는 것이다. 이런 점에서 지각이나 사고의 경험은 객관적으로 확인될 수 있는 개별 요소나 자극을 모아 놓은 것 이상의 조직화를 획득하는 것이다.

수학 문제에서 부분에 대한 전체의 우월성을 증명하면서, 베르트하이머는 기본이 되는 구조, 즉 수학적 구조에 대한 이해는 생산적 사고와 세련된 문제해결로 이끌 수 있음을 밝히려 하였다. 문제 해결 자는 문제 구조에 대한 통찰을 통하여 문제의 요소들과 해결 절차의 관련성 및 기능들을 이해할 수 있기 때문이다.

문제해결에 대한 형태심리학의 관점은 통찰이 문제를 전체로 이해함으로써 전체와 부분간의 관계로부터 이루어진다는 것이다. 형태심리학 이론에 영향을 받아 폴리아는 구체적으로 수학 문제해결의 4단계론을 주장하며, 문제 해결력 및 통찰력을 육성하는 구체적인 방법을 제시하였다.

6 형태 심리학 연구가 수학교육에 미친 영향

형태 심리학은 구조화의 원리를 주장한 나머지 그 전체구조의 개념을 요소로 환원되지 않는 집합으로 보는 경향이 강하였다. 예를 들면, 어떤 멜로디를 1옥타브 위에서 연주할 때, 개개의 음은 분명히 이전의 음과는 다른 것인데도 이전과 같은 멜로디 감을 느끼게 된다. 즉, 멜로디는 모든 요소가 다르더라도 같은 멜로디로서의 전체구조를 가지고 있다. 전체란 요소의 총합이 아니고, 그 이상의 것이라고 형태 심리학은 주장한다. 지각 면에서는 그러한 사실이 이해되지만, 사고면에까지 이 원리를 적용하는 것은 무리라고 생각된다.

특히, 수학에서는 요소의 가법성($1+1=2$, $2+1=3$, …)이나, 감법성($2-1=1$, $3-1=2$, …)은 처음부터 전제하고 있다. 이것을 부정해 버리면 수학자체가 성립되지 않는다. 그렇다고 해서 기계적인 결합만을 주장하는 손다이크의 심리학이 정확하다는 것은 아니다. '부르바키 학파'가 말하는 것과 같이 수학에는 수학자체의 구조가 있고, 각각의 요소는 그 구조에 따라 처음으로 상호관계를 가지게 된다. 더욱이, 이 구조는 그 내부의 가법성이나 가역성 등을 전제하고 있다.

형태심리학의 연구는 반복보다는 구조화의 원리를 중시하는 생활단원 학습기의 교육방법을 발전시켰는데, 이로 인해 수학 학습에서 반복연습이 소홀해지고 수학의 기초적인 기능을 저하시키는 원인이 초래되었다고도 한다.

그러나 형태심리학의 사고와 지각에 대한 조직의 중요성에 관한 연구가 인지 심리학 연구의 출발점이 된 것은 인정해야 할 것이다.

4.3 피아제의 인지발달 이론과 수학교육

피아제(J. Piaget, 1896~1980)는 스위스의 심리학자로, 그의 연구는 손다이크의 일반 동물 실험이나 형태 심리학자들의 침팬지 실험과는 달리, 인간인 자기 딸들을 실험의 대상으로 하여 인간의 성장 과정에 따라 인지발달에 관한 임상실험을 하였다. 그 결과 인간의 지적 발달 단계론을 끌어냈으며, 그의 실험 결과는 인간의 인지 발달과 지적 성장을 돕는 학습·지도에 바로 적용할 수 있음을 시사 하였다.

1 피아제의 발생적 인식론과 균형이론

피아제는 인간의 인지 문제를 심리학적으로 접근하여, 외부세계에 대한 인식론적 가정이 성장기의 인지발달 과정에서 형성됨을 구명하였다. 인식 주체는 인식하는 대상과 항상 상호 작용하여, 변화하고 성장하며, 발달의 방향은 정해져 있지만, 실제로 언제, 어떻게 발달하는 가는 경험에 의한다고 주장한다. 이것을 발생적 인식론이라 한다.

피아제의 인식론에 대한 견해는 경험론에서 말하는 개인의 감각기관을 통해 외부에서 내부로 들어오는 감각적인 정보에 의한 것이라는 주장과, 이성론에서 말하는 진리는 이성에 의하여 가장 명확하게 보증된다는 주장을 종합한 입장이었다. 즉, 감각적 경험과 이성과의 밀접한 상호작용에 의해 지식이 구성된다고 생각하였다. 그래서 "경험은 이성을 만들고, 이성은 경험을 만든다."는 말을 하면서 인지 발달과정에서 경험과 이성은 분리될 수 없고 서로 융합되어 하나의 전체를 이룬다고 주장하였다.

피아제의 발생적 인식론은 인간의 정신과정 또는 인지과정을 생물학적 발생과정의 일부로 보고, 인간이 외부의 지식을 습득하기 위해 동화와 조절에 의한 환경에의 적응을 근간으로 하고 있다.

수학적 개념 또한 실제적인 동적인 경험 활동, 즉, 자연수의 개념은 조약돌을 1대1로 대응시키거나 직접 세거나 하면서, 도형 개념은 색종이를 잘라서 직접 구성하거나 분해하고, 반성적으로 사고함으로써 수학적 개념이 발생되고 형성된다고 하는 것이다.

피아제는 형태 심리학자들과는 달리 '전체구조'가 처음부터 인간정신 속에 갖추어져 있다고는 보지 않고, 전체구조가 어떠한 순서를 밟아서 만들어져 가는가를 규명하는 것에 연구의 목표를 두었다.

그에 의하면 이 '전체구조'는 이상적인 균형 상태를 이루고 있어, 이 구조의 내부에서 여러 가지 지적 조작이 이루어질 수 있는 것이다. 아동의 사고구조는 불안정한 상태인데, 그 구조 중의 일부분만 변하여도 전체구조가 완전히 변하게 되며(비가산성), 한 번 변한 것은 결코 이전과 같은 상태로는 되지 않는다(비가역성)는 것이다. 예를 들면, 둥근 진흙 덩어리가 평평하게 되면 무게가 변하였다고 생각하고, 머릿속에서 처음의 둥근 진흙 덩어리로 되돌려 생각하지를 못한다.

이와 같은 불안전한 상태로부터 차차 균형 상태로 변화해 가는 과정을 파악하기 위하여, 그는 수 개념, 양 개념, 공간 개념, 시간 개념, 운동 개념, 확률 개념(우연의 개념), 순열, 조합의 개념 등의 발달적 연구에 착수하였다.

형태 심리학은 아동과 어른의 사고과정 사이에 차이를 인정하지 않고, 다같이 '재구조화'의 법칙에 따라 사고가 진행된다고 하였지만, 피아제는 양자의 이질성을 강조하였으며, 심지어 같은 아동일지라도 4세 아동과 10세 아동과는 사고방식이 전혀 다르다는 것이다.

인간은 환경에 대하여 수동적으로 머물러 있지 않고, 가능한 범위 내에서 환경을 조절하고 자신의 의도대로 변화시켜, 균형 상태를 유지하기 위한 상호작용을 하게 된다.

예를 들어, 물에 빠진 사람이 익사하지 않고 생존하고자 하는 것이 그의 욕구라면, 여기에 개재되는 균형을 이룩하여 유지하고자 하는 지적인 행동이 수영운동이다. 이러한 상호작용에는 인지적 측면 이외에 정의적인 측면도 포함되지만, 피아제는 인지적 측면을 주로 연구하였다. 인간은 유전적으로 환경과 상호작용 하는 기능을 타고난다고 생각하였다.

피아제의 인간이 환경에 적응하기 위해, 끊임없는 상호 작용을 한다는 것이며, 그의 발달 이론의 기본이 되는 균형의 개념을 도입한 점이다.

인지적 적응은 개인의 환경에의 순응을 통해서도 추구되고, 그때그때 개인의 인지적 양식에의 환경의 병합을 통해서도 추구된다. 개인은 환경과의 상호작용의 결과를 내면화하여 가능한 한 통일적이고 관련성을 갖는 행동 및 사고의 양식을 구성하고자 부단히 활동하며, 이는 발달과 더불어 끊임없이 세련되고 심화되며, 미래의 행동이 보다 나은 결과를 얻을 수 있는 방향으로 조종되게 된다.

적응은 동화와 조절기능으로 분류되는데, 동화는 새로운 지식을 현존하는 인지구조에 합체시키는 것이고, 조절은 새로운 지식이 개인의 현존하는 인지구조에 합체되기에 부적절할 때, 필요한 자신의 인지구조를 분화하고 조종하는 것을 의미한다.

외부 세계와의 인지적 만남은 항상 동화와 조절의 상보적인 측면을 지닌다. 새로운 환경 요소들은 자신에게 동화시키고 이들에 맞추어 스스로 조절하려는 반복적인 시도를 통해 인지체계의 내부적 구조는 점차 변화하여 인지 발달이 이루어진다.

이상의 내용을 그림으로 나타내면, 그림 4.2와 같다.

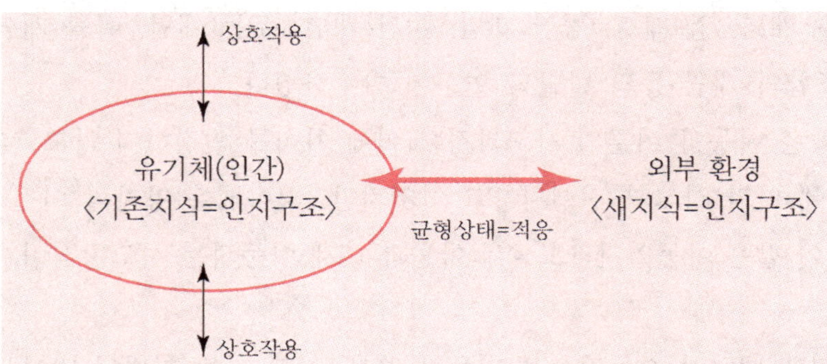

그림 4.2 균형상태(적응)

그런데 구체적인 행동으로부터 지적인 조작으로의 이행은 행동이 특수한 대상과 결부되어 있는 상태에서 점차 벗어나 내면화, 상징화, 언어적인 표현이 가능한 보다 추상적인 성격을 갖게 되는 표상으로 대체됨으로써 이루어진다. 지적인 발달은 조작이 보다 안정된 균형 상태를 이루는 가동적인 체계로 조직됨으로써 달성되어지며, 그로 인하여 지적인 적응이 가능하게 되는 것이다.

인간은 환경과의 균형을 이룩하여 그의 행동 및 사고양식의 무모순성을 달성하려는 기본적인 욕구가 있다. 적응과 조직기능에 의한 그러한 균형화 과정에서의 행동 및 사고양식의 변화를 학습이라고 할 수 있는바, 피아제에 의하면 인간은 학습을 위한 강력한 인지적 동기를 소유하고 있으며, 이는 학문적으로는 탐구충동에 해당된다.

2 수학적 지식과 수학적 사고

피아제는 수학적 지식 및 사고의 본질을 '조작(operation)'으로 보고, 그 발생과정을 분석하여 제시하였는데, 피아제 이론은 수학교육에서 이해, 문제해결능력 및 창조성의 개발 등에 적용할 수 있다.

피아제의 학문적 연구의 주된 목적은 과학 자체와 개인에 있어서의 지식 발생의 구조를 밝혀 보려는 것이었다. 어떤 발달단계에서의 개인의 지능이란 그 개인이 주변 세계와 효과적으로 상호작용할 수 있는 구체적 활동 혹은 정신적 활동의 총체라고 말할 수 있으며, 지능은 개인의 고정된 특성이 아니라 발달에 따라 변하는 것이다. 즉, 지능의 실제적인 메커니즘은 '조작'이라고 표현되는 내면화된 행동이므로 실제적인 행동은 지능의 기원이며 지능을 키우는 토양인 것이다.

환경의 보다 나은 적응을 향한 유기체의 진화과정이라는 기본적인 생각을 인식론에 전용하여, 지식의 발달은 보다 지적인 행동양식과 사고양식의 구성을 뜻하며 이는 인식주체와 현실과의 보다 나은 균형을 이루기 위한 것이다.

인간만이 내면적인 행동인 사고로, 미래의 잠재적인 가능성을 부단히 조종하고 수정해 가면서, 그의 행동방향과 동기에 따라 현실을 능동적으로 변화시킬 수 있는 것이다. 피아제는 이러한 기본적인 입장을 취하면서 수학과 논리학에서 개발된 기호적인 사고모델을 질적으로 가장 높은 형태의 지능으로 보고 있다.

논리－수학적 개념은 유기체의 구조에서 출발하여, 감각－운동의 형태로 나타나고, 다시 행동의 일반적 조정이 이루어지면서 '반영적 추상화'가 일어나 구성된 '조작' 및 보다 고차의 조작이다. 다시 말해, 수학적 사고를 내면화된 행동 곧 조작으로 보고 아동의 활동 가운데 그 형성적 근원을 찾고 있다. 이러한 수학적 지식과 수학적 사고에 관한 피아제의 인식에 기초하여 그를 "조작적 구성주의자"로 부르기도 한다.

그는 인간의 사고를 정적인 형상적 측면(schème : 지각, 모방, 이미지)과 동적인 조작적 측면(schème : 행동이나 조작)으로 분류하였는데, 어떤 상태의 정적인 표상 즉 이미지를 schème라고 하여 조작적 측면인 schème에 종속시키고 있다. 그에 따르면, schème을 행동과 조작을 반복 가능하게 하고 그것을 일반화할 수 있게 하는 것, 즉 행동과 조작의 일반적인 양식으로 정의한다. 다시 말하면, 개인의 현존하는 지식과 행동이 통합된 제 정신구조를 말하며, 동화와 조절을 가능하게 하고 조종하는 인지적 양식을 가리키는 것이다. 예를 들어, 젖을 빠는 schème, 쥐는 schème, 던지는 schème, 분할하고 모으는 schème, 더하고 빼는 schème등을 생각해 볼 수 있으며, 수학적인 모든 개념, 여러 가지 법칙, 증명방법, 알고리즘, 정의, 정리, 구조 등도 모두 schème이다. 수학이란 개념적 schème를 구성하고 적용하는 과정이라고 말할 수 있을 것이다. 어느 경우든 수학의 본질은 조작적 schemes이다. scheme의 특성을 정리하면 다음과 같다.

(1) 가동적이며 고정적인 것이 아니다.

예를 들어, 어떤 물건을 붙잡을 때, 잡는 schème은 물건의 특성에 따라 여러 가지로 조절되어 적용된다.

(2) schème는 고립적으로 존재하는 것이 아니라 전체적인 인지구조 가운데 서로 관련되고 종합되어 있다.

유아에게 장난감을 주면, 보는 schème, 잡는 schème, 입으로 가져가는 schème, 깨무는 schème이 함께 작용한다.

(3) 일반화 및 분화가 가능하다.

인지 schème은 적응상황에서 동화와 조절 가운데 어느 쪽이 우세한가에 따라 그 작용영역이 확장되어 일반화되거나 분화될 수 있는 것이다. 예를 들어, 어린아이에게 새로운 물건을 주면 그것을 잡으려고 한다. 그것이 가능하면 잡는 schème이 보다 일반화되며, 그것이 뜨겁다든지 하여 부정적이면 잡는 schème이 분화되고 그 물건이 분별되게 되는 것이다.

(4) schème은 경제적인 성격을 가지므로, 인지적 소모를 가능한 한 경감시키려고 한다.

(5) 어떤 scheme을 구성하게 되면, 같은 행동을 반복하는 '순환반응'을 하게 된다. 새로운 schème은 충실한 연습을 통해 일반화되고 분화되며 다른 schème과 조정된다.

3 피아제의 보존 개념과 임상실험

피아제에 의하면 아동의 인식은 지각체제에 매여 있는 것이 아니고 그 배후에 있는 본질을 파악할 수 있게 될 때에 일어난다는 '보존'의 개념을 이해하는 것이 전제로 되어 있다. 보존의 개념을 이해하는 시기는 갑자기 오지 않고 각각의 영역에 따라서 다른 연령에 나타난다. 예를 들면, 보자기로 사물을 씌워도 보자기 밑에는 역시 사물이 소멸되지 않고 존재하고 있다는 보존의 개념은, 2세 이전에 이미 성립되어 있지만, 물질보존의 법칙이나 에너지 보존의 법칙은 초등학교 상급생 내지 중학생이 되지 않으면 이해되지 않는다는 것이다.

피아제는 보존의 개념을 이해하는 시기를 각각의 영역에서 알아내어, 그 시기에 아동의 능동적인 학습을 진행해 가는 것이 가장 효과적인 교육방법이라고 하였다. 그는 여러 가지 실험을 통하여 그 시기를 알아내고 어떤 과정을 거쳐서 거기에 도달하는 가를 연구하였다.

임상실험의 예를 들기 전에 알아 두어야 할 몇 가지 의미에 대하여 살펴보자.

피아제는 인간의 '지각'을 '가역성'과 '상보성'이 확립되었을 때, 인간은 어떤 사실을 지각하였다(개념이 보존되었다)고 보고 있다. 여기서 가역성이란 현재 머릿속에서 이미 앞에서 한 행동까지 거꾸로 되돌아 가 보는 능력을 의미한다. 예를 들어, 어린 아동에게 처음에 꽃병 6개와 꽃 6송이를 두 줄로 나란히 놓고, 6송이의 꽃을 각 꽃병에 한 송이씩 꽂게 한다. 다음에 다시 꽃을 꽃병에서 뽑아 처음보다는 꽃의 간격을 많이 벌리고, 꽃병과 꽃송이의 개수를 비교하게 한다. 틀리게 답하는 아동은 가역성이 확립되지 않은 것으로 보는 것이다.

상보성이란, 두 가지 이상의 행동의 변화를 동시에 인식할 수 있는 능력을 의미한다. 앞의 예에서, 꽃을 꽃병에 꽂은 행동과 다시 뽑아서 놓은 행동을 동시에 연결하여 인식하는 능력을 의미한다.

인간의 '지능' 또한 '감각 운동적 지능'과 '반성적 지능'으로 구별하고 있는데, 감각운동적 지능이란, 감각된 실제 대상들 사이의 관계나 아동 자신의 행동사이의 관계를 인식하는 능력을 의미하고, 반성적 지능은 개념이나 개념사이의 관계를 인식하는 능력을 포함하는 것으로, 인간의 내면적 활동을 조절하고 통제하는 능력을 의미한다.

(1) 연속량의 보존개념

모양과 크기가 같은 두 개의 용기 중 한쪽 A1(1 L)에 물을 넣고, A1의 물을 A2(1 L)에 붓는다. 다시 A1에 파란 물을 가득 담고, 다음에 A2의 물을 다른 형태의 용기 B1(0.5 L), B2(0.5 L)에 나누어 담는다. 아동에게 A1의 물의 양과 B1, B2를 합한 물의 양을 비교하여 어느 쪽이 많은지 어떤지를 물어본다.

① 실험

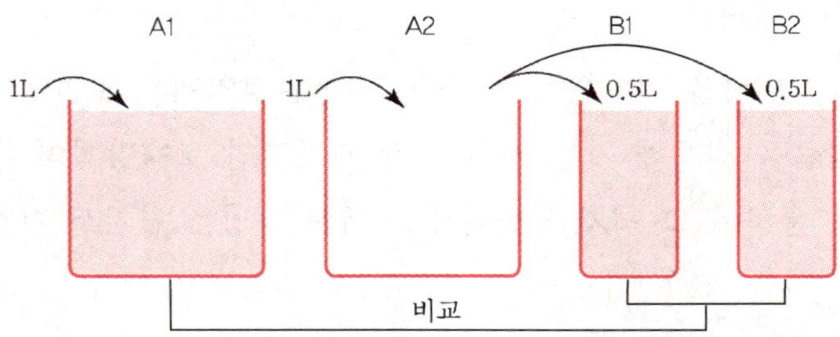

아동은 (1) A1 〉 B1+B2 이거나 (2) A1 〈 B1+B2, 또는 (3) A1＝B1+B2의 3가지 경우로 답할 것이다. 이때에 아동은 큰 용기의 물은 작은 용기의 물보다 많이 들어 있는 것 같이 보이거나 그 반대로 생각할 수 있기 때문에 물의 양은 변하였다고 대답한다. (3)의 경우와 같이 대답하는 아동은 가역성과 상보성이 확립되어 보존 개념이 완성되었다고 보는 것이다.

이와 같이 수량이 늘었다든지 줄었다든지 하는 시기에는 보존의 개념이 없고, 따라서 참다운 의미의 수량개념도 가지지 못하는 것이다. (1), (2)와 같은 경우는 가역성과 상보성이 확립되지 않아 양에 대한 보존개념이 형성되지 못했지만, 이러한 실험(조작)을 계속함으로써, 점점 보존의 개념을 형성시킬 수가 있고 (3)의 완성단계로 이끌 수 있을 것이다.

(2) 불연속량(수)의 보존개념

위의 실험을 물 대신 비커에 들어가는 작은 알사탕으로 해본다. 이때에는 물과 달리, 알사탕의 수를 하나하나 셀 수 있으므로 수량이 변했다는 인상은 물의 경우와 같이 강하지 못하지만, 결과는 역시 물의 경우와 같았다.

아래 그림과 같이, 어린 아동에게 처음에 꽃병 6개와 꽃 6송이 두 줄로 나란히 놓고, 6송이의 꽃을 각 꽃병에 한 송이씩 꽂게 한다.

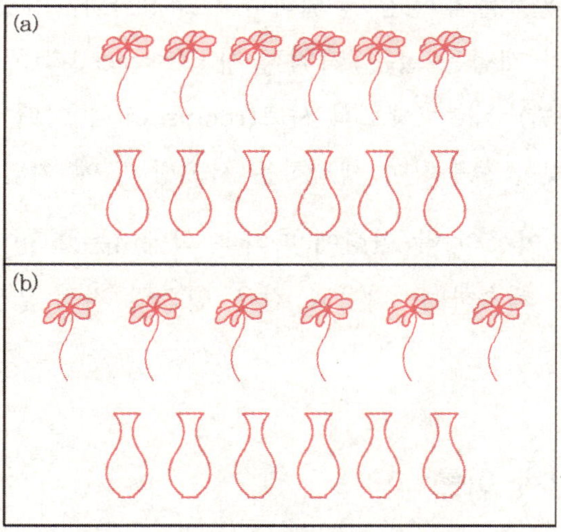

그림 4.3

다음에 다시 꽃을 꽃병에서 뽑아 처음보다는 꽃의 간격을 많이 벌여놓게 하여, 꽃병의 수와 꽃송이의 개수를 비교하게 한다. 틀리게 답하는 아동은 가역성이 확립되지 않은 것으로 보는 것이다.

즉, (1) 꽃병의 수가 많다. (2) 꽃송이의 수가 많다. (3) 꽃병과 꽃송이의 수가 같다.

이 세 가지 중에 어느 하나로 답할 것이다.

위와 같이 수 개념 형성의 기초는 1대 1대응으로 설명할 수 있는데, 제1단계는 1대1 대응이 안 되는 등치성이 전혀 없는 단계와 1대 1대응 개념은 어느 정도 있지만, 영속적인 등치성의 개념이 없는 단계, 등치성의 개념이 완성된 제3단계가 그것이다.

이 두 실험의 결과, 아동이 갖는 수량의 개념은 다음과 같은 단계를 거쳐서 완성되는 것을 알았다.

① **제 1단계** : 전체의 보존을 인정할 수 없는 시기(5세~6세).

② **제 2단계** : 어느 정도의 보존을 인정할 수 없는 시기(6세~6세 반) 곧 두 개의 용기에서 크기가 그다지 다르지 않으면 보존을 인정하지만 지각적 차이가 심하면 보존을 인정할 수 없는 시기

③ **제 3단계** : 보존의 개념이 성립되는 시기(6세 반~7세 반), 이때의 아동들은 "처음 병에 물을 도로 넣으면 수면은 같은 높이에 온다."든가 "병이 길어지면 그만큼 가늘어진다."는 등, 물의 양은 동일하다고 주장한다. 이것으로부터 알 수 있는 바와 같이 보존의 개념은 실은 '가역적 사고(reversiblite, 처음으로 되돌아가서 생각하는 사고개념)' 내지 '상보적 사고(reciprocite, 어떤 관계의 일면이 변하면 다른 면에서 그것을 보충하여 생각하는 사고방식)'에 기인되고 있는 것이다.

피아제는 이와 같이 아동의 각 연령에 따라 수학에서는 도형개념, 측정, 관계 영역 등 수많은 임상실험을 계속하여, 다음과 같은 인간의 지적 발달 단계론을 끌어내게 된다.

4 지적 발달 단계 이론

피아제는 인간의 발달과정에서 어떤 인지 구조가 어떻게 조직되는가?를 규명하기 위하여, 여러 연령층의 아동을 대상으로 여러 가지 내용에 대하여 조직적인 실험을 하는 소위 '임상적 방법'을 사용하여 수많은 연구결과를 제시하였다. 피아제는 인지발달을 구조변화의 연속 과정으로 보고, 인지구조의 일시적인 안정이 지속되는 기간을 단계적으로 구분하고 있다.

그에 따르면 아동의 인지발달은, 감각–운동기, 전조작기, 구체적 조작기, 형식적 조작기를 빠짐없이 단계적인 순서로 통과하지만, 각 시기는 아동에 따라, 문화적 · 사

회적 환경에 따라 시간적 차이가 있을 수 있다는 것이다. 다음에 각 시기의 인지적 특징을 간단히 살펴보기로 한다.(자세한 것은 우정호외 2인, 1989. 참고)

(1) 감각운동기(0~2세) : the period of sensorimotor intelligence

사고활동을 겸하지 않은 감각운동만의 시기이고, 서서히 지능의 몇 가지 특징이 나타지만, 조작적이지는 않은 시기이다.

감각 – 운동적 지능의 출발점은 삼키기, 빨기, 혀 움직이기, 울기와 같은 타고난 생물학적인 반사작용과 순환반응이다. 순환반응이란 우연히 획득한 어떤 새로운 결과의 능동적인 재생행위를 말한다. 아동은 자신의 행동에 상황을 반복적으로 동화하면서 자기의 행동을 조정해 나아간다. 예를 들어, 물건을 가까이 끌어당길 수 있고 물건을 잡을 수 있는 아동은, 이들 두 행동을 조정하여 깔개 위에 놓여 있는 물건을 잡기 위하여 깔개를 가까이 끌어당기는 것이다.

이 단계의 마지막 시기가 되면 위치와 위치의 변경이 조정되어 대상의 항존성이 의식되고, 자기 자신이 하나의 대상이라고 의식하게 되며, 여러 가지 주변의 대상이 공간적으로 결합되고 관련되는 통일적인 주변공간을 구성하게 된다.

감각-운동기 말에 나타나는 주요한 인지적 특성은 다음과 같다.

① 대상을 지각하고 식별한다.

② 대상의 불변성을 인식하고 그 자신을 하나의 대상으로 인식한다.

③ 물체의 모양이 보는 지점에 따라 변하는 것처럼 보여도 변하지 않는 다는 것을 인식한다.

④ 양친과 여러 가지 동물을 식별한다.

⑤ 대상의 이름을 안다.

⑥ 대상을 다루는 능력이 발달한다.

⑦ 초보적인 방향감각이 있다.

⑧ 없어진 물건을 찾는다.

⑨ 사물에 대하여 간단한 실험을 하여 그 성질을 학습한다.

⑩ 목적을 달성하기 위하여 수단을 쓴다.

⑪ 단지 주변공간만을 이해한다.

⑫ 현재시각과 사건의 계열 및 지속성을 인식한다.

⑬ 언어가 나타나기 시작하며 표상적 사고가 가능해진다.

(2) 전조작기(2~7세) : the period of preoperational intelligence

언어, 상징적 놀이를 할 수 있게 되며, 조작이 시작되지만, 보존 개념이 완성되지는 않고 자기중심적이며, 가역성이 결여된 시기이다.

전조작단계 곧 전 개념적 사고, 직관적 사고단계는 언어와 상징기능의 습득과 더불어 시작된다. 언어를 사용하고 이미지를 그리며 상징기능이 생겨 행동의 내면화가 가능하게 되며, 시간적으로 공간적으로 멀리 떨어진 사건을 동시에 파악할 수 있게 되어, 과거의 행동을 반성하고 그것을 표현할 수 있게 된다. 또한 상징적 규약을 받아들이게 됨으로써 사회적 상호작용이 가능하게 되므로, 이는 아동의 인지발달에 결정적 의미를 갖는 것이다.

이 시기에서 아동의 사고는 아직 자기 자신의 관점이나 행동에만 주의를 집중하는 상태로, 타인의 입장을 생각하지 못하며, 어떤 상태의 한 가지 특징만 주목하고, 여러 가지 특징을 동시에 비교하여 생각할 줄 모른다. 피아제는 이러한 특성을 '자기중심성'이라고 부르는데, 이러한 입장에서 인지발달은 점진적인 '탈 중심화' 과정이라고 말할 수 있다.

피아제는 자기중심성의 중요한 특징을 사고의 '가역성' 결여로 설명하고 있다. 즉, 아동은 머릿속에서 한 행동을 거꾸로 출발점에 되돌아가기 어려우며, 일단 실행된 행동에 집착하고 앞에서 한 다른 행동들을 조정하지 못한다. 내면화된 가역적 행동이 조작이므로, 조작의 결여가 이 시기의 특징이다.

이 시기의 아동은 대상과 자기의 경험을 언어와 이미지로 나타낼 수 있지만, 그러한 표현 자체를 사고의 대상으로 다룰 수는 없고, 사물을 직접 다루고 직관적인 외형에 지배되는 사고에 머물러 있다. 전 조작 단계에 나타나는 주요한 인지적 특성은 다음과 같다.

① 가역적 사고 곧 조직적 사고를 할 수 없다.

② 자기중심적이다.

③ 4세까지 놀이에서 규칙을 따르지 않는다.
④ 언어가 발달하지만 자기중심적이며, 접속사(때문에, 따라서, 이지만 등)를 거의 사용하지 않는다.
⑤ 수세기를 할 수 있지만 수 개념이 형성되어 있지 않다.
⑥ 사고가 정적이며, 상황에 따라 전환되는 조리가 없는 사고를 한다.
⑦ 환상과 실제를 구분하지 못한다.
⑧ 무생물에 생명체의 특성을 부여한다.
⑨ 인간이 산이나 호수, 달, 태양 등을 창조하였다고 믿는다.
⑩ 의사 학습상태를 나타낸다.
⑪ 현재, 미래, 과거를 인식하지만 지속성은 없다.
⑫ 공간관념이 집, 정원, 이웃으로 확장된다.
⑬ 정사각형이나 삼각형 등을 모서리가 둥근 폐곡선으로 그린다.
⑭ 보이는 대로 그리지 않고 알고 있는 것을 그린다.
⑮ 보존문제를 해결하지 못한다.

(3) 구체적 조작기(7~11세) : the period of concrete operations

구체적 조작에 대한 가역성, 결합성을 획득하여 지능의 조작이 완성되지만, 가설적 사고와 형식적 사고는 미발달된 시기이다. 가역성의 출현으로 지적 활동은 조정되어 유연성과 가동성을 가지면서 여러 가지 기본적인 조작이 형성된다.

구체적 조작기의 사고는 여러 가지 다른 관점이 조정되어 전체성을 갖는 체계 곧 조작체계로 조직되게 되므로, 조작과 그 역조작이 함께 관련되게 된다. 예를 들어, 분해한다. - 합성한다, 더한다. - 뺀다, 통합한다. - 가른다, 틈을 좁힌다. - 틈을 늘린다, 길게 한다. - 짧게 한다, 연다. - 닫는다, 정제한다. - 거칠게 한다, 구조화한다. - 추상화한다. 등과 같이 짝을 이루어 형성된다는 것이다.

구체적 조작은 실제적인 행동, 혹은 그러한 경험과 결합되어 있으며 내면적으로 그러한 행동을 논리적으로 구조화하는 것이다. 거기에는 활동에 수반되는 언어도 포함되어 있지만, 구체적 활동과 무관한 형식적이고 논리적인 조작은 못한다. 이 시기의 아동의 사고는 실제 경험과 결부되지 않은 추상적 명제나 관계를 이해하지 못하므로 일반성과 엄밀성이 결여되어 있다는 점이다.

피아제는 수학 및 물리적 개념의 이해에는 반드시 '보존'(conservation) 개념의 형성이 전제된다고 보고, 다음과 같은 여러 가지 보존개념의 발생을 연구・조사하여 제시하였다.

- 물질량의 보존(6~7세) : 물질의 양은 분해이나 변형에 관계없이 변하지 않는다.
- 수의 보존($6\frac{1}{2}$~7세) : 원소의 배열과 관계없이 집합 수는 불변이다.
- 길이의 보존(7~8세) : 이동과 분해 혹은 변형과 관계없이 길이는 불변이다.
- 넓이의 보존(7~8세) : 이동과 분해 혹은 변형과 관계없이 넓이는 불변이다.
- 무게의 보존(9~12세) : 분해나 변형과 관계없이 물질의 무게는 불변이다.
- 부피의 보존(11~12세) : 분해나 변형과 관계없이 물체의 부피는 불변이다.

구체적 조작기에서 발달하는 주요한 인지적 특성은 다음과 같다.

① 가역적 사고가 가능해진다.

② 결합, 분리, 곱하기, 나누기, 대입, 대응과 같은 기본적인 조작이 발달한다.

③ 분류가 가능하고 전체와 부분 사이의 관계를 이해한다.

④ 실제적 경험과 관련된 추론을 한다.

⑤ 수 개념을 인식하고 측정이 가능해진다.

⑥ 양 무게, 넓이, 부피 개념을 인식한다.

⑦ 사회의 규칙과 논리를 받아들인다.

(4) 형식적 조작기(11~15세) : the period of formal operations

이 단계에는 대상, 성질, 개념 등이 명사로 파악되고 구체적 상태나 조작이 명제로 표현된다. 정신활동의 영역은 보다 확대되어 언어적 가설에 근거하여 추론할 수 있게 된다. 즉 형식적인 명제논리의 조작이 가능하게 된다.

이 시기의 인지 발달에 관한 외적 기준은, 구체적 경험과 무관한 언어만으로 추론할 수 있고, 실험에서 있을 수 있는 요인을 조직적으로 고려하여 검증하며, 사고에 대한 사고를 할 수 있다는 것이다. 형식적 조작기에 나타나는 주요한 인지적 특성은 다음과 같다.

① 가설 - 연역적 사고를 한다.
② 명제 논리적 사고를 한다.
③ 반성적 사고를 한다. 다시 말해, 사고과정을 평가하고 사고에 대한 사고 곧 이차적 조작을 한다.
④ 이상적 사회를 그린다.
⑤ 일반화된 개념적 사고를 한다.
⑥ 조합적 사고를 한다.
⑦ 확률개념을 이해하고 사용한다.
⑧ 공간개념이 우주로 확대된다.
⑨ 무한 개념을 인식한다.
⑩ 논리에 대해 의문을 갖는다.
⑪ 은유를 이해한다.
⑫ 자신의 장래 이상을 설계한다.

5 인지 발달 이론의 수학 교육적 의미

피아제는 발생론적 인식론을 연구하면서 특히, 인간의 논리, 수학적 개념의 인지발달을 해명하려고 하였다.

수학 교육에 대한 피아제 이론의 시사점으로 크게 교육 목표, 교육 과정, 학습 방법, 학습 평가로 나누어 볼 수 있다.

피아제는 자신의 이론이 교육 활동에 적절함을 강조하고 있으나, 실제로 교육 문제를 해결하려는 연구는 시도한 것이 아니었다. 그래서 인지 발달 이론이 수학 교육에서 어떻게 응용되어야 하는가는 교육 현장에서 중요한 연구 과제인 것이다.

피아제 이론의 교육에 대한 공헌으로 긴스부르그(Ginsburg)는 첫째, 피아제의 인지발달 이론은 교육 활동을 위한 몇 가지 일반적 원리를 제공해 주었고, 둘째, 아동의 논리 수학적 및 물리학적 개념 발달에 관한 피아제의 연구들은 이 분야의 교육 과정 및 교수 방법 개발에 도움을 줄 수 있으며, 셋째, 피아제의 임상적 실험법은 교사에게 귀

중한 진단 및 평가적 도구를 제공해 줄 수 있다고 지적하였다.

이러한 관점에서 본다면, 수학적 개념 형성은 아동의 인지 발달 과정을 중시한 동화와 조절이라는 두 가지의 상보적인 균형화 과정을 통해서 이루어지는 것이 바람직하다고 보겠다.

이상 피아제의 발생적 인식론을 수학 교육과 관련지어 보면 다음과 같이 정리할 수 있다.

첫째, 발생론적 인식론은 인간이 태어날 때부터 성인기에 이르기까지 성장 과정에 따르는 환경에의 적응, 내부 구조의 형성에 따른 지적 적응, 개체와 환경의 상호작용에 따른 인지 발달에 근거를 두고 연구한 것이다.

둘째, 인지 발달은 일정한 순서를 가지고 있으며, 수학적 지식의 습득은 경험과 이성의 상호 작용에 의해 이루어진다.

셋째, 인간의 지적 행동을 환경에 대한 순응이라고 보았으며, 이 순응은 동화와 조절이라는 두 가지의 상보적인 균형화 과정을 통해서 이루어진다.

이때, 균형화 과정은 일련의 자기조절작용(self-regulations)으로 수학 교육에 적용된다.

4.4 정보-처리 심리학과 수학교육

이 장에서는 손다이크 이후 수학 학습의 전이 이론에서 시작하여, 수학의 유의미 학습 및 개념 학습의 중요성이 강조되고, 문제해결력의 육성에 이르기까지의 수학교육 연구에 있어서, 정보-처리 심리학자들의 연구에 대하여 개략하고자 한다. 즉, 20세기의 수학교육발전에 대한 정보-처리 심리학의 연구에 관하여 개관한다.

1 정보-처리 심리학의 기본 입장

수학의 개념 학습과 문제해결력 육성을 위해 개념과 문제에 대한 철저한 분석을 통해 위계를 설정하여 위계에 따른 학습이나 문제해결력 향상을 위한 연구들이 1960년대 이후 정보 - 처리 심리학자 가네(Robert Gagné), 그리노(Greeno), 레즈닉(Resnick) 등에 의해 많이 행해지고 있다. 이것은 1920년대의 손다이크의 수학 학습에 있어 전이 이론에서 기인된 것으로 볼 수 있다.

사람들이 어떻게 이해하는가라는 의문은 심리학에 있어서 새로운 것은 아니다. 정보 -처리 심리학에서는 이 의문이 보다 새로운 주제 중의 하나이며, 가장 활발하고 빠르게 변하는 주제 중의 하나이다.

수학 학습에서 계산적 접근 방법과 개념적 접근 방법 사이의 경계를 연결하려는 이 분야의 심리학에 대한 전망이 인식되기 시작했다는 것을 의미한다.

순서적으로 나열된 사건, 활동, 그리고 정보의 조작을 강조하는 정보 - 처리 심리학은 인간이 수학의 개념을 어떻게 이해를 하는가에 대한 의문을 밝힐 수 있는가? 정보 - 처리 심리학은 개념적 이해를 증진시키기 위하여 교수 방법을 어떻게 체계화할 것인가에 대한 시사점을 제시할 수 있는가? 현대의 인지 연구의 구성과 방법을 통하여, 우리는 개념적 이해와 정형적(routine)인 수학적 과제의 수행능력간의 관계에서 통찰을 이끌어 낼 수 있겠는가?

처음으로 정보 - 처리 심리학자들이 인간의 과제 수행 능력에 포함된 기능과 그 수행 능력의 기저가 되는 이해의 본질을 동시에 처리할 수 있는 언어와 실험 방법을 찾게 되었다.

2 수학적 과제를 위한 학습 위계

가네(Robert Gagné, 1962, 1970)는 가능한 한 엄격하게 전이 이론을 학교 교육과정에 연결하려고 하였으며, 이것은 누적 학습이론으로도 알려져 있다. 복잡한 과제가 동일하고 보다 단순한 요소로 이루어져 있다는 사실은 단순한 것에서 복잡한 것으로의 전이를 가능하게 한다고 생각하는 것이다.

가네는 정수의 덧셈이나 뺄셈에 관하여 기능을 하위 기능으로 분석하는 접근 방법, 즉 전이를 용이하게 하기 위한 학습 위계를 만들어 그림으로 나타내었다. 아래 그림 4.4는 임의의 범자연수를 빼는 제한된 능력의 위계를 나타내는 것이다.

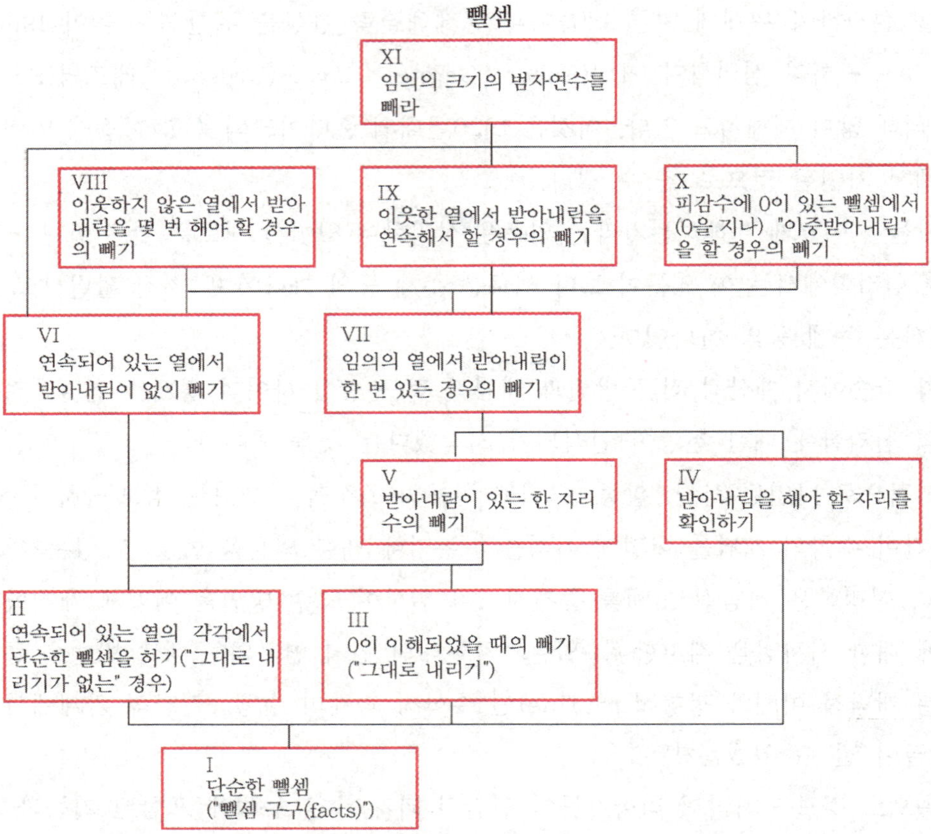

그림 4.4 뺄셈의 학습위계

범자연수를 빼기 위하여 아동은 몇 가지 조건하에서 "받아 내림"을 할 수 있어야 하고(하위 기능Ⅶ, Ⅷ, Ⅸ, Ⅹ), 연속된 자리에서 받아 내림이 없는 뺄셈을 할 수 있어야 하며(Ⅵ), 받아 내림 있는 한 자리수의 뺄셈을 할 수 있고(Ⅴ), 등등 …, 점점 아래로 내려가면서 기본적인 뺄셈구구(Ⅰ)에 답할 수 있어야 한다는 것을 나타낸다.

학습 위계에 관한 중요한 특징과 가정은 다음과 같다.

첫째, 확인된 기능과 각각의 하위 기능들은 수행능력이다. 즉, 기능들은 행할 수 있는 것이어야 하며 행동적으로 정의되어야 한다.

둘째, 학습 위계의 본질은 하위과제가 상위 과제에 포함되거나 상위 과제의 중요한 요소가 된다는 것이다. 이것은 학습이나 발달의 초기에 획득된 능력이 이후의 학습에 영향을 줄 수 있다는 것을 의미한다.

셋째, 학습위계에서 상위 과제는 하위 과제보다 학습하기 어렵거나 시간과 노력이 더 필요하다는 것을 의미하지는 않지만, 실제로 상위과제는 하위 과제보다는 복잡하다.

넷째, 특정한 위계에서 확인된 각각의 하위기능들은 다른 위계에서도 역할을 할 수 있다. 학습위계는 일반적으로 특정한 과제의 수행능력의 구성요소인 기능들 사이의 전이 관계를 포함하지만, 그러한 각 하위기능들이 단지 한 위계에 속한다는 것을 의미하지는 않는다.

학습 위계 이론에 의한 지도는 치밀한 프로그램화 된 수업과정의 설계가 요구되며, 그 효과를 검정하는 타당성에 관한 연구에서도 좋은 결과가 나왔음을 Resnick(1973) 등이 밝히고 있다. 이러한 학습위계에 따른 치밀한 프로그램화 된 학습지도안을 작성하여 적용하는 연구 또한 수학교육의 발전을 위해 필요하다고 생각된다.

3 수학의 이론적 과제 분석

위계가 작용되는 방법과 이유를 충분히 이해하기 위해서는 아동들이 위계에서 나타나는 과제들을 수행할 때, 실제로 수행되는 정신활동을 생각할 필요가 있다.

아동은 세는 활동을 할 때 무엇을 하는가? 세는 활동에 포함된 조작은 무엇이며 이러한 조작은 기억이나 공간적 능력과 같은 일반적인 심리학적 능력을 필요로 하는가? 이런 질문에 대하여 답할 수 있는 방법은 이론적 사고 분석과 경험적 사고 분석의 2가지이다.

여기서는 우선 이론적 과제 분석을 중심으로 설명하고 예를 들기로 한다.

심리학자와 교육자들이 이미 알고 있거나 아동들의 정신적 처리능력에 대하여 이론화시킨 것을 사용하여 과제들을 논리적으로 그리고 직관적으로 분석하는 것을 이론적인 과제 분석이라고 한다.

이론적 과정 분석의 효과를 보이기 위하여, 기초적인 산술기능인 세는 것을 예로 들고자 한다. 세는 과제를 지도하는 방법에는 적당한 순서 –"하나, 둘, 셋, …"–로 숫자들을 능숙하게 암송하는 방법 이외에 여러 가지 특수한 방법들이 산술 수업의 초기에 이루어지는 것을 볼 수 있으며, 이런 방법들 간에는 미묘한 차이가 있다.

그림 4.5는 Resnick(1973) 등이 이 과제를 순서도 형태로 분석한 것이다. 이것은 아동

이 과제를 수행하는 실제적인 단계를 나타낸다. 순서도에 따라서 여러 단계들은 화살표에 의하여 특별한 순서로 배열되었으며, 의사결정 단계는 다이아몬드로 나타내었다.

처음에 하는 행동은 물건 하나를 집합 밖으로 꺼내어 "하나"하고 말하는 것이다. 다음에는 그 행동을 반복하는 것으로, 물건을 집합 밖으로 꺼내어 그 다음 수를 말하는 것이다. 물건을 옮기고 수를 말할 때마다 집합에 또 다른 물건이 남아있는가를 알아보기 위한 검사가 이루어진다. 집합 내에 여전히 물건이 있다면, 순서도의 순환은 계속된다. 그렇지 않다면, 최후의 수가 그 집합의 물건의 개수로 결정되며, 이 과제는 완결된다.

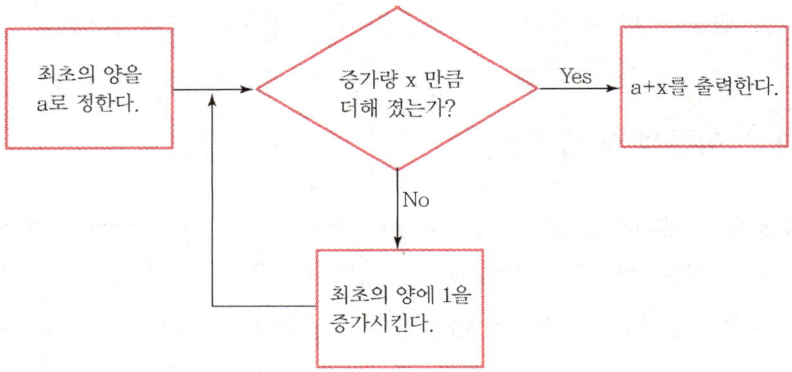

그림 4.5

이론적 과제분석의 활용에 관하여 정리하면 다음과 같다.

첫째, 학습의 난이도나 긍정적 전이 경로에 따라 기능들을 순서화하고 계산 절차에 관련된 교육과정 개발을 위한 기초가 된다.

둘째, 각 요소 기능에 포함되어 있는 정신적 단계를 구체화함으로써, 학습을 촉진시킬 수 있는 학습위계를 개발하는데 도움을 얻을 수 있다.

셋째, 과제를 학습하는 아동에게 기억을 도울 수 있고 수행능력을 향상시킬 수 있다.

넷째, 이론적인 과정분석은 교사에게 가치 있는 진단적인 도구로 활용될 수 있고, 과제를 보다 쉽게 설명하거나 가르칠 수 있다.

다섯째, 이론적 과제분석의 사용은 수학 학습과 수행능력의 심리학에 대한 지식을 지속적으로 관련시킬 수 있다.

이론적 과제분석은 인간의 정보처리와 과제 수행능력에 대하여 알려진 것과 직관적으로 또는 논리적으로 추론한 것을 설명할 수 있다.

4 과제 수행과정의 프로토콜 분석

아동들이 학습 위계 중의 과제들을 수행할 때, 수행되는 정신활동에 대하여, 3.에서는 이론적 과제 분석의 의미와 활용에 대하여 알아보았다. 여기서는 경험적 사고 분석에 관하여 서술하기로 한다.

경험적인 사고 분석은 아동이 수학적 과제를 해결할 때 무엇을 하는가에 대하여 질문할 뿐만 아니라, 과제에 대한 아동의 실제 수행능력을 구체적으로 연구하는 것이다.

이 분석은 수학적인 과제가 제시될 때부터 반응이 나타날 때까지 인간의 머릿속에서 어떤 일이 일어나는지를 정확하게 판단하려고 하는 것이다. 경험적 분석이 무엇인지를 구체적으로 이해하기 위하여, 마음(정신 : mind)이 어떻게 작용하는지에 관한 몇 가지를 직관적으로 살펴보자.

인간의 수행 능력을 연구하는 것은 교육연구자와 심리학연구자들의 의무이며 개별적인 수행능력을 비교할 수 있는 일반적인 수행 능력 모델을 개발하기 위한 기초가 된다.

정보 - 처리 심리학자들은 사고과정과 관련하여 관찰 가능한 행동을 설명하기 위한 실험 방법을 개발하였다. 이들의 관심이 인간의 정신에 관한 자료의 체계적인 조작이었으므로, 능숙한 수행 능력 즉, 특정한 과제에 필요한 기능을 통달한 사람들의 행동을 연구하였다. 여기서 나온 모델은 아동의 학습을 안내할 수 있는 표준적인 수행능력을 제공한다고 생각했기 때문이다.

수학 과제를 수행하는데 필요한 사고 과정을 알아내기 위한 경험적 분석 방법에는, 수학 과제 수행의 반응 시간을 재어서 분석하는 것, 프로토콜 분석, 컴퓨터 시뮬레이션 등이 알려져 있다. 반응시간 연구는 가정된 수행 모델을 입증하기 위하여 특정한 과제를 수행하는 개인들에게서 측정된 시간을 비교하는 것이다.

프로토콜 분석은 인간이 문제를 해결할 때 그들의 사고 과정을 상세히 기록하여 분석하는 것이다. 프로토콜의 기록은 실험자가 문제를 해결할 때 "자신의 생각을 큰 소리로 말하게(think aloud)"하고 신체행동까지를 비디오로 찍어 분석하는 것이다.

컴퓨터 시뮬레이션에 의한 방법은 인간의 문장제의 해결 과정에 대한 계산 기능, 언어의 이해와 전략의 탐구 과정을 컴퓨터 프로그램화 하여 인간의 행동과 컴퓨터의 행동을 비교분석하는 것이다.

여기서는 알고리즘적인 계산 절차와 아동들이 이 절차를 실행하면서 범하는 오류를 연구하는데 사용되는 프로토콜의 분석에 관한 Lankford(1972)의 예를 들면 다음과 같다.

예 1.

분수의 계산은 자연수의 계산보다 훨씬 더 많은 오류가 나오는데, 분수의 계산 절차(알고리즘)에 상당한 혼란을 겪고 있음을 보여준다. 예를 들어, 분수의 덧셈에서 나타나는 오류의 중요한 요인은, 분자는 분자끼리, 분모는 분모끼리 단순히 더하는 것이었다.

$$\frac{3}{4}+\frac{5}{2}=\frac{8}{6}$$

$$\frac{3}{8}+\frac{7}{8}=\frac{10}{16}$$

예 2.

304×6을 계산한 어떤 아동이 1804라고 답을 썼다. 이 아동은 6×0=0에 받아 올린 2를 더하지 않은 것 같다. 실제로 이 아동은 '6곱하기 4는 24이니까 4를 내리고 2를 받아 올린다(304의 0위에 쓴다). 0곱하기 6은 0이고 6곱하기 3은 18이다' 라고 말했다

위의 예 1, 2의 Lankford(1972)의 연구로부터 얻을 수 있는 중요한 결론은, 학생들의 오류 유형이 정확한 계산절차를 수행하는데 우연한 실수라기보다는 절차에 대해 이해하지 못하고 있다는 것이다.

예 3.

68	734	543
× 46	× 37	× 206
24	792	141

예 3의 첫 번째 문제에서, 이 아동은 6×8을 계산하여 정확하게 48을 구하였다. 그러나 8을 무시하고 4를 표기하였다. 그러고 나서 두 번째 열에서 4×6을 곱하여 24대신에 2를 표시하였다. 다른 두 문제에서도 같은 오류가 나타나는데, 처음에 나타나는 불규칙한 계산 행동은 부정확한 것이지만, 실제로 확고한 알고리즘이 될 수 있음을 보여 준다.

오류의 이러한 일관된 유형에 대한 몇 가지 예들을 통하여 Brown과 Burton(1978)은 절차의 정확한 수행뿐만 아니라 오류를 설명할 수 있는 사고과정의 모델을 개발하였고, 더욱 발전시켜 컴퓨터에 기초한 훈련 프로그램(computer-based training program)인 "BUGGY"를 이용하여 실험을 하였다.

Lankford(1972)는 아동의 문제 해결전략과 그들의 계산 결과를 분석하여 다음과 같은 행동 유형을 발견하였다 :

① 아동이 초등수학을 공부하면서 발달되는 사고 유형 –계산전략– 은 매우 개별적이며 정통적인 교재와 교실수업의 모델을 따르지 않는 경우가 자주 발생한다.

② 바르게 계산하는 아동과 그렇지 못한 아동 간에는 계산전략에서 분명한 차이가 있다.

③ 아동의 계산 기능을 개선하려면, 아동의 계산에 관한 오류 유형을 진지하게 검토하여 찾아내야 한다.

5 계산을 위한 지식 구조

수학은 구조적이고 내용이 명백하기 때문에 심리학이 교육과 접목할 수 있는 가장 좋은 분야이다. 인지 심리학자들에 의하면, 간단한 수학 문제라도 효과적으로 수행하려면 수학적 원리의 개념적 이해에 기반을 두어야 함을 시사한다.

여기서는 인간의 지식 구조와 환경의 실제적 요구에 적응하고 보다 나은 지식을 추구할 때 직면하는 수많은 문제를 해결하는 과정에서 지식이 조작되고 변환되고 발생되는 구조에 초점을 맞춘다.

어떤 종류의 지식이 가장 쉽게 학습되고, 사용되고 기억되는가에 대하여 의미적 기억 개념이 시사한 바를 알아보기 위해, 수학의 지식 구조의 예를 들어 보자.

그림 4.6은 수학의 4칙 계산에 관한 지식 구조를 나타내고 있다.[Greeno (1978b)]

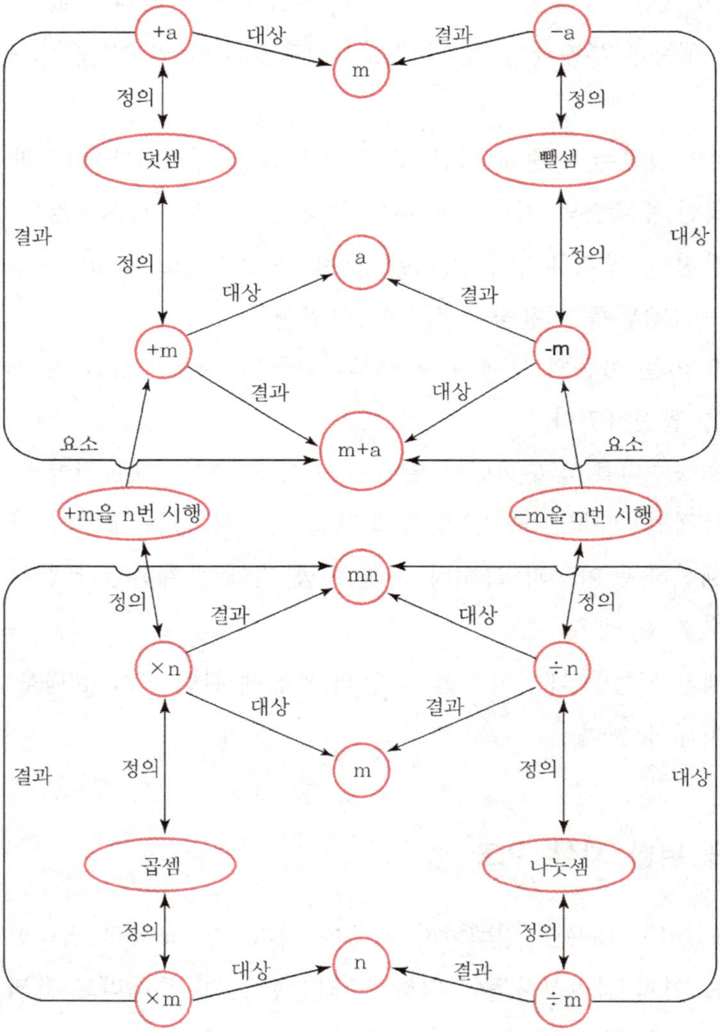

|그림 4.6| 4칙 계산에 대한 지식 구조

그림 4.6은 4칙 계산에 대하여 발달된 개념 구조를 가진 사람의 덧셈, 뺄셈, 곱셈, 나눗셈에 관하여 이해하는 방법을 보여 준다. 덧셈과 뺄셈은 대상이 되는 양과 결과가 되는 양을 가진 계산으로 정의된다. 곱셈과 나눗셈의 관계와 같이, 덧셈과 뺄셈 사이의 역관계를 이해해야 한다. 왜냐하면, 두 계산에서 같은 양, a, m, 그리고 $m+a$는 대상과 결과로 작용하기 때문이다.

또 이 그림은 덧셈과 곱셈이 서로 관련되고, 또 뺄셈과 나눗셈이 서로 관련되고 있음을 보여 준다. 곱셈의 'n배'는 동수 누가(n번이 될 때까지 m을 더한다)와 동치이고 '더하기 m'은 이 계산을 정의하는 요소이다. 나눗셈의 정의는 동수누감으로 나타낼 수 있다.

수업에서 Greeno(1976)의 의미적 네트워크 표상의 실제적 유용성은 그 명료성에 있으며, 인간이 행하는 것과 그들이 알고 있는 것을 관련시켜 수업의 목표를 상세화 할 수 있게 한다.

인지적 목표를 효과적으로 상세화하기 위해서는 교과 내용의 구조에 대한 개념, 구조화가 잘된 지식의 일반적인 표본, 어떤 영역에서 전문가로 인정되는 사람의 지식 구조에 관한 정보를 결합할 필요가 있다.

인간의 정신 활동은 들여다 볼 수 없으므로, 지식 구조는 행동을 통하여 추리될 수밖에 없다. 반응시간 측정이나 오류 유형 연구, 생각을 큰소리로 말한 것의 분석, 프로토콜 분석 등은 인간의 지식 구조를 추리하는 좋은 연구 방법이라 생각된다.

6 문제해결에서 지식과 전략의 사용

정보-처리 이론에서는 인간의 사고는 지식의 구조와 함께 문제를 해석하는데 도움이 되고 저장된 지식과 절차를 찾아낼 수 있고, 분리 저장된 항목들 사이에 새로운 관계를 생성할 수 있는 문제해결 전략을 가지고 있다고 본다.

이들 전략은 과제 해결을 위한 활동 계획을 세우기 위해, 사고 과정을 체계화하고 다양한 지식의 구성 요소를 필요로 한다. 수학의 문제해결을 설명하기 위한 전략은 다음 2가지이다. 하나는 사람이 수행할 수 있는 알고리즘적 수법과 수학적 지식 구조의 종류이고, 다른 하나는 자신의 지식에 접근하고 관계를 찾기 위한 유용한 활동을 선택하는 전략이다.

이하에서는 정보－처리 심리학에서 생각하는 수학 문제 해결 전략으로, 문제를 표상하는 것과 과제 환경, 과제에 관한 지시에 대하여 알아본다.

(1) 문제의 표상

문제는 어떻게 표상되는가? 어떤 문제해결 상황에서든 첫 번째 단계는 문제를 표상하는 것이다. 즉, 문제의 특징을 인식하고 정보처리 체계에서 해석 가능한 방법으로 문제의 특징을 표상하는 것이다. 문제에 제시된 정보를 개인의 지식 구조에 있는 요소들과 알맞은 형태로 표현해야 하는데, 이것은 개인의 지식을 즉시 문제에 적용할 수 있게 하기 때문이다.

(2) 과제 환경

과제 환경은 문제 해결 자에게 유용하고, 지각되는 과제의 모든 요소(문제에 제시된 것들)를 포함하고 있다. 문제는 구체물로 제시되거나 그래프나 도표, 언어나 기호를 포함하는 대수식으로 제시되며, 일반적으로 그림 기호 언어적 지시를 복합적으로 사용하여 제시된다. 문제 진술은 어떤 형태를 취하던 간에, 정보처리 체계는 문제를 표상하기 위한 기초 자료를 제공하며, 이것은 다시 어떤 전략을 선택할 것인가를 결정하는데 사용된다.

과제 지시에는 항상 문제 해결을 위한 분명한 목표를 설정하며, 이 목표는 다음에 문제 해결 과정을 직접 지시하기도 한다. 예를 들어, "삼각형ABC와 DEF는 합동임을 증명하시오." 또는 "등식 $3\square+\square-10=0$을 만족하는 □를 구하시오."

다양한 요소가 포함된 문제로 제시하면 잘못된 구조를 발생시켜 잘못된 해결로 이끌기도 한다. 예를 들어,

$12=3\times4$

$56=7\times8$

$45=6\times?$

위의 과제환경은 아동에게 문제가 요구하는 것이 아닌 수 계열에 대해 말하고 있다.

즉, “6을 곱하여 45가 되는 수를 찾아라.”라는 정확한 목표가 아닌 “4, 5, 6, 다음에 오는 수를 찾아라.”라는 잘못된 목표를 발생시킬 수 있는 것이다.

(3) 과제에 관한 지시

과제에 관한 지시는 문제에 대한 표상을 생성시키는 힘을 가지고 있으므로, 문제해결에 도움이 될 수도 있고 방해가 될 수도 있다.

예를 들어, Katona(1940/1967)의 실험, 즉, 1491625364964의 긴 수열을, 서로 다른 3 집단에게 다르게 과제를 지시한 결과 매우 다른 결과가 나왔음을 보고한다.

제1집단 : 이 수들을 천천히 3번 암송하여라. 예를 들어 ‘백사십구, 백육십이, ...’

제2집단 : 완벽하게 그리고 정확하게 알 수 있도록 천천히 읽어라 : ‘작년에 미국의 총생산액은 14,916,253,649,64달러였다.’

제3집단 : 다음과 같은 수열을 학습하여라(즉, 이 집단에는 인쇄된 수열 외에는 특별한 지시를 하지 않았다.).

이들 중 제3집단에게의 과제 지시가 가장 좋은 결과를 얻었다고 한다.

연/구/문/제

1. 손다이크의 산술 능력에 관한 구체적인 예를 더 많이 제시해 봅시다.

2. 수학 학습에서 통찰이 일어나는 예를 음미하고 예를 제시하시오.

3. 피아제의 지적 발달 단계에 대한 실제적인 검정을 해 봅시다.

4. 수학 학습의 위계를 생각하고 여러 가지 수학의 개념 구조를 만들어 봅시다.

Chapter 05

수학교육의 학습 · 지도 이론

수학의 학습·지도 이론은 이제까지의 수많은 수학교육자, 수학자, 심리학 및 교육학자 등의 선행 연구와 실제에 바탕을 두고 있으며, 수학의 영역에 따라 다양한 이론과 실제적인 방법이 연구되어 교육 현장에서 적용되고 있다.

다인수 학급의 지도에 있어서는 각 학생들의 지식수준과 학습 능력이 다양하므로, 수학교육의 완벽한 이론과 방법의 존재를 부정할 수도 있지만, 수학 교사는 대다수의 학생이 학습 내용을 이해하고 학습 목표에 도달할 수 있는 그러한 지도 방법을 모색해야 할 것이다.

훌륭한 수학 교육자가 되려면 수학 학습·지도에 관한 기본적인 이론에 대해 정통하고, 그 이론을 응용하고 적용하는 능력이 필요하며, 학생들의 완전 학습을 지향하여 매진하는 부단한 노력이 요구된다. 학생들의 기초 지식과 학습 능력을 파악하고 그 위에 지도 방법을 고려하여 계획하고 실천하며 지속적으로 수정·보완하여야 할 것이다.

이 장에서는 현재 수학교육 현장에서 널리 적용되고 있는 세계적으로 알려진 디에네스의 수학학습의 원리, 브루너의 EIS이론, 반 힐레의 기하학습 수준이론, 프로이덴탈과 스켐프의 수학교육이론에 관하여 소개하고 개론하기로 한다.

5.1 디에네스(Z.P.Dienes)의 수학 학습 원리

디에네스(Zoltan.P.Dienes, 1916~)는 헝가리의 부다페스트에서 출생하여, 영국 런던 대학에서 수학을 전공하고 교수 생활을 하면서, 논리학과 심리학의 연구를 하여 수학교육 연구에 접목하였으며, 활동주의 수학 교육론자로 알려지고 있다.

오스트레일리아에서 역시 수학교육 연구를 하면서, 하버드대학의 브루너 등과 공동연구도 하였으며, 브루너의 EIS 이론 정립에 실험적인 기초를 제공하였다고 볼 수 있다. 그는 수학교육에 관한 많은 실험적 연구를 통하여 다수의 저서를 썼으며, 수학교육학 발전에 공헌하였다.

1 수학학습 및 개념형성

디에네스는 학생의 수학 학습이 교사의 주입식이 아니라, 자연스럽게 학생의 내부에서 일어나는 내발적(內發的)인 동기에 근거한 학습을 강조하였다. 수학학습은 첫째로 아동의 내발적 동기에 근거하는 것이 바람직하다는 것이다. 두 번째는 수학적 상황에서의 '놀이'로 조직된 수학학습을 강조하였고, 세 번째는 수학적 구조를 내포한 학습상황에서의 수학적 구조의 구성 및 그 응용학습을 통해서 통합적 인격형성에 기여하는 학습을 주장하였다. 이것은 피아제의 조작적 구성주의라고 하는 수학 인식론에 기초한다고 볼 수 있다.

2 수학적 개념형성의 심리역학

디에네스는 자신의 학습이론의 중심인 개념형성의 3단계론은 피아제의 수학 개념의 발달이론에 따른 것이며, 그것을 실제의 학습에 적용한 것이라고 기술하고 있다.

제1단계는 아무런 의식적인 목적이 없는 놀이와 같은 활동에 따른 자의적인 반응 단계로, 그러한 의도적 목적이 없는 놀이가 기본적인 경험이 되며 그로부터 수학의 궁극적인 개념이 형성된다는 것이다.

제2단계는 중간단계로서 놀이 경험에서 그 어떤 구조화가 필요한 것을 이해하기 시작하여, 개념의 부분적 구성이 이루어지며, 아직 지각되지 않은 최종단계를 향한 일층 목적 지향적인 단계를 의미한다.

제3단계는 최종적으로 개념이 형성되는 단계이다. 모든 구성에 대한 바른 개념과 구조가 파악되는 단계이며, 각 부분이 전체를 이루고 있다는 양상이 파악되고 그 구조가 이해된다는 것이다.

이와 같은 단계를 거쳐 개념이 형성되면, 다음에 개념이 정착되는 시기가 온다. 그것은 내성적(內省的) 활동에 의한 분석 · 검토 및 외적 상황에 대한 응용의 형태로 행하여진다. 이렇게 하여 개념에 보다 정통하게 된다. 이와 같은 상태가 되면, 형성된 개념은 보다 높은 수준의 새로운 개념형성을 위한 자료, 즉 '놀이'의 대상으로서 이용되고, 보다 높은 수준의 객관적인 개념형성의 사이클이 시작된다.

이러한 연속적인 개념형성의 사이클(開閉連續體 : open-closed continuum)의 발생이 디에네스의 생각이다. 즉, 위의 개념형성의 3단계를 거쳐서 형성된 수학 개념은 '폐(closed)'의 상태로 되지만, 내성적 분석과 적용의 과정에서 이미 '개(open)'의 상태로 변해, 보다 객관적이고 높은 수준의 재구성이 이루어진다는 것이다. 이와 같이 구조화되어 가는 열려진 사고가 수학적 사고의 본질이라고 디에네스는 보고 있다.

디에네스의 경우, 수학적 개념형성의 연쇄, '개폐연속체'의 '폐'의 상태로부터 '개'의 상태로 옮겨져 새로운 구성적 사고가 전개될 때 '모험적 사고(adventurous thinking)'가 개재한다고 생각하고 있다. 동기유발에 대한 이러한 입장은 정의적(情意的)인 성격이 매우 강하나, 내적 모순이나 갈등의식이 그 직접적인 원인이 된다는 생각은 주목할 만하다.

디에네스는 자신의 수학 교육 경험과 학습 심리에 대한 연구 경험을 활용하여, 수학의 지도를 보다 체계적으로 발전시키는 데 많은 노력을 하였다. 그는 피아제의 학습 심리에 기초를 두고, 수학을 보다 흥미 있고 쉽게 학습할 수 있는 방법에 대해 주로 연구하였다.

어린 아동의 수학 학습은 자발적인 학습 동기에서 시작하여, 수학적인 상황인 '놀이(play)'를 통해서 조직된 학습으로 발전하고, 수학적 구조를 내포하고 있는 학습 상황에서 수학적 구조의 구성과 그 구조를 응용하는 학습의 과정을 통해 완성된다고 보고 있다.

디에네스는 학생들의 추상화 및 일반화와 전이의 과정에 관심이 있었으며, 특히, 추상화의 과정을 세밀히 분석하여 그 과정이 6개의 서로 다른 단계로 구분할 수 있다는 결론을 얻게 되었다. 논리, 기하 및 수의 계산을 예로 하여, 이 6단계를 설명하였다.

3 디에네스의 수학학습 6단계

디에네스는 위와 같은 수학학습 및 개념형성에 관한 기본적인 신념을 가지고 10년 이상의 장기간에 걸친 실험적이고 실제적인 연구를 통하여, 수학 학습 · 지도에 관한 6단계론을 끌어내게 된다.

그는 아동의 수학학습을 '놀이'를 통한 구성적 활동이라고 보고, 다음과 같은 수학

학습 · 지도 과정의 6단계를 거치는 것이 바람직하다고 강조한다.

① 제1단계 : 자유놀이(free play)
② 제2단계 : 게임(games)
③ 제3단계 : 공통성의 탐구(searching for communalities)
④ 제4단계 : 표현(representation)
⑤ 제5단계 : 기호화(symbolization)
⑥ 제6단계 : 공리화(Axiomatization)

(1) 제1단계 : 자유놀이

수학 학습의 첫째 단계인 자유놀이에서는 환경과의 자유로운 상호작용, 교구를 자유롭게 다루는 단계를 말한다. 아동들이 구조화되어 있지 않은 조작이나 실험의 활동, 즉 자유스러운 놀이를 하게 된다. 이 단계에서는 다양한 조작 활동을 가능케 하는 구체물을 공급하여, 아동이 자유로운 놀이를 하면서 새로운 개념들에 대한 경험을 하도록 해야 한다. 단 구체물은 수학적 개념을 구체적인 형태로 함유되어 있는 것이 좋은데, 이후 단계에서 구체물 속에 내재된 수학적 개념이나 구조를 이해하는 데 도움을 주는 정신적 구조나 태도를 구성케 한다.

학습은 유기체를 둘러싸고 있는 환경에 적응해 가는 과정, 즉, 주어진 환경과의 관계에서 자기의 행동을 수정하여 얻은 것을 의미하기 때문에 학습 환경은 대단히 중요하다.

아동이 학습하기 전 단계에는 어떤 환경 안에 있는 특정 상황에 잘 적응하지 못했던 것이, 학습이 행해진 후에는 그 환경 안에서 일어나는 상황을 지배할 수 있을 정도로 적응을 잘하게 된다.

아동기의 놀이는 모두 그 후의 인생에서 직면하는 다양한 상황에 적응할 수 있게 되기 위한 예행연습으로 볼 수 있으므로, 놀이 환경을 제공하는 것은 바람직하다.

아동에게 만약 논리를 배우게 하려면, 아동을 논리적 개념 형성에로 유도할 수 있는 상황에 직면하게 하지 않으면 안 되는데, 아동이 생활하고 있는 환경에서는 논리적 속성을 포함하고 있는 구체물이 흔하지 않으므로, 인공적인 환경을 만들어야 한다. 아동이 이러한 환경에 접하게 되면, 논리적 개념 형성에로 조금씩 계통적으로 유도되어 갈 것이다. 이와 같은 인공적 환경의 예로서 속성 판을 들 수 있다. 속성 판은 색, 모양, 두께, 크기의 4가지 속성을 조직적으로 바꿀 수 있는 것이다. 물론 변수를 이 4가지로 한정할 필요는 없고, 더 많은 속성으로 변화시킬 수도 있다. 이와 같이, 어떤 수학적 개념이 내재되어 있는 교구를 만들어서 인공적 환경을 제공하면, 아동은 그 개념을 학습하게 될 것이다.

어린 아동이 이러한 속성 판을 아무 생각 없이 모양이 같은 것, 크기가 같은 것, 색깔이 같은 것끼리 모으거나 가지고 놀게 함으로써, 분류 및 집합의 개념을 자연스럽게 형성하게 되는 환경을 만들어 주자는 것이다.

구체물은 다양하게 제시할 수 있지만, 디에네스는 인공적인 교구인 속성 판(attribute blocks)이나 다진수 판(multibase arithmetic blocks)등 여러 가지를 창안하여 제공하고 있다.

(2) 제2단계 : 구조화된 게임

앞의 자유 놀이를 하는 중에 아동은 자연스럽게 속성 판에 어떤 규칙성이 있는 것을 스스로 깨닫게 된다. 인위적으로 정해진 제한, 즉 규칙을 지키며 게임을 할 수 있게 되는 것은 바로 이때이다.

조금 지나면, 아동들은 스스로 새로운 규칙을 생각해 내거나, 규칙을 바꾸거나 하여 새로운 자신들의 게임을 스스로 만들어 할 수 있게 되며, 규칙성을 다루는데 익숙해져 간다. 일상적인 일에서도 그 일을 주도하는 어떤 규칙이 있음을 알게 되고, 일단 그 규칙을 알게 되면 게임을 할 수 있는 단계에 이른 것이라고 할 수 있다.

아동에게 수학적 구조를 학습시키고자 할 때에는, 게임의 모든 규칙에도 수학적 구조를 포함시켜야 하며, 교구 또한 속성 판이나 다진수 판과 같은 구조화된 것을 사용하도록 한다.

이 단계는 아동이 구조화된 규칙이 있는 게임에 열중하게 되며, 주어진 상황의 규칙성에 착안하고, 규칙에 따른 내용을 설명할 수 있으며, 어떤 것이 일어날 것임을 예측할 수도 있게 된다. 사물을 지배하는 규칙이 있다는 것을 알면, 아동은 규칙을 발명하고 그것을 사용하고 바꾸고 폐지할 수 있게 되며, 그에 따라 '게임'을 할 수 있게 된다.

속성 판이나 다진수 판 등의 구조화된 교구를 사용하여, 가위 바위 보를 하여 이긴 사람이 속성 판을 따는 게임을 하는 것도 구체적인 예가 될 것이다.

(3) 제3단계 : 공통성의 탐구

공통 성질의 탐구 단계는, 외형적으로 다양하게 표현된 게임을 경험하면서 그 여러 표현 속에 공통으로 들어 있는 특정 개념의 수학적 구조를 파악하기 시작하는 단계이다. 이와 같은 학습 능력이 갖추어졌을 때 아동은 주어진 특정 개념의 예와 반례를 구분할 수 있게 된다.

이 셋째 단계의 학생은 동시에 제시된 같은 개념의 여러 가지 예들을 분석하여, 각각의 예로부터 서로 공통된 추상적인 성질을 찾아낼 수 있으며, 주어진 개념의 예들이 가지고 있는 구조적 공통성을 이해할 수 있다고 한다. 게임에 대하여 반론하고 공통성을 생각하고, 개임의 배후에 있는 원리나 이기는 방법까지 생각하게 된다.

어떤 수학적 구조에서 고유의 수학적 법칙에 따라 구조화 되어 있는 게임을 하였다 하여 수학을 학습한 것은 아니다. 그렇다면, 아동들이 이러한 게임으로부터 그 속에 있는 수학적 추상 개념을 끌어내도록 하는 것은 어떻게 하면 좋을까? 이를 위한 심리학적 수단은, 아동에게 같은 구조를 가지면서도 전혀 다르게 보이는 몇 가지 게임을 하게 하는 것이다. 이 방법에 의해 아동은 같은 구조의 두 가지 게임 중 한쪽의 요소와 또 다른 쪽 요소 사이의 추상적인 성질의 연관성을 찾아낼 수 있게 된다. 이 방법으로부터 아동은 몇 가지 게임으로부터 공통의 구조를 분리하여 끌어내고, 관계없는 부분은 버릴 수가 있다. 예를 들면, 속성 판에서 색이나 모양을 관계가 없는 성질로 버리거나, 물론 크기나 두께 쪽을 버리고 생각할 수도 있다. 또 사물의 모임에서 집합의 성질만 생각할 수도 있다. 이런 식으로 여러 가지 형태로 구체화 된 게임을 순차적으로 해가면, 그들 게임이 구조의 관점에서는 같은 것임을 인식하게 된다. 아동이 자기가 해온 몇 가지 게임에 대하여 무엇이 같은지를 이해하는 것은 이 때이며, 바꾸어 말하면, '추상화'가 형성되는 시점이다.

게임에서 다루어지는 변수의 존재나 변수가 몇 개인지를 인식하는 것으로, 속성 판의 집합에서 아동 스스로의 지각으로 어떤 요소를 식별하여 집합을 선택하고 구별하여 다루는 것이 중요하다.

(4) 제4단계 : 표현

표현 단계는 아동이 특정 개념과 관련된 여러 가지 예들로부터 공통된 요소를 추출한 후, 이 공통된 요소를 포함하고 동시에 그 개념을 의미하는 것으로 나타내는 단계이다. 이 때 사용하는 표현 방법은 간단한 그림의 형태나 언어적인 방법, 또는 보다 포괄적인 예 등과 같이 다양할 수 있다. 이와 같이, 주어진 개념을 표현할 경우, 이 표현은 그 개념의 예보다 더 추상적이 되며, 표현하는 과정은 아동에게 주어진 개념의 저변에 있는 추상적인 수학적 사고를 쉽게 이해할 수 있게 한다. 예를 들어, 연필 한 자루, 삽 두 자루, …,에서 '자루', 책 한 권, 노트 3권, …에서 '권', 구슬 2개, 돌멩이 3개,…에서 '개' 등.

이 단계에서는 추상화가 아직 정착되어 있지 않았기 때문에, 아동은 추상화 된 것을 스스로 사용할 수는 없을 것이다. 추상화 한 것을 완전히 파악할 수 있기 위해서는 아동은 우선 그것을 어떤 모양의 표로 나타내는 과정이 필요하다. 이와 같이 표현할 수 있게 됨으로써 아동은 추상한 것에 대하여 이야기 하고 그것을 바깥에서 조망하고 특정의 게임 또는 게임의 집합으로부터 떨어져서 생각하고, 게임에 대하여 다시 조사하고, 그 주제에 대한 생각을 고칠 수 있다. 이와 같은 표현에 해당하는 것은 그래프나, 2차원의 표, 벤 그림도 있을 것이다. 또는 이들과는 전혀 다른 시각적 표현이나 본질적으로 시각적이 아닌 생각을 하는 아동의 경우는 청각적인 표현이라도 상관없다.

(5) 제5단계 : 기호화

기호화 단계에서는 아동이 표현의 단계에서 주어진 개념을 나름대로 표현한 것을 묘사하는데 있어서, 언어나 수학적으로 적절하게 기호화 하는 단계이다. 여기서는 아동나름대로 묘사방법을 고안하는 경험도 필요하지만, 교과서에서 사용하는 것과 같은 통일된 방법을 사용하도록 지도되어야 한다. 이와 같이, 상징적인 기호 체계의 사용은 수학을 하는 데 여러 가지 면에서 그 가치가 크다는 것을 아동에게 인식시켜야 한다.

이 단계에서 아동은 자기 나름의 표현방법으로 기술하고, 기술을 할 수 있는 적절한 언어, 즉 기호체계를 찾게 된다.

한 가지 형태의 표현이나, 같은 구조를 가진 여러 가지 표현이 나오더라도 상관없지만, 그 표현 방법을 조사하여 수정하는 것도 가능하다. 이러한 검토의 목적은 추상화된 것의 여러 가지 성질을 이해하는 것에 있다. 어떤 형태의 표현을 하였을 때, 거기에 포함된 주요한 특징 중 어느 것이 목표로 하는 수학적 성질인지를 쉽게 알 수 있다.

이 단계에 도달하면 아동은 표현한 것을 기술하고 설명해야 하므로, 당연히 '언어'를 필요로 한다. 이 5단계에서는 추상한 것의 모든 성질을 인식하기 위하여, 무언가 '언어'를 만들어 내게 되고, 언어로 표현한 것을 기술할 필요가 있다. 가능하면, 아동 자신의 언어를 발명하는 것이 바람직하고, 교사의 도움을 받아, 생각해 낸 여러 가지 언어 중에서 어느 것이 훌륭한지를 논의하는 것도 좋을 것이다. 이와 같은 기술이 공리계의 기초가 되고, 이 기술의 각 부분은 각각 공리로 작용하고, 후에는 정리까지 되는 것이다.

(6) 제6단계 : 공리화 – 공리화하고 증명해 간다.

수학적 구조의 대부분은 그 성질이 복잡하므로, 그 성질을 모두 기술하기는 어려울 것이다. 그 성질을 기술하거나 말을 시작하여 끝맺을 때까지의 진술이 증명의 과정이고, 게임 규칙이다. 끝맺는 부분의 기술이 이 체계의 정리에 해당하며, 이렇게 완성된 정식화된 체계 속에는 몇 가지의 공리, 즉 기술의 최초의 부분과 몇 가지 게임 규칙이 포함되어 있다. 이외에, 증명을 위한 논리적이고 수학적인 규칙도 포함되며, 더욱이, 체계의 정리도 포함되어 있을 것이다. 정리란 최초 부분의 기술에서 출발하여 게임의 규칙을 사용함으로써 도달한 부분의 기술이다.

최종 단계인 공리화는 아동이 주어진 개념을 포함하는 수학적 구조를 파악한 수나, 그 개념이 가지고 있는 여러 가지 성질을 체계화하고 기술된 것들의 순서관계를 확립하는 형식화의 초석이 된다. 즉, 주어진 개념으로부터 나온 여러 가지의 성질들 가운데, 기본적으로 선정된 몇 가지의 성질로부터 다른 성질에 도달하는 과정에 필요한 규칙을 찾아내게 되는데, 이것이 형식화의 과정이다. 예를 들어, 몇 개의 기본적인 공리로부터 하나의 정리가 만들어지는 과정이 수학적인 형식화의 예라고 할 수 있으며, 초등학생에게는 게임 규칙이나 이기는 방법을 명시하는 것으로 생각할 수 있다.

4 디에네스의 교구

(1) 속성 판(attributes blocks)

수학 학습을 돕기 위하여 개발된 속성 판은 수학의 구조를 구체적으로 구현하기 위해 고안된 교구의 예이다. 속성 판은 나무나 플라스틱 등으로 만들어진 정삼각형, 직사각형, 원 등의 모양으로서, 크기, 두께, 색깔을 다양화시켰다. 아동은 이 속성 판을 활용하여 놀이나 게임을 함으로써 집합의 개념이나 분류의 원리를 발견할 수 있다.

속성 판은 집합의 특성이나 분류의 원리의 발견학습 외에도 간간한 논리게임을 활용해서 논리곱, 논리합, 부정의 논리에 관한 학습을 지도할 수도 있다.

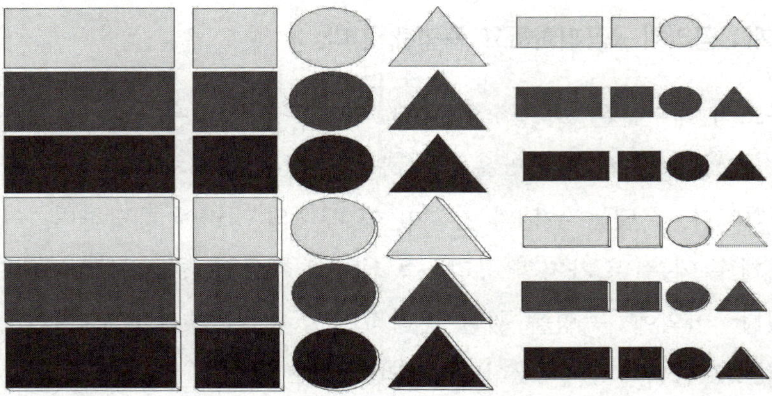

그림 5.1 디에네스의 속성판

사진 설명 : 각 속성에 따라, 48개로 분류, 배열한 것. 윗부분의 것은 두꺼운 것이고, 아래 부분의 것은 얇은 것이다. 위에서부터 빨강, 파랑, 노랑 색깔의 것이다.

① 재질 : 플라스틱 제품

② 속성

㉠ 색깔 : 빨강, 파랑, 노랑

㉡ 모양 : 원, 삼각형, 정사각형, 직사각형

㉢ 크기 : 큰 것과 작은 것

㉣ 두께 : 두꺼운 것과 얇은 것

③ 이것들을 이용하여, 다음과 같은 집합의 개념을 지도할 수 있다.

㉠ 자유놀이(정렬, 분류)　　　㉡ 집합 만들기

㉢ 논리 놀이　　　　　　　　㉣ 순서구조 …

(2) 다진수 판(Multibase Arithmetic Blocks : MAB)

디에네스는 서로 다른 진법 체계를 구현할 수 있는 다진수 블록 또는 디에네스 블록이라는 구체물을 고안하여, 아동에게 수학의 구조 지도가 기호를 사용하지 않고서도 가능함을 보였다.

밑이 10, 6, 4, 2에 대하여, 각각 3제곱의 자리의 것, 2제곱 자리의 것, 1제곱 자리의 것, 1자리의 것을 나타내고 있다.

밑 10 : 10^3, 10^2, 10^1, 10^0

밑 6 : 6^3, 6^2, 6^1, 6^0

밑 4 : 4^3, 4^2, 4^1, 4^0

밑 2 : 2^3, 2^2, 2^1, 2^0

교구의 내용

① 재질 : 목재

② 밑 : 2, 3, 4, 5, 6, 10

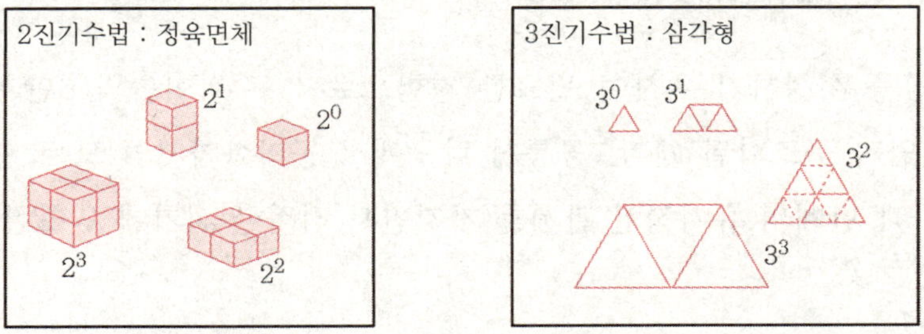

그림 5.2 2진, 3진 기수법의 예

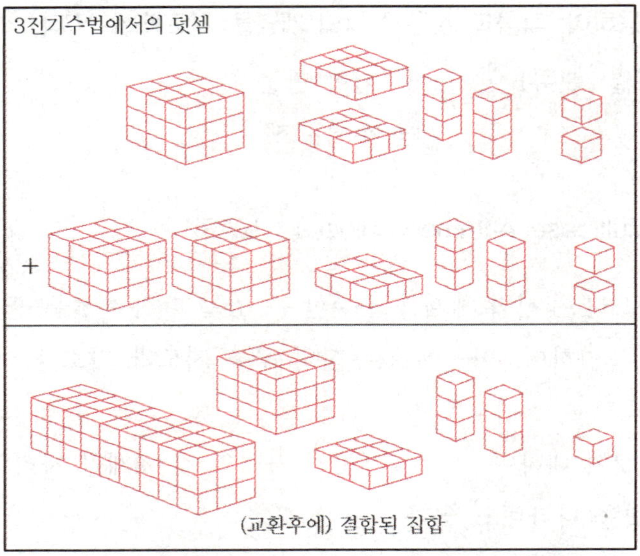

▌그림 5.3▌ 3진 기수법의 덧셈

5 디에네스의 수학학습의 원리

디에네스는 위와 같은 수학학습 및 개념형성에 관한 기본적인 신념을 가지고 실험적이고 실제적인 연구를 하여, 수학 학습・지도에 관한 6단계론을 주장하고, 수학학습의 4가지 원리를 끌어내게 된다.

(1) 역동성의 원리(Dynamic Principle)

수학적 개념을 형성하기 위하여 필요한 경험으로써, 수학학습의 6단계의 자유놀이와 예비적 게임과 구조화된 게임, 공통성 탐구에서 공리화까지의 모든 활동의 필요성이 강조된다. 각 단계의 유기적인 관계를 가지면서 적절한 시기에 원활한 도입이 요구된다.

어린 아동에게는 이들 놀이나 게임을 위해 구체적인 사물을 사용하여 놀게 하면서, 동시에 머릿속에서 할 수 있는 게임 또한 서서히 도입할 수가 있다. 이것은 모든 놀이나 게임을 통하여 수학 학습을 시작할 수 있다는 매력적인 원리이다.

(2) 구성성의 원리(Constructivity Principle)

수학 개념은 구체물에 대한 활동으로부터 추상화되는 것이며, 개념을 인식하기 위해서는 개념에 대한 직관적인 구성이 선행되어야 한다는 것이다. 게임을 구조화할 때도 구성이 항상 분석보다 앞서 행하여져야 한다는 것이 구성성의 원리이다.

디에네스의 사고실험에 의하면, 구성적 사고는 인지발달 과정의 구체적 조작기에, 분석적 사고는 형식적 조작기에 많이 일어남을 알게 되어, 수학 개념 형성에 있어서, 구성이 분석에 선행한다는 원리를 주장하게 된다. 디에네스의 실험에서는 분석은 12세까지의 아동의 학습에서는 거의 볼 수 없었었다고 한다.

예를 들어, 삼각형을 지도할 때에도, 아동들에게 삼각형을 먼저 그리고(구성), 그 다음에 변이나 각, 꼭짓점 등에 대하여 분석적으로 지도하는 것으로 생각할 수 있다.

(3) 수학적 다양성의 원리(Mathematical Variability Principle)

수학적 다양성의 원리는 수학의 변수를 포함하는 개념은 가능한 한 다양한 변수를 포함하는 경험을 하게 하여 학습하도록 해야 한다는 것이다. 이 원리는 뒤의 지각적 다양성의 원리와 비슷하다. 즉, 어떤 수학 개념이 몇 개의 다른 변수를 포함하고 있다면, 그 개념을 아동이 효과적으로 학습하기 위해서는 이들 변수를 다양하게 제시하는 것이 바람직하다는 원리이다.

예를 들어, 삼각형을 지도할 때, 변의 길이나 각의 크기가 다양한 삼각형을 많이 제시하여 삼각형의 개념을 형성해야 한다는 것이다.

수학적 다양성의 원리는 아동이 수학 개념을 학습할 때, 변수들을 분별하게 하여 수학 개념을 일반화하는데 도움이 된다.

(4) 지각적 다양성의 원리(Perceptual Variability Principle) 또는 다양한 구체화의 원리(Multiple Embodiment Principle)

지각적 다양성의 원리는 수학의 개념 형성을 지도할 때, 지각적으로는 다르지만, 구조적으로는 같은 다양한 형태의 구체물을 활용하여 지도해야 된다는 원리이다. 수학 학습에서 아동은 개인차가 많으므로, 가능한 한 개인차를 존중해야 하며, 추상적인 수학 내용을 아동들이 파악할 수 있도록 하기 위해, 같은 개념구조를 지각적으로는 다르지만 구조적으로는 같은, 가능한 한 다양하고 많은 구체물의 형태로 제시해야 한다는 것이다.

예를 들어, 삼각형의 밑변을 지도할 때, 삼각형의 밑변은 3개의 변 모두가 밑변이 될 수 있음을 보이는 것이다. 또, 삼각형의 높이 또한 하나로 고정되지 않음을 보이는 것도 마찬가지이다.

5.2 브루너의 E.I.S 원리

브루너(Jerome S. Bruner : 1915~)는 미국의 인지 심리학자로, 프린스톤 고급 연구소 연구원으로 인지기능의 실험적 연구를 하였으며, 하버드 대학에서 인지연구소 소장을 역임하였다.

1957년 소련의 스푸트니크 인공위성 발사 후, 미국은 과학교육 중심의 개혁을 서두르게 된다. Woods Hole에서 수학자, 과학자, 심리학자, 교육학자들이 과학교육의 개선을 위한 장기간에 걸친 회의를 하게 되고, 브루너가 회의를 주관하면서 회의 내용을 정리한 책이 「교육의 과정(The Process of Education)」이다.

1 교육의 과정과 수학교육

브루너의 「교육의 과정」에는 새 수학의 심리학적 근거로서 발견, 구조, 조기준비성, 직관적 사고로 표현되는 1960년대 미국의 수학교육 개선운동의 골격을 제공하고 있다.

브루너는 교과의 학습·지도에 관한 다음과 같은 가설을 세우고 있다. "어떤 교과라도 지적(知的) 성격을 그대로 지닌 채, 발달의 어느 단계의 어떤 어린이에게도 효과적으로 가르칠 수 있다."

실제로 브루너가 말하고자 한 것은 "각 교과의 교육은 그 교과의 기본적인 아이디어

곧 '구조'를 다루어야 하며, 그러한 기본적 아이디어는 어떤 연령층, 어떤 사회적 출신의 아동에게도 그가 가진 사고양식과 그가 이해할 수 있는 표현수단에 대응되는 어떤 형태로 전달될 수 있다"는 것이다. 이렇게 각 교과의 구조를 잘 정비하는 것을 전제로 하여, 조기 교육의 가능성과 발견학습에 따른 창조성의 육성 및 잘 학습되지 않는 것의 치료와 나선형 교육과정까지지도 내포시키고 있다. 이 가설은 피아제의 발달단계 순응의 원리와 반대되는 것이며, 어떤 아동이 학습할 수 없는, 더구나 지적인 정직한 방식으로 학습할 수 없는 것이 항상 존재하므로 이것은 거짓이다. 그러나 어떤 지도 내용이든 아동의 발달수준에 맞게 재구성하여 적절한 형태로 제시할 수 있다면 참일 수 있다.

브루너는 피아제가 주장하는 개인에 의한 자주적 형성보다 교육적 전달에 강조점을 두고 있다. 다시 말해, 브루너는 지적 발달에 있어서 피아제가 중시하는 내적인 자기 조정 요인을 인정하면서도 외적인 사회·문화적 요인과 교육적 · 언어적 요인을 강조하는 점에서 피아제와 입장이 다르다. 브루너는 사고의 발달에 있어서 문화 환경의 영향 및 교육의 역할을 높게 평가하고 있으며, 또한 사회 · 역사적 경험의 전달 수단인 언어의 역할을 중시하고 있다.

그러나 지적 발달에 있어서 환경과 사회적 · 교육적 전달의 영향과 내적인 조정 요인은 불가분의 관계에 있다는 것을 생각하면, 양자의 이론은 대립적이기보다는 조화되는 점을 찾을 수도 있다(양자에 의하여 지적 발달이 이루어진다는 점에서).

브루너의 가설 속에는 나선형 교육과정도 포함되어 있으며, 학습에서 어떤 개념이나 지식의 구성이 분석보다 선행되어야 한다는 디에네스에 의하여 형식화 된 '구성의 원리'도 나선형 원리에 포함된다.

브루너는 '전통'과 '교육'의 문제를 강조하는 교육 심리학자였으므로, 인지적 상태가 성장하는 세대의 인지발달에 사회적 과정을 통해 어떤 영향을 끼쳤는가 하는 점을 중시하였다.

지적 발달은 교사와 학습자의 상호작용에 많이 좌우되므로, 교육은 언어매체가 중요하며, 언어의 본질과 기능은 인지발달의 모든 이론의 기본이 되어야 한다고 주장한다.

2 브루너의 E.I.S 이론

브루너의 EIS이론은 「아동의 인식능력과 사고방법은, ① 활동적 표상(Enactive Represenation) : 행동에의 경험 → ② 영상적 표상(Iconic Representation) : 그림, 도형 → ③ 기호(상징)적 표상(Symbolic Representation) : 2+3=5의 순서로 발달한다.」는 것이다.

여기서 Represenation을 표상이라고 번역한 것은 겉으로 나타나는 표현뿐 만아니라 머릿속에서 떠오르는 표현까지를 포함시켜 나타내는 것을 의미한다.

브루너는 아동의 지능 발달을 활동적 표상, 영상적 표상, 기호(상징)적 표상의 순서로 표상수단의 증대와 그 사이의 조정능력의 증대로 보고 있다.

여기에는 학문의 기본원리나 구조 자체는 마찬가지이고 그 표현양식만 변한다고 생각할 수 있다.

[예] ◎◎ ◎◎◎ ⇒ ◎◎◎◎◎, 2+3=5

피아제의 발달 심리적 입장에서 논한 지적 발달단계의 특징을 교육 심리적 입장에서 교육의 근본문제를 교재의 표현 내지 제시 수단에 의하여 해결하려고 한 브루너의 사고방식은, 정면으로 대립된다. 즉, 아동의 논리에 의한 점진적인 동화를 강조하는 피아제의 이론과 학습의 준비성을 강조한 브루너의 이론이 그것이다.

(1) 활동적 표상(Enactive Represenation) : 활동 경험

활동적 표상은 인지발달에 기초가 되는 것으로, 조작적인 활동이나 행동이 중심이 된다. 아동에게 자연수의 개념을 형성시키고자 할 때, 구체물을 하나하나 움직이면서 '하나', '둘', '셋'...등으로 말을 하면서 인식 능력에 호소하거나, 계단을 밟아 오르내리면서 '하나', '둘', '셋'으로 육체적인 활동과 소리 내어 말하는 등의 활동적 표상에 호소하는 것이다.

이와 같이 수학의 개념을 형성하기 위해, 유아나 초등학교 저학년 단계에서는 여러 가지 조작이나 활동을 통하여 자연스럽고 즐거운 수학학습의 도입이 바람직할 것이다. 이것은 오늘날 유아원이나 초등학교 현장에서 많이 이루어지고 있다.

도형의 지도에 있어서도 실재의 구체물을 관찰하거나 만지거나 펼치거나 하는 조작 활동을 함으로써 도형 개념의 형성으로 이어질 수 있음을 기대한다. 피아제의 조작적 구성주의에 의하면 활동적 표상이 인지발달의 기본이 되며, 구체적 조작단계까지 지배적인 역할을 하고 발달과 더불어 점차 내면화되어 간다는 것이다.

(2) 영상적 표상(Iconic Representation) : 그림, 도형에 의한 표현

활동적 표상의 다음 단계로 구체물의 조작이 충분히 이루어 졌다고 판단되거나, 실제로 조작할 수 없거나 불가능한 것은 그림이나 모형, 사진 등으로 제시하여 개념형성을 발전시키는 것이다. 지도하고자 하는 수학적 구조에 대한 도식적인 표현은 일종의 기하적 언어라고 할 수 있는 가치 있는 수학적 사고 수단이 된다고 보고, 브루너는 이것을 영상적 표상이라고 하였다. 영상적 표상은 활동적 표상이 내면화 된 것으로 구체적으로 동시에 실행할 수 없는 계속되는 활동을 동시에 파악할 수 있게 하며 활동의 요약자가 된다. 활동을 기록하고 비교할 수 있게 함으로써, 영상적 표상은 인지 발달에 중요한 역할을 하게 되는 것이다.

(3) 기호(상징)적 표상(Symbolic Representation) : 2+3=5

기호(상징)적 표상은 모국어의 습득과 더불어 발달하기 시작한다. 기호적 표상은 초기 단계에서는 활동 및 영상적 표상의 뒷받침을 받다가 형식적 조작단계에 이르러 비로소 독립적인 의미를 획득한다. 기호적 표상은 추상화가 이루어진 단계이므로 수학화 되었다고 볼 수 있고, 본질적인 특징은 기호를 사용한다는 점이다.

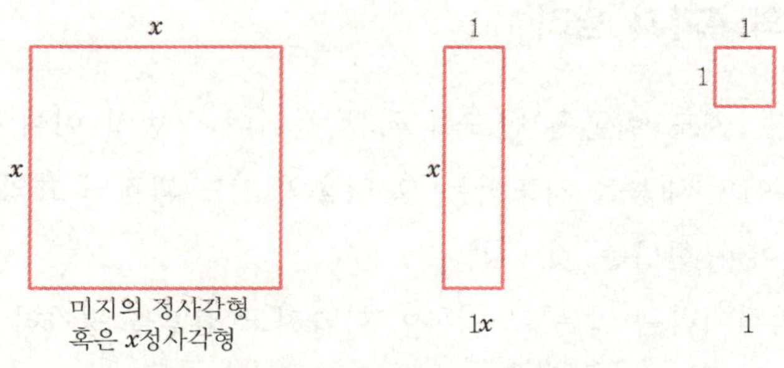

그림 5.4 3종류의 타일

그림으로 표현하는 것은 구체물과 유사성을 나타내는 경우가 많지만, 기호는 독립적으로 다양한 많은 것을 의미 할 수 있다. 기호적 표상의 힘은 하나하나의 기호에 있지 않고, 기호 체계나 공식과 같이 유한개의 기호로 무한히 많은 개개의 경우를 나타내는 바, 거기에 수학적 언어의 응집성이 존재한다. 수학적 구조도 형식적 언어라 볼 수 있다. 여기서 형식적이란 말은 그 구조가 구체적인 여러 가지 방식으로 해석될 수 있다는 것을 의미한다.

평면, 길이, 단위, 타일로 정사각형 만들기

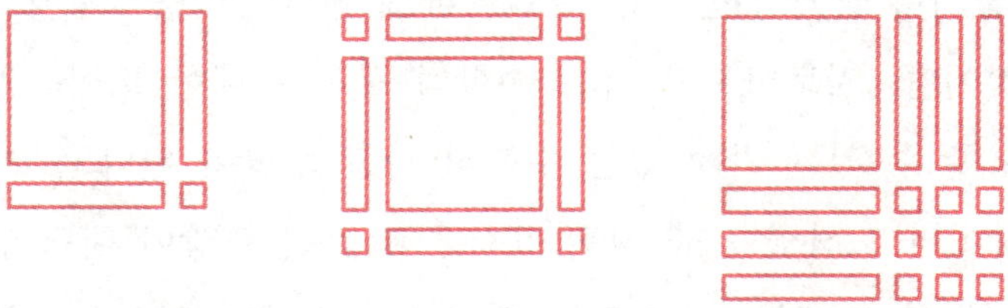

정사각형(평면 $-x^{\square}$, 길이=x, 단위=1)을 표현하기 위하여 기호 사용

$x^{\square}+2x+1$	$x^{\square}+4x+4$	$x^{\square}+6x+9$
$(x+1)(x+1)$	$(x+2)(x+2)$	$(x+3)(x+3)$

그림 5.5 2차 방정식의 인수분해 원리를 구현한 구체물

이와 같이, 여러 가지 표상으로 획득되고 처리할 수 있는 지식은 쉽게 기억될 수 있으며, 다양하게 표현할 수 있는 능력은 사고의 유연성을 높이고 문제해결력을 높여 준다. 따라서 학습·지도에 있어서 수학의 학습 내용을 다양하게 바꾸어 표현하는 능력의 육성이 요구된다.

3 수학지도의 4가지 원리

브루너에 의하면, 지도 이론은 반드시 처방 적이며 규범적 이여야 한다는 것이다. 처방 적이라 함은 어떤 내용을 지도하든 그 내용의 지도 과정이 효과적이기 위한 원리들을 포함하고 있어야 한다는 것이다.

지도이론이 규범적이라는 말은 그 이론이 학습지도 전략을 평가하거나 수정할 수 있는 기능을 갖추고 있어야 한다는 의미이다. 지도이론이 규범적이기 위해서는 일반적인 학습의 기준과 함께 그 기준에 도달하기 위한 조건이 포함되어야 한다.

피아제의 인지 발달 이론은 아동의 지적 수준이 어떤 단계를 거쳐서 발달하고, 각 단계별로 나타나는 지적 능력은 어떤 것이 있는가를 밝힌 학습이론이다. 브루너는 학습이론과 지도 이론을 구분하여, 지도 이론은 처방 적이고 학습 목표를 포함해야 한다고 주장한다.

학습 이론은 특정 연령에서 아동들이 어떤 학습 능력이 있는가를 설명하지만, 지도 이론은 특정 연령의 아동이 어떤 학습 능력을 준비하고 있을 때 어떻게 지도하면 그 학습 목표를 달성할 수 있는지에 대한 방법을 제시한다.

수학 학습 이론과 지도 이론은 둘 다 수학교육의 효율을 위해 동전의 양면과 같이 필수적인 것이다.

브루너는 일반적 지도 원리의 개발을 위해 수학 학습을 연구의 소재로 하였다. 그가 도출한 수학 지도의 4가지 원리는 구성(construction), 표기(notation), 대조와 변경(contrast and variation), 연결성(connectivity)의 원리이다.

첫째, 구성의 원리는 학습자가 어떤 개념을 형성하기 위해서는 항상 그 개념에 대체되는 구체적 표현을 구성한다는 것이다. 아동 자신의 힘으로 어떤 개념의 예를 만들 수 있을 때, 아동은 그 개념을 쉽게 학습할 수 있다는 것이다. 교사가 완성된 형태의 수학의 규칙이나 원리를 성급히 제시하기 보다는 아동 스스로의 힘으로 규칙이나 원리를 구성하도록 돕는 방법이 동기 유발이나 올바른 이해를 위해 더 효과적이라는 의미이다.

둘째, 표기의 원리는 아동이 개념을 형성하는데 있어서, 체계적인 기호를 사용하면 더 간단히 이해하고 표현할 수 있다는 것이다. 수학의 효과적인 표기 체계는 수학의 원리를 확립하고 확장하는데 도움이 된다.

셋째, 대조와 변경의 원리는 아동이 어떤 개념이나 표현을 대조하고 변경함으로써 구체적이고 특수한 표현 단계에서 추상적이고 일반적인 표현 단계로 나아갈 수 있다. 이와 같이, 수학의 각 개념들은 서로 대조하고 변경함으로써 획득된다고 볼 수 있다.

어떤 수학적 개념의 일반화는 그 개념의 구체적인 표현에서 추상적인 표현으로 발전되어야 한다. 즉, 주어진 개념의 일반화는 그 개념의 표현이나 구체적 예를 다양하게 변화시킴으로써 이루어진다.

넷째, 연결성의 원리는 수학과 같은 형식적 체계 안에서는 개념과 연산이 완전히 분리되어 있지 않고 연결되어 있다는 것을 의미하고 있다.

5.3 반 힐레의 기하학습 수준 이론

네덜란드의 반 힐레(van Hieles) 부부는 Utrecht 대학에서 기하의 학습수준에 대하여 공동 연구하여 박사 학위를 받았다(1957년). 당시 중등학교에서 수학교사로 근무하면서 기하의 증명을 지도하면서 기하 학습이 잘 이루어지지 않는 것에 문제의식을 느끼고, 그 원인이 어디에 있는지를 분석하고 규명하는 연구에 임하였다.

그 당시 유럽에서는 피아제의 연구가 많이 알려졌는데, 피아제는 발달 심리학을 연구하였고, 자신들은 학습심리에 관하여 연구하였다고 연구의 특이성을 주장하였다.

1 기하학습 수준 이론

초중등학교의 도형(기하)의 지도가 잘되지 않는 것을 분석한 결과, 학생들에게 학습의 수준이 있음을 알게 되었다. 현행의 기하교육은 학생의 학습 수준에 부적합함을 논리적이고 실증적으로 연구한 결과, 기하의 학습수준 이론을 만들게 되었다.

기하학습 수준이론은 기하교육에 있어서 5단계의 사고 수준과 그 사고 수준을 올리기 위한 5단계의 학습 수준으로 되어 있다.

반 힐레는 학습의 대상과 방법이라고 하는 관점에서 기하 영역에서의 사고 수준을 다음의 5단계로 구별하였다.

표 5.1 반 힐레의 기하학습 수준

단계	사고의 대상	사고의 방법
Level 5	논리, m1, m2,.. (논리) →	공리체계(공리의 독립성, 무모순성, 공리계의 비교 (논증, 공리계)
Level 4	P1→P2, P1→P3,... (명제) →	정리 T1, T2, T3...증명 →A1, A2, A3 공리 a1, a2, a3.. (논리)
Level 3	변, 각의 성질 (성질) →	P1→P2, P1→P3,... (명제)
Level 2	직사각형,... (형) →	변의 길이(대변상등), 네 개의 각이 같다, 변이 평행하다. (성질)
Level 1	책상, 창문, 책, 노트.. (구체물) →	사각형, 정사각형, 사각형 (모양, 형)

제1수준 : 학습의 대상은 가까운 주위의 구체물이고, 눈에 보이는 그 구체물의 전체적인 형태에 따라 식별하거나 분류한다. 여기서는 도형이 학습의 방법이 된다.

「…는 직사각형이다.」「…는 둥글다.」와 같이 복잡한 대상 속에서 색깔이나 위치, 좋고 싫음 등을 모두 버리고 모양(형태)에만 착안하는 단계이다. 초등학교 2학년은 이 단계로 보고 있다.

제2수준 : 도형을 학습의 대상으로 하고, 그것을 성질에 따라 분류하거나 배열하거나 한다. 여기서는 도형의 성질이 학습의 대상이 된다.

「직사각형은 무엇인가?」하는 반성으로부터 형태의 성질에 착안하는 단계이다. 어떤 성질을 가지고 있고 없음에 따라 도형이 정리되고 분석된다. 이것은 초등학교 3, 4학년의 단계이다.

제3수준 : 도형의 성질이 학습의 대상이 되고, 성질들 사이의 관계, 즉 명제가 학습의 방법으로 사용되어 진다.

도형의 성질을 서로 관련시켜 고찰하는 단계이다. 예를 들면, 변이나 각의 등변성, 등각성, 수직성, 평행성 등이나 도형 상호간의 길이나 면적의 대소, 합동성, 닮음, 대칭성 등을 고찰한다. 초등학교의 중학년에서 고학년은 이 단계이다.

제4수준 : 도형에 관한 명제가 학습의 대상이 되고, 그것을 논리를 사용하여 체계화하거나 정리한다.

중학교의 단계로, 논증 지도의 단계이다. 제2, 3수준의 지도가 충분히 행하여지고 도형을 단지 직관적인 형태가 아니라 성질이나 관계의 집합체로 볼 수 없으면 이 단계의 학습은 곤란하게 된다.

이 단계에서는 수학적 명제가 학습(연구)의 대상이 되고, 이들 명제들의 논리관계가 학습의 방법이 됨으로써, 연역적 추론이 가능한 수준이다. 따라서 공리, 정의, 정리, 증명의 의미와 필요성을 인지할 수 있는 수준에 해당한다.

제5수준 : 논리 그 자체를 학습(연구)의 대상으로 하고, 공리계에 관하여 이해하는 수준으로, 이것은 수학자의 수준이다.

기하학의 발달 과정과 그 구조를 이루는 논리와 이론이 연구의 대상이 되므로 논리를 엄밀하게 분석하고 추론함으로써 일반적인 도형의 성질을 발견할 수 있다. 이 때 추론(증명)의 방법에는 직접 증명과 간접 증명이 있고, 직접 증명에는 귀납법과 연역법을 간접 증명에는 귀류법, 동일법, 전환법이 있다. 어느 수준의 학생은 어떤 문제에 어떻게 접근해야 하는가를 연구 방법으로 채택하는 등 고등정신 기능이 작용하는 연구자의 수준이다.

위의 표 5.1에서 화살표가 가리키는 바와 같이 어떤 수준에서의 방법이 의식되고, 그것이 대상화 될 때, 사고 수준의 상승(비약)이 가능하게 된다. 이것이 「사고 방법의 대상화」로 불리어 지는 것으로 학습 수준 이론의 뛰어난 특징이다.

반 힐레의 기하 학습 수준을 내포하는 사고의 대상과 방법의 진행 및 상승을 간략히 나타내면, 다음과 같은 흐름이 된다.

구체물 → 모양(형태) → 성질 → 명제(관계) → 논리

2 학습 수준 이론의 확장

그 후 이 이론에 기초한 많은 수학교육 연구가 행해지고 있는데, 특히 사고 수준이 주목받고 있다.

반 힐레는 자신의 기하학습 수준 이론을 일반적인 수학 학습으로 확대하였다. 즉, 제1수준은 시각적 수준, 제2수준은 서술적 수준, 제3수준은 국소적인 논리적 관계를 파악하는 수준, 제4수준은 형식적 논리를 파악하는 수준, 제5수준은 논리적 법칙의 본질을 파악하는 수준이다(van Hieles, 1986, p.53).

반 힐레가 지적하고 있는 바와 같이 이 사고 수준은 언어 수준이기도 하며, 이러한 사고 수준의 상승을 촉진하는 수단이 ① 정보 ② 유도된 방향 설정 ③ 명확화 ④ 자유로운 방향 설정 ⑤ 통합 이라고 불리는 학습의 5단계이다.

이러한 학습 수준 이론은 매일 매일의 교육 실천을 반성함으로써 구축된 수학교육의 독자적인 이론으로 주목되며, 이 이론은 그 타당성의 검증 즉, 대수나 함수 영역에의 응용 가능성, 커리큘럼 구성 등의 연구를 촉진시키는 원동력이 되고 있다.

반 힐레의 연구의 특징을 종합 정리하면 다음과 같다.

첫째, 사고대상과 사고방법에 착안하여 각각을 수준(level)으로 나눈 점에 있다.

둘째, 사고방법의 대상화에 의하여 수준이 발전되어 간다는 것이다.

셋째, 수준의 발달은 학습에 의하여 이룩된다는 점을 강조한다.

5.4 그 외의 수학 학습 · 지도 이론

1 프로이렌탈의 수학화 학습 · 지도 이론

20세기 후반부터 수학교육에서는 '수학학습은 인간의 활동'으로부터 시작되며, 수학적 지식은 인간의 정신 활동에 의해 구성된다고 하는 학습자의 구성적 활동과 경험을 중시하는 학습 · 지도가 강조되고 있다.

이러한 발생적인 관점에서 수학화 활동을 통한 수학적 지식의 구성을 안내하는 프로이덴탈의 재발명 방법이 주목된다.

기존의 수학교육에는 기성의 수학 지식을 강조하는 비인간화 현상과 실용주의와 도구주의에 의한 수학교육의 왜곡을 반성하고, 학생이 수학을 진정으로 이해하고 수학을 할 수 있도록 활동과 활동 과정을 강조한다. 즉, 기성의 수학적 지식의 전달교육이 아니라, 학생의 창조적 활동에 의한 수학화 과정을 중시하는 만인을 위한 수학교육을 주장한다.

프로이덴탈은 '수학은 무엇'이며, 수학의 가장 본질적인 특성은 무엇인가를 탐구함으로써, 수학에 가장 적절한 학습지도 방법을 '수학화'를 중시하는 학습·지도론을 제시하였다.

수학 학습·지도는 자연스러운 수학의 발생과정과 합치되는 방법으로 이루어져야 한다고 보고, 이 과정을 교수학적으로 촉진하는 문제에 관심을 가졌다.

프로이덴탈은 수학학습을 인간의 정신 활동으로 인식하고, 수학적 사고 활동의 본질적인 특성을 지속적인 재조직화로 보고 이것을 '수학화'로 표현하였다. 수학화란 '현실세계를 수학적 수단에 의해 조직하는 것'을 의미한다. 수학 학습자는 비수학적인 문제를 수학적으로 조직하는, 즉 수학화하는 것을 배워야 하며, 14세까지는 이론적 태도보다는 현실세계를 경험하는 적극적인 태도가 중요하다고 보았다. 수학화 활동의 대표적인 예로는 형식화, 공리화, 도식화 등을 들 수 있다.

Treffers(1987, p.249)는 수학화 과정을 수평적 수학화와 수직적 수학화로 구분하고, 전자는 현실에서 수학적 내용을 끌어내는 과정이며, 후자는 수학적으로 세련시키는 과정으로 보았다. 학생들이 의미 있는 수학화를 경험하기 위해서는 이 양자를 교대로 경험해야함을 강조한다.

학생의 수학 학습·지도는 알고리즘 화를 통해서 알고리듬을 학습하고, 정의하는 활동을 통해서 정의를 학습하고, 형식화를 통해서 형식을, 수학화를 통해서 수학을 학습할 것을 의미한다.

그는 수학교육의 목표에서 수학적인 태도의 육성을 강조하면서, 다음과 같은 5가지의 사고 전략의 숙달을 제시한다.

첫째, 수학적인 언어를 사용하여 의사소통 능력을 발달시키는 것. 여기서는 학생 스스로 수학적 언어의 구성과정을 거치도록 한다.

둘째, 가역적인 사고와 함께 유연한 사고를 길러 관점의 전환을 이루도록 한다.

셋째, 어떤 문제에 적합한 정확성의 정도를 파악하도록 한다.

넷째, 어떤 상황에서 수학적 구조를 확인하고 발견할 수 있도록 한다. 또한 수학이 적용될 필요가 없을 때는 적용하지 않는 것도 필요하다.

다섯째, 자신의 행동을 반성하는 태도와 반성에 의한 사고 수준의 향상을 요구한다.

(1) 수학 학습·지도 원리

프로이덴탈이 강조하는 수학화에 의한 수학 학습 · 지도는 교사의 적절한 안내로, 학습자가 창조적인 활동을 하여 기성의 수학을 재발명하는 것을 의미한다. 그는 점진적인 수학화를 통한 수학 학습 · 지도를 실현하기 위한 수학 지도 원리로, '안내된 재발명', '교수학적 현상학', '학습 수준 이론', '수학적 상황'을 제시하였다.

① 안내된 재발명

안내된 재발명의 원리는 수학을 인간의 활동이라고 보는 관점에서 시작된다. 재발명 방법을 통한 수학 지도를 위해서는 '사고 실험'이 요구된다. 프로이덴탈은 사고 실험에서 학습자가 자발적으로 수학을 어떻게 발달시키는가에 관한 관심보다는, 학습자의 가능한 반응을 생각하고 그것에 대응하여 가르치는 교사나 교과서 저자들의 태도에 관심을 두었다.

② 교수학적 현상학

교수학적 현상학이란 수학화를 현상과 본질의 교대 작용에 의한 사고 수준 향상의 불연속성으로 보고, 이 양자의 관계를 교수학적으로 논하는 것을 의미한다.

수학적 개념을 형성하는 것은 정의나 설명에 의한 것보다는 개념이 내포된 현상을 다루고 개념을 적용함으로써 내면화되고 형식화 되어 이루어진다는 것이다. 즉, 수학 학습의 출발은 학습자의 현실 체험을 통해 수학적 구조를 조직하는 수단을 발견하고 수학적 대상에 관한 심상을 형성하여 반성적 사고에 의해 수학적으로 세련시키는 형식화에 의해 수학 학습이 이루어짐을 의미한다.

③ 학습 수준 이론

프로이덴탈은 수학의 발달과정을 현상을 정리하여 본질로 조직되고 그 본질이 다시 현상이 되어 새로운 본질로 조직되는 과정으로, 이와 같은 수준은 계속적으로 비약하며, 이 비약 과정을 수학화로 본 것이다. 이것은 5.3절, 반 힐레의 기하 학습 수준이론과 동등함을 알 수 있다.

학습과정에서 수준이 비약하는 원인은 반성적 사고이며, 이는 자신의 행동과 생각을 의식화하여 객관적으로 분석하는 사고이다. 아동의 반성적 사고는 무엇을 이해하기 위해 '왜'하고 자문할 때부터 시작되고, 외적인 관찰에서 내적인 성찰로 이어지는 시점이다.

④ 수학적 상황

학생에게 수학화의 경험을 시키기 위해, 수학적 내용을 내포한 현실 상황을 준비하여, 거기서 수학적 개념을 추출하고 추상화 형식화함으로써 높은 수준의 수학학습으로 발전하도록 안내한다. 이렇게 수학화 된 것을 다시 현실 상황에 적용하고 응용하여 이해의 폭을 확장시킨다. 이런 현실 상황의 예는 놀이, 게임, 이야기, 신문, 그래프 등을 제시할 수 있다.

(2) 수학화 수업 원리

수학수업은 학생이 구체적인 현실 상황을 직관적으로 탐구하여, 현상을 조직하고 수학적 도구를 발명하고 제시할 수 있게 하는 것이다. 학생에게 반성적 사고를 유도하기 위하여 갈등을 조장할 수 있는 열린 문제나 불완전한 문제를 제시하거나 문제를 만들어 보게 하는 등 창조 활동을 할 수 있는 기회를 제공한다. 이러한 현실 세계의 탐구나 모델링, 창조 활동 등은 학생과 학생, 교사와 학생사이의 상호 작용을 통해 더욱 활성화될 수 있을 것이다.

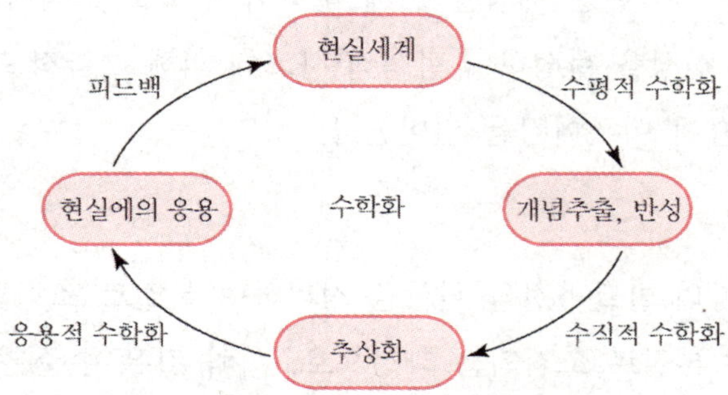

그림 5.6 수업에서의 수학화 과정

2 R.R.Skemp의 수학학습 이론

수학 학습에서 가장 기본적인 것은 수학의 개념 형성에 있다. 학생이 수학의 개념을 형성하기 위해서는 먼저 수학의 내용을 이해하는 것이다. 학생이 수학을 이해하는 데는 교사의 수학 내용에 대한 알기 쉬운 설명과 학생 자신의 현재까지의 경험과 학습 능력이 어우러져 가능한 것이다. 교사가 아무리 알기 쉽고 재미있게 수학 내용을 설명하더라도 학생이 무관심하거나 학습 의욕이 없으면 학습은 이루어지지 않는다.

스켐프는 수학 학습에서 개념 학습에 중요성을 인식하고, 수학에 대한 이해에 관하여 깊이 연구하였다. 수학에서의 개념 학습은 그 개념과 관련된 적절한 범례를 제시하여 그 범례가 가지고 있는 공통 요소를 추출하여 목표로 하는 개념을 형성하게 하는 귀납적 추론을 통한 학습 방법이다.

(1) 스켐프의 직관적 지능과 반성적 지능

스켐프는 수학 학습에서 '이해'를 중요시하고, 이해에 관하여 연구를 하면서, 이해를 위해 필요한 인간의 지능을 직관(감각 운동)적 지능과 반성적 지능으로 구분하고 인간의 행동과 사고활동의 작용에 관하여 모델화하였다.

인간의 지능을 '유용한 정신적 능력의 집합체'로 보고, 인간은 '직관적 지능'과 '반성적 지능' 의 두 가지를 모두 가지고 있으며, 이 두 지능사이의 관계에 주목하여 다음 그림 5.6과 같은 '사고활동'과 반응에 관한 모델을 제시하였다.

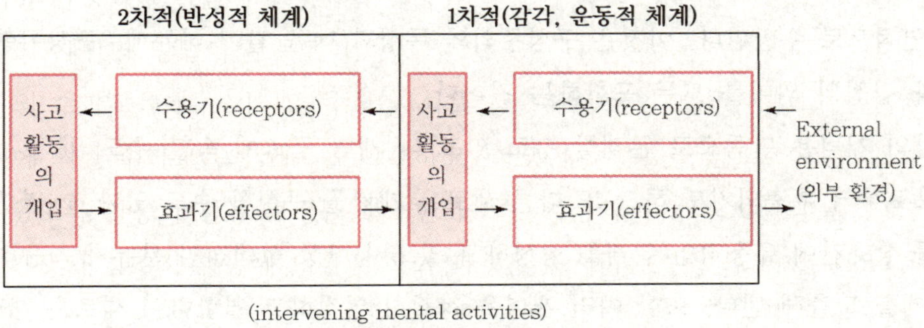

그림 5.7 사고활동 모델

인간은 외부 환경으로부터 어떤 내용이 감각 기관에 의해 인식되면, 직관(감각 운동)적 체계 안에서 '사고 활동이 개입'되어 바로 외부 환경에 즉각적으로 반응할 것인지, 아니면 반성적 체계로 보내져 더 많은 사고 활동을 거쳐 외부 환경에 반응해야 할지를 결정한다.

예를 들어, 아동이 곱셈 구구단을 외울 때, 구구단을 완전히 학습한 학생은 즉 자동화가 이루어진 학생은 직관적 체계에서 바로 반응이 나온다. 그러나 자동화가 되지 않은 아동은 반성적 체계에 까지 가서 여러 가지 방법으로 사고 활동이 작용되어 반응을 보이게 된다.

스켐프는 수학과 관련되는 반성적 지능을 다음과 같이 들고 있다.

① 논리적 사고와 증명을 포함하는 추론과정

② 잘못된 추론에 대한 개념과 개념의 구조를 조사하고 정정하려는 시도

③ 점검하고 수정하기

④ 기존 지식의 증진과 체계화

⑤ 반성적 계획과 탐구

⑥ 문제해결

수학 학습에서 감각·운동적 사고와 반성적 사고는 양자가 모두 필요하며 서로 보완관계의 역할로 발전된다고 볼 수 있다.

(2) 스켐프의 스킴(scheme)과 유의미 학습

수학적 지식은 개념과 스킴이며 이들을 구성하는 과정에는 조작활동과 반성적 사고가 필연적으로 수반된다. 이것은 구성주의의 특성과 맥을 같이 하는데, 구성이란 개념형성과 검정의 의미를 모두 포함하는 것이다.

각각의 개념은 단독으로 존재할 수도 있고 타 개념 구조에 속할 수도 있으며, 다른 개념으로부터 추출되기도 하고 또 다른 새로운 개념을 구성할 수도 있다. 개념 구조는 개념들 상호간에 유동적인 위계를 형성하고 있으며 항상 선택적인 분류가 가능하고 다른 위계를 도출해 낸다. 또한 여러 개념을 적절히 연결하고 결합하여 새로운 개념구조를 구성하게 된다.

학생이 수학적 개념구조를 구성하기 위해서는 구체적인 경험을 할 수 있는 학습 상황을 제공하는 것이며, 구체적 활동을 제공하기 어려울 경우는 개념 및 개념 구조에 관한 활발한 상호 토론의 장을 마련하여 개념 구조의 학습을 도울 수 있다. 이와 같이 개념구조 및 그가 말하는 스킴은 학습에 의한 가능한 것이다.

수학을 이해한다는 것은 수학적 지식을 이해하는 것이므로, 학생들의 수학 학습 현상을 이해하는데 있어 수학의 개념 및 스킴의 학습은 중요한 역할을 한다.

스켐프가 말하는 개념 학습 지도의 방법은 개념에 대한 설명과 예시 및 예들을 선택하여 제시하는 것이다. 설명은 학생이 이미 알고 있는 개념들을 사용하여 서로 관련짓고 결합하여 새로운 개념을 구성하도록 돕는 방법이다. 설명과 함께 정의를 사용할 때에는 정확하고 명확하게 전달할 것을 강조한다. 설명과 정의는 학생이 이미 알고 있는 수준이나 그 이하 수준의 개념 지도 방법으로 적당하고, 높은 수준일 때는 예를 제시하여 학생 스스로 개념을 추상화하도록 하는 것이 바람직한 유의미학습으로 볼 수 있다.

스켐프는 유의미 학습에 대한 유의점과 장단점을 다음과 같이 서술한다.

첫째, 유의미 학습이 될 수 있도록 학습 과제를 배열한다.

둘째, 유의미 학습은 즉각적인 반응을 보이게 하거나 기억을 지속시키는 데 효과적이다.

셋째, 동화되지 않은 스킴은 오래 지속되기 어렵다.

넷째, 어떤 독립된 성격의 학습 과제로 유의미 학습을 할 때 시간이 많이 걸릴 수 있다.

이 외에도 기존의 스킴과 잘 맞는 새로운 경험이 더 기억되기 쉬우므로 스킴은 경험에 대해 매우 선택적이라고 볼 수 있다. 부적절한 스킴은 가치 있는 스킴을 무용지물로 만들거나 장래 학습에 방해를 하기도 한다.

Reference 스킴(scheme) : 지식을 조직하는 정신체계로 정의되고 있다. 개념과 같이 스킴은 추상화된 것을 표현하고 외부 세계를 이해하고 대응하는 데 이용된다.

끝으로 유의미 학습에서 스킴의 성질을 요약하면 다음과 같다.

① 이해를 가능하게 하고 적응력을 길러 준다.

② 행동을 계획하는데 많은 자료와 다양한 적용 기술을 제공한다.

③ 이해를 서로 교환하고 목표 지향적 계획을 함께 세우는 사회적 기능을 가진다.
④ 학습이 쉬워지고 장래 학습 또한 용이하게 하며, 장기 기억으로 연결된다.

(3) 관계적 이해와 도구적 이해

우리는 일상의 대화에서 '이해'란 용어를 흔히 사용하고 있으며, 특히 학습·지도의 현장에서, '이해됩니까?', '이해하였습니까?', '이해가 안 됩니까?', '이해가 되니?' 등을 교사와 학생, 학생들 사이에 흔히 사용하고 있다. 이해의 사전적 의미는 '사리를 분별하여 해석함', '깨달아 알아들음', '양해'의 3가지로 쓰고 있다. 학습지도의 현장에서는 주로 앞의 두 가지의 의미로 사용될 것이다.

수학교육의 현장에서 이해란 어떤 개념에 대한 교사나 학생의 설명에 대하여, 상대방의 개념 형성에 대한 동의를 구하거나 확인하거나 할 때, 문제 해결 과정에 대한 납득 여부를 확인할 때 흔히 사용되고 있다.

이와 같이 '이해'란 용어는 특히 개념 형성을 중시하는 수학교육에서 철저한 분석 없이 사용되어 왔는데, 스켐프는 수학 학습·지도에서 '수학적 이해'의 중요성을 인식하고, 수학적 이해를 세밀히 분석하여 범주화 한 것이 세계적으로 많은 호응을 받게 되었다. 스켐프는 새로운 개념을 이미 알고 있는 개념 구조와 동화시키는 것을 '이해'라고 생각하고, 이해를 했을 때 목표가 정해지며 타인과의 의사소통과 상호 협력 및 창조 활동도 가능하다는 것이다.

'이해'에 관한 순수한 우리말은 어떤 사실이나 개념, 지식에 대하여 '안다', '알고 있다'는 의미이다. '안다'는 것도 2가지로 구분하여, 어떤 사실이나 지식에 대하여 단순히 들은 적이 있거나 막연히 알고 있는 지식(knowing that)과 그 사실이나 지식의 발생이나 형성과정과 적용이나 사용 방법까지를 깊게 아는 지식(knowing how)으로 나눌 수 있다.

스켐프는 이해에 의해 구성된 지식의 형태에 따라, 도구적 이해, 관계적 이해, 논리적 이해로 구분하여 설명하였으며, 특히 수학 학습에 있어서 개념 형성과 문제 해결과 관련되는 관계적 이해를 중시하였다.

도구적 이해란 규칙이나 공식이 구성된 이유는 모르면서 습관적이고 기계적인 암기학습에 의해 형성되어 문제해결 등에 적용하는 능력을 말한다. 예를 들어, 삼각형의 넓이를 구하는 학습 · 지도에서, 첫 번째 수업에서는 모눈종이를 사용한 조작활동을 통해 직4각형 넓이의 반이라는 것[밑변(가로)×높이(세로)÷2]을 유도한다. 두 번째 수업에서는 첫 번째 수업에서 학습된 공식을 사용한 다양한 삼각형의 넓이를 구한다고 하자. 결석하여 첫 번째 수업을 받지 못한 학생도 곱셈과 나눗셈은 할 수 있으므로, 삼각형의 넓이 공식이 어떻게 만들어졌는지는 확실하게 알지 못하면서, 다른 학생과 같이 답은 어렵지 않게 구할 수 있을 것이다.

이 경우 첫 수업을 받지 않은 학생은 도구적 이해, 즉 절차적 지식만을 사용하고 있다고 볼 수 있다.

이와 같이 수학 학습에서 어떤 공식이 유도되는 과정을 포함한 적용되는 이유까지 확실하게 아는 관계(구조)적 이해 없이, 단순히 공식만을 암기하여 사용하는 도구적 이해는 많은 노력 없이 보상이 즉각적일 수는 있지만, 공식을 잊어버렸을 때 재생이 불가능하고 장기 기억으로 이어지지 못한다.

관계적 이해는 앞의 예와 같은 삼각형의 넓이 공식이 어떻게 만들어졌는지에 대한 이유와 적용 방법까지를 깊이 있게 아는 것이다. 관계적 이해는 새로운 상황이나 과제에 대하여 수학적 규칙이나 절차를 도출해 낼 수 있고 적용도 가능하며 장기 기억을 기대할 수 있으므로 그 자체가 학습의 목적이 되는 것이다.

수학 학습은 관계적 이해에 의한 학습이 되어야 함을 알면서도 도구적 이해에 의한 지도를 하는 것은, 어떤 주제에 대한 관계적 이해 지도가 아동에게 어렵고 시간을 많이 요하기 때문이다. 이에 관한 예로는 분수끼리의 나눗셈에서 나누는 분수의 분모 분자를 바꾸어서 곱하면 된다는 것을 들 수 있다.

스켐프는 논리적 이해를 자기 자신을 확신시키는 관계적 이해에서 더 나아가 다른 사람까지도 확신시킬 수 있는 것을 지칭하고 있다. 논리적 이해는 논리적 필요에 따라 서술된 것을 표현하는 능력과 어떤 전제와 함께 공리나 정의와 같은 확립된 수학 지식에서 적절히 선택하여 추론하는 능력을 말한다.

스켐프는 기호의 기능을 지식의 기록, 기능 및 새로운 개념의 전달, 반성적 활동을 가능하게 하고 창조적인 정신활동 … 등으로 정리하였다.

또한 그는 기호가 이해의 새로운 유형임을 깨닫고, 기호적 이해는 수학적 기호와 표기를 수학적 개념과 적절히 연결하고 논리적으로 추론하며 연역하는 형식적 이해를 말한다.

그러므로 수학 학습에서는 관계적 이해를 기본으로 한 개념적 지식이 확립되고 난 후에 도구적 이해와 함께 절차적 지식이 형성되도록 하는 것이 바람직할 것이다.

이상과 같이 스켐프의 수학 학습이론에 대하여 개략하였는데, 이해와 지식과 학습을 서로 연결지우면 아래 표 5.2 같이 나타낼 수 있다고 생각된다.

표 5.2는 수학 학습에 있어서, 도구적 이해→절차적 지식→기계적 학습으로의 연결과, 관계적 이해→개념적 지식→유의미 학습이라는 상호 연결을 생각할 수 있다. 그러나 수학적 지식에 있어서는 개념적 지식과 절차적 지식 모두가 서로 보완되고 연결되어 확립될 필요가 있다고 생각된다.

표 5.2 이해, 지식, 학습의 관련

이 해	지 식	학 습
도구적 이해 (instrumental understanding)	절차적 지식 (procedural knowledge)	기계적인 학습 (rote learning)
관계적, 구조적 이해 (relational understanding)	개념적 지식 (conceptual knowledge)	유의미 학습 (schematic learning)

스켐프는 수학 개념에 관한 계층을 생각하면서, 아동 자신의 점진적인 추상화와 일반화에 의해서 달성되는 수학 개념의 계층을 기술하면서, 하위개념의 형성으로부터 상위개념을 학습할 수 있다는 학습의 준비성을 강조하였다. 새로 확정된 스킴과 이전의 스킴 사이의 연속성은 지식의 통합을 가능하게 하는 중요한 특성인 동시에 교육의 초기에 어떠한 기본적인 스킴이 형성되는가 하는 것은 미래의 학습에 중요한 의미를 갖는다.

학습에 대해서도 유의미(지적)학습(schematic learning)과 습관(기계)적 학습(rote learning)으로 분류하여, 수학 학습에서 암기 위주의 기계적 학습보다 발견학습이나 개별학습에 의한 유의미학습의 권고를 시사 하였다.

연/구/문/제

1. 디에네스의 4가지 수학학습 원리에 관한 실제적인 예를 가능한 한 많이 제시하시오.

2. 브루너의 EIS이론에 따른 실제적인 수학 학습의 예를 가능한 한 많이 만들어 보시오.

3. 반 힐레의 기하학습 수준 이론에 따라 실제적인 도형 학습을 위한 지도안을 작성해 보시오.

Chapter 06

개념과 알고리즘의 지도

학교수학에서 가르치는 내용 중 많은 부분이 개념과 관련되어 있다. 개념 학습을 바탕으로 원리 학습이 가능하며, 더 나아가 문제해결 학습이 가능하다. 개념에 대한 정의를 학생들에게 올바르게 지도하여도 학생들은 개념 정의를 사용하기 보다는 교사가 개념을 지도할 때 사용한 예, 교과서에 제시된 예 또는 개념을 지칭하는 용어로 인하여 마음속에 형성된 개념 이미지를 사용하는 경향이 있다. 따라서 학생들에게 올바른 개념이미지를 형성시켜주는 것은 더욱 중요하다. 학교수학에서는 여러 가지를 수 개념을 지도할 뿐만 아니라 여러 가지 계산 방법 즉 알고리즘을 지도한다. 알고리즘은 학생의 인지적 부담을 줄여두어 신속하고 효율적으로 계산 결과를 얻을 수 있게 해주지만 학생들은 많은 계산상의 오류를 갖기도 한다. 이 장에서는 초등학교에서 개념과 알고리즘을 지도할 때 고려할 여러 가지 이론적 배경에 관하여 살펴본다.

6.1 수학적 개념의 지도

1 개념의 의미

수학에서는 수 개념, 양의 개념, 도형의 개념 등 개념(槪念)이란 말을 자주 사용한다. 개념에 대한 명료한 정의는 없으나 일반적으로 "어떤 사물이나 현상, 상징적인 대상들이 갖는 개별적인 속성 중에서 이질적인 요소와 특수성을 배제시키고 공통적인 속성을 추상화하여 용어나 문자, 기호로 통칭한 것"을 개념이라고 일컫는다. 예컨대, 해, 달, 접시, 물방울 등을 보고 '둥글다'라는 개념을 상정하며, 나는 것들을 보고 '새'라는 개념을 상정한다. 이 경우에 여러 개체 내지 개별 사건들에 공통적으로 드러나 있는 속성을 가리켜 한 개념이 구성되고 있는 것을 알 수 있다.

학교 수학에는 여러 가지 수학적 개념, 원리, 법칙이 포함되어 있고, 수학적으로 사고한다는 것은 그러한 내용의 의미를 갖고 사고한다는 의미이다. '개념'은 사고의 단위로 이에 대한 지도는 학교 교육의 가장 중요한 목표 중의 하나이다. 개념을 앎으로서 하위 과제 간의 관계를 파악할 수 있으며 이들을 다시 전체로 조직할 수 있는 능력을 가질 수 있게 되며, 그 결과로 교과 내용을 보다 잘 이해하고 그에 대한 통찰력을 기를 수 있기 때문이다.

'평행사변형'이란 개념은 모든 평행사변형의 집합(정사각형, 직사각형, 마름모 등등)과 그것들이 갖는 특징적인 성질(두 쌍의 대변이 각각 평행이다. 두 쌍의 대변의 길이가 각각 같다. 등등)을 통일시킨 것이다. 따라서 수학적 개념을 형성하는데 있어 교사가 꼭 알아야 할 일은 개념의 외연(外延)과 내포(內包)이다.

개념의 외연이란 한 개념이 지시하는 모든 대상들 즉 그 개념이 적용될 수 있는 전체 집합을 말하는 것으로 평행사변형의 외연은 직사각형, 정사각형, 마름모를 포함하여 전형적인 평행사변형과 특수한 평행사변형들로 이루어진 평행사변형 전체 집합을 일컫는다. 따라서 평행사변형을 지도할 때 교사나 교과서에 의해 전형적인 평행사변형만을 학생들에게 제시한다면 학생들이 갖게 되는 평행사변형의 의미는 제한적인 것이 될 수 있다.

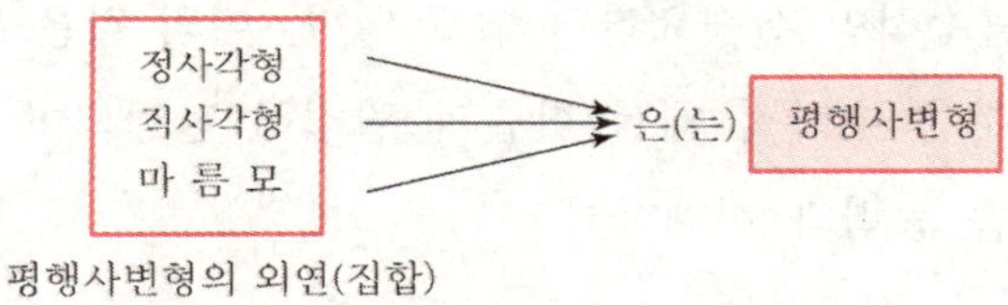

그림 6.1 개념의 외연의 예

한편 개념의 내포란 한 개념에 해당하는 대상들이 갖고 있는 공통적인 성질을 말하는 것이다. 평행사변형의 내포는 다음과 같다.

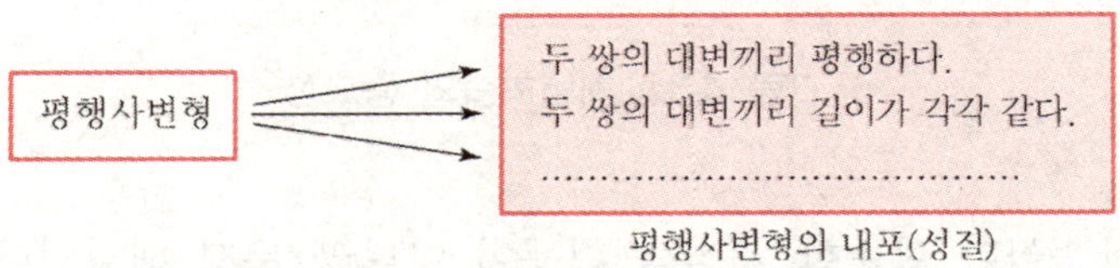

그림 6.2 개념의 내포의 예

개념의 외연과 내포는 서로 반대방향으로 각각 증감한다. 가령 외연이 증가하면 할수록 즉 어떤 개념을 만족하는 대상들이 많아질수록 그 대상들이 공통적으로 만족하는 성질들 즉 내포는 작아지게 된다. 또한 한 개념의 내포에 한 조건을 추가하면, 그러한 조건을 만족하는 대상들은 작아지게 되어 외연은 감소한다. 가령 평행사변형의 내포에 '한 내각이 직각이다'라는 조건을 첨가하게 되면 이 조건을 만족하는 사각형은 직사각형이 되어 버리고, 직사각형의 집합은 평행사변형의 집합에 포함되게 된다.

개념 지도는 주로 다양한 대상으로부터 공통된 속성을 추상화하고 일반화하는 방법을 가르치는 일에 초점을 두고 있는데, 추상화한다는 것은 지도하려는 개념은 속성 즉 내포를 분명히 하는 일이고, 일반화한다는 것은 개념의 외연을 분명히 하는 것으로 볼 수 있다.

2 개념 학습의 중요성

인간의 능력 또는 학습은 단순한 것에서 복잡한 것으로, 단편적인 것에서 일반적인 것으로, 또 저차원에서 고차원으로 나아가는 위계를 이루고 있는데 한 단계의 학습이 다음 단계의 학습에 필수적인 선행요건이 되고 있다. 이와 같은 면에서 볼 때 수학 학습 활동의 상당한 부분은 수학적 개념 학습과 밀접히 관련되어 있고, 인간의 인지적 발달 정도는 개념 학습 능력과 비례한다.

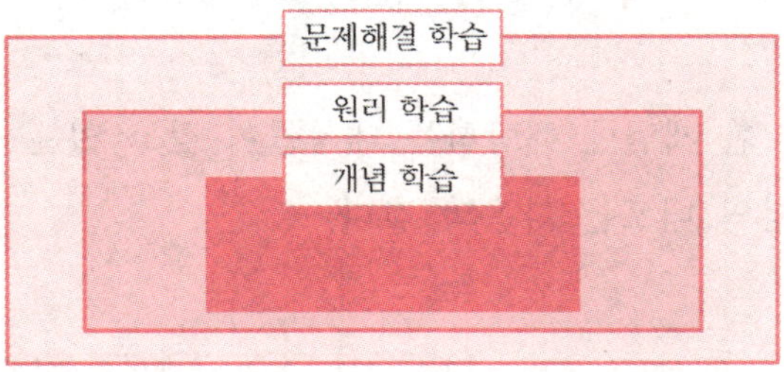

그림 6.3 개념학습의 중요성

수학적 개념 학습이란 단순한 지식의 획득이 아니라 문제 해결이나 고등정신 기능의 신장에 전제 조건이 됨으로 개념 학습은 학교 학습 활동의 핵심 과제로 간주해도 무리가 아니다. 그림 6.3에서 보는 바와 같이 수학 학습에서 용어나 기호 등의 단어수준인 개념 학습이 잘되면, 공식, 성질, 법칙, 원리 등의 문장 수준의 원칙 학습을 잘

할 수 있고, 발전적으로 고등 정신 기능을 요구하는 문제해결 학습도 순조롭게 진행될 수 있다.

초등학교 저학년 학생이 수 5를 썼을 때, 더 큰 수를 써보라고 하면 물리적으로 더 큰 수 5를 쓰는 경우가 있다. 이 학생은 올바른 수 개념이 형성되지 않은 학생으로 이 학생이 소수의 대소 문제를 접하면 수의 길이가 긴 수가 크다고 할 것은 자명한 일이다. 개념적 구조는 입력 정보를 끌어들이는 흡입 체의 역할을 한다. 학생이 수의 대소 문제에 올바르게 대처하기 위해서는 물리적인 크기에 대한 개념적 구조가 작동하는 것이 아니라 수의 개념적 구조 속에서 대소 관계가 작동되어야 한다. 수 개념과 수의 개념적 구조가 올바르게 형성되지 않았다면 수의 대소 문제는 학생들이 올바르게 대처할 수 없다. 다음 그림 6.4와 같은 문제 상황에서 어떤 아동이 모든 정사각형을 일일이 세어 23이라고 대답하였다면 이는 수를 표현하는 방법에서 핵심적인 개념인 자릿값 개념이 제대로 형성되지 않은 학생으로 볼 수 있다. 자릿값 개념이 형성되어 있다면 열 개짜리 묶음 2개와 낱개가 3개이므로 23임을 모두 세어보지 않더라도 쉽게 대답할 수 있을 것이다. 이러한 자릿값 개념이 형성되어 있지 않다면 학생들이 나중에 학습하는 여러 계산 알고리즘과 같은 절차적 지식을 제대로 이해하기 어려울 것이다.

다음에는 □가 모두 몇 개 있습니까?

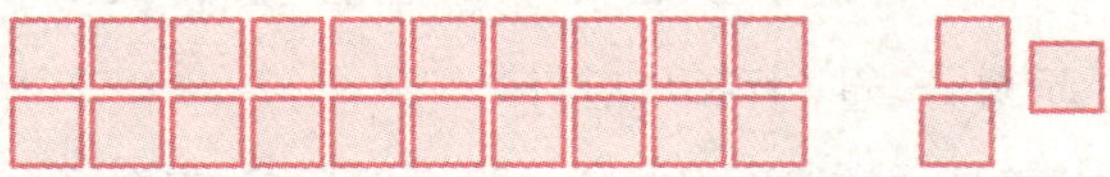

그림 6.4 자릿값 개념

또한 $\frac{2}{3}+\frac{3}{4}=\frac{5}{7}$이라고 하는 학생들이 있는데, 이 학생은 자연수의 덧셈 구조가 분수의 덧셈 구조로 분화되지 못하는 경우이다. 학생들이 분수의 개념과 분수의 덧셈의 의미가 올바르게 이해되지 못하였다면 자연수에서 학습하였던 덧셈 알고리즘이 간섭을 일으키는 일은 당연한 일이다. 이런 오류를 교정하기 위해서 반복 훈련 연습을 시킨다고 교정되지 않을 것이다. 인지 심리학 계열의 학습 심리학에서는 아동의 인지구조의 질적인 변화 즉 인지 구조의 재구성을 학습으로 본다. 따라서 학생들의 기존의 자연수 덧셈에 대한 인지구조의 조절과 분화가 필요하다. 인지 구조의 재구성을 위해서는 갈등 상황이 필수적이다. 구체물을 통한 분수의 덧셈 결과가 자신의 지필 계산과 다름을 보고서 학생은 갈등 상황에 직면하게 되고, 자신의 인지구조 곧 개념 구조를 변화시키지 않고서는 이런 상황을 수용할 수 없게 될 것이다.

수학 학습을 갓 시작한 초등학생들이 소유하고 있는 수학적 개념은 교사의 그것과 질적인 차이가 있고, 이러한 차이는 교사의 수학 지도와 학생들의 수학 학습 사이에 커다란 괴리를 초래할 수 있다.

3 개념 정의와 개념 이미지

(1) 정의의 유형

개념을 가지고 의사소통을 하기 위해서는 그 개념을 해석하고 이름을 붙일 수 있어야 한다. 이런 활동의 기본 토대는 개념의 정의를 아는 것이다.

아동들에 원의 정의를 어떻게 제시할 지 생각하여 보자. 가능한 원의 정의는 다음과 같은 것들이 있을 수 있다.

방식 1: 먼저 여러 가지 둥근 물체나 그림을 제시하면서 '이러한 모양을 가진 도형을 원'이라고 한다.
방식 2: '한 점에서 일정한 거리에 있는 점들의 집합을 원이라고 한다.'
방식 3: '실의 한 끝을 고정시키고 한 쪽 끝에 연필을 묶어 한 바퀴 돌렸을 때 연필이 그린 도형을 원이라고 한다.'

그림 6.5

위에서 그림 6.5의 방식 1과 같은 정의를 외연적 정의 혹은 예시적 정의라고 한다. 본래 외연은 특정 개념에 속하는 대상 '전체'를 가리키는 용어이다. 그런데, 외연 전체를 열거하는 일은 불가능하다. 따라서 우리는 외연의 일부만을 사용하며, 여기서의 외연적 방법은 개념에 속하는 일부의 예들을 사용한 정의이다. 이 외연적 정의는 다음과 같은 문제점이 있을 수 있다.

첫째, 외연적 정의는 주어진 개념을 완전하게 규정하고 있지 않다는 점에서 논리적으로 불완전하다고 볼 수 있다. 그러나 일상에서 형성되는 개념의 경우 예가 중요한 역할을 한다. 예를 통하여 개념에 대한 가설을 형성하고, 이 가설을 또 다른 예에 적용해 보면서 가설을 검증하고 수정하게 된다. 또한 우리는 추상적인 문제를 다룰 때에도, 구체적인 사례, 또는 전형적인 모델을 가지고 사고하는 경향이 강하다. 이와 같이 외연적 정의 방법은 심리적인 적합성을 지닐 수 있기 때문에, 특히 초등학교 수학에서 적극적으로 사용된다.

둘째, 교사가 주어진 개념의 예들을 보여주는 데에는 한계가 있어 교사가 전형적인 예들만을 들었을 때에 학생들은 주어진 개념을 일반화하는데 어려움을 겪을 수 있다. 가령 사다리꼴의 예로서 전형적인 사다리꼴 모양만을 제시하였다면 학생들이 비전형적인 모양의 사다리꼴을 사다리꼴로 인식하는데 어려움을 겪을 수 있다. 따라서 외연적으로 수학적 개념을 정의할 때에는 학습자가 주어진 예에 고착되지 않도록 디너스의 수학적 다양성의 원리를 고려하여 예를 제시하는 것이 필요하다.

그림 6.5의 방식 2와 같은 정의를 내포적 정의 혹은 논리적 정의라고 한다. 내포란 개념이 적용되는 대상들이 갖고 있는 공통된 성질이다. 그런 내포들 중에서 특징적인 성질을 이용하여 개념을 정의하는 것으로 최근류(最近類)와 종차(種差)에 의한 정의이다. '직사각형은 네 각이 직각인 사각형이다'라는 정의에서 정의하고 있는 직사각형의 상위 범주의 개념인 사각형을 최근류라 하고, 이 둘을 구분하여 주는 '네 각이 직각'이라는 속성을 종차라 한다. 이와 같은 논리적 정의는 일단 정의가 주어지면 어떤 예가 그 개념에 맞는지를 판단할 수 있는 기준으로 사용할 수 있다. 이러한 논리적 정의는 다음과 같은 조건을 갖추는 것이 바람직하다.

- 정의는 최소한의 언어로 서술된 완전한 문장이어야 한다.
- 어떤 대상이라도 그 정의에 해당하는지의 여부를 가릴 수 있는 기준이 되어야 한다.
- 그 정의에 해당하는 실제 보기가 최소한 하나는 존재하여 정의가 모순되지 않아야 한다.
- 정의의 문장 속에는 정의하려는 용어와 이미 알려진 범주를 같이 포함시켜야 하며, 나머지 문장은 이 두 가지를 구별하는 성질로 진술되어야 한다.

- 정의는 그 일부분으로부터 논리적으로 추론될 수 있는 부분을 포함해서는 안 된다.
- 정의되는 용어 이외의 용어는 이미 정의된 것이거나 '무정의 용어'이어야 한다.
- 정의는 가역적(可逆的)이어야 한다.

그러나 모든 정의가 항상 이와 같은 요건을 빠짐없이 갖추어야 된다는 것은 아니다. 이를테면 '직사각형은 네 각이 직각인 사각형이다'와 같은 직사각형의 정의는 유클리드 기하에서 세 각이 직각인 사각형의 나머지 한 각도 당연히 직각이라는 사실이 논리적으로 추론될 수 있기 때문에 정의는 그 일부분으로부터 논리적으로 추론될 수 있는 부분을 포함해서는 안 된다는 조건에 어긋난다. 그러나 관습적으로 사용하여 온 수학적 개념은 위와 같은 조건이 위배되더라도 논리적 정의로 받아들인다. 또한 초등학교 교실에서 사용하는 정의는 아동들의 논리적 사고 수준이나 개념 형성의 효율성, 의사소통의 용이성 등을 고려한 것이어야 한다.

그림 6.5의 방식 3과 같은 정의를 발생적 정의라고 한다. 이 정의에서는 특징적인 정의 대신에 정의될 대상의 형성 과정이 나타난다. 예를 들면 구를 한 점으로부터 일정한 거리에 있는 점들의 집합으로 정의할 수 있지만, 반원을 지름을 중심축으로 하여 1회전시켰을 때 생기는 입체도형으로 정의할 수 있는데 이러한 정의 방식을 발생적 정의라고 한다. 이러한 정의 방식에서는 내포적 정의에 사용할 성질을 발견하는 과정이 필요하다. 초등학교에서 원이라는 용어가 2학년에서 원모양을 본 뜬 자취를 원이라고 하고 있다. 따라서 원의 중심으로부터 원 위의 점은 일정한 거리에 있다는 성질을 발견하는 활동이 3학년에 제시되고 있다.

(2) 개념 정의와 개념 이미지

일반적으로 일상적인 개념은 명확하게 언어로 정의하기가 어렵지만 수학적 개념은 원시 용어를 제외하고는 모두 공식적인 정의를 가지고 있다. 그런데 학생들은 수학적 개념의 공식적 정의를 배우기 이전에 이미 이러저러한 형태로 그 개념과 마주친 적이 있으며 어떤 개념을 지도할 때 교사가 제시한 예들에 의해 형성된 복잡한 인지 구조가 학생들의 마음속에 들어와 있다가 그 개념을 상기해서 다룰 때 의식적으로나 무의식적으로 개념의 의미와 사용법에 영향을 준다. 이처럼 개념과 관련하여 개인의 마음속에 형성된 모든 표상, 즉 그림, 기호, 다이어그램, 그래프 등의 집합을 개념의 '심상'이라고 한다. 예를 들어 사다리꼴을 생각할 때 일상생활에서 사용하는 사다리가 생각날 수 있다. 또한 각 개인의 마음속에는 그 개념과 관련된 성질들의 집합이 있을 수 있다. 예컨대, '삼각형의 높이는 항상 그 삼각형의 내부에 있다'라고 생각하는 것, '곱셈의 결과는 항상 커진다.'라고 생각하는 것 등이 그것이다. 이와 같이 그 개념과 정신적으로 관련된 모든 성질과 과정 및 심상들로 이루어진 인지 구조를 '개념 이미지(concept image)'라고 한다. 즉, 개념 이미지는 의식적으로나 무의시적으로 그 개념에 대하여 개인이 가지는 모든 관념들의 집합으로 이루어진다. 이 개념 이미지는 사람에 따라 다르며 여러 해에 걸쳐서 모든 종류의 경험을 통해 형성된다.

많은 수학적 정의가 학생들에게 가르쳐지지만, 학생들이 주어진 수학적 대상이 그 개념의 예인지 아닌지를 결정할 때, 반드시 공식적인 정의를 이용하지는 않는다. 대부분의 경우에 학생들은 그 개념의 예와 예아닌 것에 대한 자신들의 경험의 결과로부터 재구성된 사적인 개념 정의, 즉 개념 이미지에 근거하여 결정을 내린다. 공식적인 개념 정의를 사용하는 것은 공식적인 개념 정의가 학생의 개념 이미지가 된 후에야 비로소 가능하다. 따라서 개념을 다루는 데 사용되는 것은 공식적인 개념 정의보다는 개념 이미지이며, 개념 이미지가 약하게 형성될 경우에 개념 정의는 비활성화 되거나 심지어 잊힐 수밖에 없다. 또한 학생이 그 개념의 예라고 생각하는 수학적 대상의 집합이 그 정의에 의해 결정된 수학적 대상의 집합과 같지 않다면 학생의 행동은 교사가 기대하는 것과 다를 수 있다. 이처럼 개념 이미지가 공식적인 개념 정의와 갈등을 일으킬 수 있는데, 이중 일부는 개인이 의식하지 못할 수도 있어서 나중에 공식적인 이론을 다루는데 혼란을 야기할 수 있다.

(3) 수학적 용어와 일상 언어의 관련성

수학 학습에서 언어의 중요성은 간과될 수 없다. 우리는 언어, 기호, 그림 그리고 실생활 사이의 관련을 통해 수학적 아이디어를 이해한다. 개념을 이해하고 사용하려고 할 때 그 개념은 한 단어나 구와 결합되어야 한다. 어휘와 관련되어 다음과 같은 문제점들이 있을 수 있다.

첫째, 수학 교실 밖에서는 흔히 접하지 못하거나 사용되지 않는 많은 전문 용어들을 수학에서는 사용하는 경우이다. 수학적 용어에 이러한 단절이 존재한다는 사실은 학생들이 수학을 학교 밖의 자신들의 일상적인 삶과는 동떨어져 있으며 학교에서만 필요한 것으로 수학을 인식하도록 조장할 수 있다.

둘째, 일상적으로 사용하는 용어들 그렇지만 수학에서 다른 의미로 혹은 그 보다 훨씬 명확한 의미로 사용되는 용어들이 있다. 예를 들어 뺄셈과 관련하여 '8과 13의 차'는 한 수는 한자리 수이이고 다른 수는 두 자리 수임을 의미하는 것은 아니다. 우리가 선분 AB 위의 한 점 P이라고 할 때, 점 P는 우리가 흔히 일상생활에서 사용하는 '위'가 아니라 두 점 A와 B사이의 점이다. 따라서 초등학교 교사들은 이와 같은 단어들을 사용할 때 가능한 혼란을 예견할 수 있어야 한다.

셋째, 수학 용어는 특징적으로 명확한 의미를 가지고 사용된다. 그러나 일상적인 언어에서는 많은 수학적 용어들이 오용되거나 두리 뭉실 사용되는데 이는 학생들이 수학적 개념을 이해하는데 장애가 될 수 있다.

수학교육은 용어, 기호를 통해서 수학적 개념을 학습자의 내부에 형성시키는 것이라 할 수 있으므로 수학에서 용어나 기호를 정할 때 보다 신중을 기해야 한다. 폴리아는 용어 그 자체가 아니라 그 안에 내재하고 있는 관념이 지니는 힘을 다음과 같이 말하고 있다.

> 용어의 힘이라는 것은 말하는 사람이 만들어내는 그 음성, 곧 '열변'속에 있는 것이 아니라 그 용어가 상기시켜 주는 관념 가운데, 그리고 궁극적으로 그러한 관념이 근거하고 있는 사실에 있는 것이다(Polya, 1986 p.257).

수학교과에서 사용되는 많은 용어들은 실제로 관념이 내재되어 있지 않거나 관념이 내재되어 있다고 하더라도 그 관련이 한자나 영어 등에 기초하고 있어 직접적으로 아동의 사고 안에서 활성화되지 못하고 현학적인 대상에 머무는 경우가 많다. 예각과 둔각은 acute angle → 예각(銳角) → 예각, obtuse → 둔각(鈍角) → 둔각의 과정을 거친 용어이다. 그러나 영어인 acute와 obtuse는 '뾰족한', '무딘'이라는 뜻이 담겨져 있으며 한자인 예(銳)와 둔(鈍) 또한 같은 의미를 담고 있다고 할 수 있다. 그러나 예각과 둔각은 아동들이 자연스럽게 그 의미를 떠올리기가 쉽지 않다. 소수의 경우는 prime number → 소수(素數) → 소수의 과정을 거친 것이다. 그런데 prime과 소(素)에는 바탕 또는 근본이라는 뜻이 있다. 그러므로 다른 어떤 수의 곱으로 표현되지 않는 근본적인 수라는 의미가 내재되어 있는 반면에 소수에는 한국어 음역일 뿐 소수에 내재된 의미는 전달하지 못하는 것이 사실이다. 이외에서 integer → 정수(整數) → 정수, fraction → 분수(分數) → 분수도 영어나 한자가 각각 '완전한 것', '쪼개진 것'이라는 의미를 담고 있는데 비해 우리말 용어인 정수나 분수를 배우는 아동에게는 그와 같은 관념이 전달되기 쉽지 않다. 마름모는 rhombus → 능형(菱形) → 마름모의 과정을 거쳤다. 능(菱)은 마름의 뜻으로 마름은 바늘꽃과의 일년생 식물로 그 열매가 우리가 말하는 마름모 모양이라고 하여 붙여진 이름이다. 그러므로 분명 마름모라는 용어에는 관념이 내재되어 있다고 볼 수 있으나 실상 마름에 대해서 알지 못하는 아동들에게 이 용어 또한 관념이 내재되어 있다고 할 수 없다. 사다리꼴은 trapezoid → 제형(梯形) → 사다리꼴의 과정을 거친 것이다. 한자인 梯는 사다리의 뜻이다. 사다리는 학생들이 익히 알고 있는 것으로 분명 사다리꼴은 학생들에게 어떤 관념을 제공해 줄 수 있다.

한자어로 된 수학용어를 그대로 우리말로 음역하여 사용할 때 관념 부재의 문제를 해결하기 위해 용어를 변경한 사례도 있다. 예를 들어 제곱이라는 용어는 square → 자승(自乘) → (자기의 곱 → 저의 곱) → 제곱이라는 과정을 거쳐 만들어진 용어이다. 제곱은 자기의 곱의 의미에서 자기라는 말 대신에 그 낮춤말인 '저의', 그리고 다시 이것의 준말인 '제'가 사용된 것이다. 이렇게 보면 제곱이라는 용어는 본질적으로 힘이 있는 용어라고 할 수 있다. 그러나 학생들은 제곱에 담긴 내재적 의미와는 무관하게 그 개념을 순전히 새로운 정의로 학습하고 있다고 할 수 있다.

보통 수학을 어려운 과목이라고 인식하는 경향이 있으며 이는 용어와 무관하지 않다고 할 수 있다. 학교수학에서 다루어지고 있는 여러 가지 개념 자체도 어렵지만 지나치게 현학적인 용어는 아이들에게 생소할 수밖에 없는 것이다. 무엇보다 학생들은 관념이나 의미가 스며들어 있지 않고 오히려 개념과 무관한 것 같은 용어를 결부시키도록 암묵적으로 강요받게 되며 이 과정에서 수학을 어려운 교과로 더 나아가 혐오스러운 교과로까지 생각하게 되는 것이다.

대부분의 개념을 우리말로 풀어서 사용하는 북한에서는 예각, 둔각을 각각 뾰족각, 무딘 각으로, 합동은 꼭 맞기로 순우리말로 순화하여 사용하고 있다. 그러나 순우리말로 된 용어는 그 이미지가 너무 강하여 학생들에게 잘못된 개념 이미지를 형성시킬 가능성이 크다는 단점도 있다. 그리고 용어의 변경은 교실에서 수학을 가르치는 교사가

할 수 있는 것도 아니다. 따라서 수학용어에 대한 의미론적 배경을 설명함으로써 학생들이 개념과 용어의 관계에 대해 공감을 할 수 있게 해야 할 것이다.

언어와 관련된 수학 교육의 문제는 용어가 일상적으로 흔히 사용되는 용어이면서 수학적으로는 그 의미가 엄밀해지거나 약간 다른 의미로 사용되는 경우이다. 예를 들어 일상 언어에서 '몇몇(어떤)'은 '모든 것이 아닌'의 뜻을 내포하는 반면 수학에서는 모든 것을 포함하는 가능성도 지니고 있다. 예를 들어 '우리 5학년 학생들 몇몇은 일요일에 학교에 나왔다'라는 말은 일상적인 의미에서는 5학년 학생 전체가 아닌 일부가 등교한 경우를 말하지만, 수학에서는 모든 학생이 등교하는 경우까지 포함한다.

또한 일상의 의미와 다르게 사용될 수 있는 수학 언어 중에 하나가 '또는'이다. 수학에서 $x \in A$ 또는 $x \in B$에서의 '또는'의 의미는 '그 사람은 남자이거나 여자이다'라고 말할 때의 '이거나'의 의미와 같지 않다. 일상적인 의미에서는 둘 중에 한 가지가 성립하는 경우만 말하지만, 수학에서는 동시에 성립하는 경우까지 말하고 있다. 곧 '또는'이라는 개념이 수학적으로는 포괄적인 의미로 주어지는 반면에 일상적으로는 배타적인 의미로 사용되는 것이다.

뿐만 아니라 일상적인 의미로 사용되는 용어가 수학용어로 사용될 때의 문제점도 존재한다. 우리가 일상적으로 사용하는 '모서리'라는 말은 구석을 의미한다. 그러나 수학에서는 입체도형에서 면과 면이 만나서 이루는 선분을 의미한다. 또한 입체 도형에 사용되는 '밑면'이라는 용어에서 '밑'이라는 말은 일상적인 의미로는 '아래'를 뜻하는 것이다. 따라서 '삼각기둥의 밑면은 몇 개인가'라는 질문에 대한 답으로 학생들이 1개인지 2개인지를 고민하는 것은 당연하다. 왜냐하면 수학에서는 밑면을 두 개라고 지도하기 때문이다. 밑면이라는 말은 영어로 'base face'이다. 영어 단어인 'base'에도 아래라는 의미가 들어있지만 그 보다 바탕이나 기준이라는 의미가 강하다. 따라는 밑면을 '기준면' 혹은 '바닥면'이라고 하는 것이 방금 소개한 학생들의 어려움을 완화시키는데 도움이 될 수 있다. 각기둥을 지도할 때, 각기둥은 그 밑면의 모양에 따라 삼각기둥, 사각기둥으로 분류하므로, 기준이나 바탕의 역할을 한다.

보통 일상적인 의미로 사용되는 용어가 수학 용어로 사용될 때는 그 의미를 명확하게 사용하기 때문에 사용되는 폭이 줄어들지만, 그렇지 않기 때문에 문제가 야기되는 것도 많다. 가령, 삼각형의 높이를 지도할 때, '높이'는 일상적인 의미로는 물체의 속성 중에 지면과 수직으로 된 부분의 길이를 의미하는 것이다. 그러나 수학에서는 삼각형에서 어느 변을 밑변으로 정하는가에 따라서 지면 혹은 교과서 하단과 수직으로 되지 않을 때가 더 많다. 일상적으로 '~의 몇 배'라고 할 때 '배'는 항상 자연수 배를 나타내지만, 수학에서는 소수나 분수 배를 포함하여 사용한다.

다음 두 문장을 비교하여 보자.

- 한 쌍의 대변이 평행한 사각형을 사다리꼴이라고 한다.
- 한 쌍의 대변만이 평행한 사각형을 사다리꼴이라고 한다.

이 두 문장은 수학적으로 완전히 의미가 다른 문장이지만 일상적인 의미로는 차이가 없다. 이는 일상적인 의미로는 첫 번째 문장을 두 번째 문장의 의미로 이해할 수 있음을 의미한다. 가령 다음 세 쌍의 과일 묶음에서 하나의 과일이 사과인 것을 고를 때, 어느 것을 골라야 하는지를 생각하여 본다면 이를 쉽게 알 수 있다. 누구나 두 번째 묶음만을 고르지 세 번째 묶음까지 고르지는 않을 것이다.

그림 6.6

이는 수학 지도에서 커다란 문제를 야기할 수 있다. 한 쌍의 대변이 평행한 사각형을 사다리꼴이라는 정의를 한 쌍의 대변만이 평행한 사각형을 사다리꼴이라고 한다는 의미로 받아들인다면 평행사변형은 절대로 사다리꼴이 될 수 없기 때문이다. 따라서 교사가 수학적 개념, 개념 정의 및 그 개념과 관련된 용어를 지도할 때는 그 속에 나타나는 수학적 언어와 일상적인 언어 사이의 괴리를 충분히 인식하여야 한다.

4 수학적 개념의 지도의 실제

수학 내용을 지도할 때 먼저 수학적 개념을 지도한다. 이 개념을 이용하여 추론도 하고, 지식을 확장하며, 타인과의 의사소통을 하기 때문에 수학적 개념은 학생들이 처음부터 학습하여야 할 중요한 대상이다.

개념이란 개개의 사상(事象)에서 특수성을 버리고 공통성을 추상하여 만들어낸 것이다. 따라서 개념을 받아들이기 위해서는 추상화의 과정을 거쳐야 한다. '색, 무게' 등과 같이 대상으로부터 단지 그 공통성질을 이끌어 내는 것을 경험적 추상화라고 부르며, 행동과 조작의 일반적인 조정으로부터의 추상화를 반영적 추상화라고 부른다.

반영적 추상화는 논리-수학적 지식 획득의 심적 메커니즘으로, 이 이론에 근거를 두고 있는 많은 활동 주의적 학습·지도 이론에서는 활동의 의미와 관련된 학습의 메커니즘에 충분한 이해가 결여되어 있기 때문에 종종 단순한 경험론에 빠지는 경우가 있다고 한다. 대상에 대한 구체적 활동과 함께 혹은 그것 이상 중요한 것은 내적 구성, 즉 행동과 그 결과에 대한 반성임을 간과해서는 안 된다. 초등학교 수학 시간에는 학생들에게 개념을 지도하기 위해 여러 활동으로부터 출발한다. 학생들에게 자신들이 수행한 구체적 활동을 내면화하고, 이를 반성함으로써 수학적 개념의 형성을 돕는 것이 교사의 역할이 되는데, 내면화를 돕는 좋은 방법이 자신들이 행한 활동을 그림이나 도식 등 영상적 표현을 해보거나 교사가 학생들의 활동적 표현을 영상적 표현으로 나타내어 주는 것이다. 또한 자신의 구체적 활동을 언어로 표현해보는 것도 내면화를 도울 수 있는 좋은 방법이 될 수 있다.

개념이 가지고 있는 두 측면으로서 내포와 외연이 있다. 한 개념의 외연이란 그들 개념이 적용되는 전체 대상의 집합이며 내포란 그들 개념이 가지는 공통된 속성이다. 개념 학습이 올바르게 학습된 상태는 개념의 내포와 외연을 완전히 이해하였을 때이다. 개념의 내포는 그 개념의 정의활동을 통해서 분명해질 수 있다. 개념을 정의하는 방법은 외연의 모든 원소들의 특성을 이용하여 제시하는 논리적 정의와 지도하려는 개념의 외연의 원소들을 제시하여 직관적으로 제시하는 예시적 정의, 지도하려는 대상을 구하는 방법, 형성 과정을 이용한 발생적 정의가 있다. 네 각이 모두 직각인 사각형을 직사각형이라고 한다는 정의는 논리적 정의의 예이며, 여러 가지 직사각형의 예를 보여주면서 이러한 사각형을 직사각형이라고 한다는 정의는 예시적 정의의 예이다. 초등학교에서 구는 '한 점에서 일정한 거리에 있는 점들의 집합'이라는 논리적 정의 대신에 반원을 1회전시켰을 때 생기는 입체도형으로 정의하고 있는데 이는 발생적 정의의 예이다. 초등학교 수학에서 사용하는 정의는 학생들의 논리적 사고 수준이나 개념 형성의 효율성, 의사소통의 용이성 등에 대해서 충분히 고려하여 한다. 따라서 대부분의 수학적 개념이 예시적으로 정의되고 있다. 논리적 정의가 제시되고 있더라도 예시적 정의와 함께 제시되고 있다.

학생들에게 개념을 지도할 때 교사가 반드시 알아야 할 것 중에 개념 정의와 개념 이미지가 있다. 개념 이미지란 개념과 관련하여 아동의 마음속에 형성된 모든 표상, 즉 그림, 기호, 다이어그램, 그래프 등을 말한다. 학생들은 수학적인 정의를 배워도 주어진 수학적 대상이 그 개념의 예인지 아닌지를 결정할 때, 공식적인 정의를 사용하는 것이 아니라 자신들의 경험의 결과로 혹은 교사나 교과서에 제시된 특수한 예들로부터 구성된 사적인 개념 즉 개념 이미지에 근거하여 결정을 내린다. 따라서 학생들에게 올바른 개념 정의를 가르쳐주는 것도 중요하지만 더 중요한 것은 학생들에게 올바른 개념 이미지를 형성시켜주는 것이다.

학생들에게 올바른 개념 이미지를 형성시켜 주기 위해서는 적절하고도 풍부한 예를 제공하여 주어야 한다. 교과서에 제시된 두, 세 가지의 예를 가지고는 부족하다. 또한 그 개념의 예뿐만 아니라 개념의 예가 아닌 예(nonexample)도 보여주어야 하는데 이를 대조의 원리라고 한다. 예를 들어 세 선분으로 둘러싸인 도형이 삼각형임을 지도할 때, 세 선분으로 둘러싸여 있지 않거나, 4선분으로 둘러싸인 도형, 선분이 아닌 곡선 등으로 둘러싸인 예들을 제공하여야 학생들이 삼각형의 개념을 올바르게 이해할 수 있다. 또한 교사는 수학의 각 내용별로 학생들이 가질 수 있는 개념 이미지의 유형 및 현재 아동들의 개념 이미지를 파악하는 것이 중요하며, 개념 이미지를 표면으로 이끌어 내기 위해 토론 활동 등을 통해 올바른 개념 이미지가 형성되도록 도와줄 수 있다.

학생들에게 형성된 개념을 일반화시켜 주는 것도 교사의 주된 임무이다. 수학적 개념의 일반화를 돕기 위해서는 지도하려는 수학 개념과 관련된 여러 요소 중에서 개념과 본질적으로 관련 있는 요소는 고정시키고 비본질적인 요소를 다양하게 변화시킨 예들을 학생들에게 제공하여야 하는데 이 원리가 수학적 다양성의 원리이다. 예를 들어 두 쌍의 대변이 평행한 사각형이 평행사변형이라는 정의를 학생들이 학습하였을 때 학생들은 전형적인 평행사변형만을 평행사변형이라고 개념의 외연을 제대로 파악하지 못할 수 있다. 따라서 평행사변형의 개념과 본질적으로 관련이 없는 사각형의 변의 길이, 각의 길이를 다양하게 변화시킨 예를 보여주어야 한다. 이를 통해 학생들은 직사각형, 정사각형, 마름모도 평행사변형임을 즉 평행사변형의 외연을 분명하게 파악하여 평행사변형의 개념을 일반화할 수 있게 된다.

6.2 수학적 알고리즘의 지도

1 변화된 알고리즘 지도 목표

전통적으로 학교 수학에서 알고리즘 지도는 알고리즘에 대한 이해보다는 알고리즘의 실행을 강조하여 왔다. 즉 알고리즘의 의미와 절차의 이해에 초점을 맞추기 보다는 표준화된 알고리즘을 기억하여 기계적으로 답을 구하는 데 초점을 두어 왔다. 이는 기본적인 계산 기능은 직접적인 지도가 가장 효율적이라는 생각에 입각하여 지도 내용을 세분화하여 각 단계를 설명한 후 안내된 연습과 각 단계의 숙달을 위한 많은 연습 문제를 제공하는 지도 방식을 취하였다. 기호적 표현과 구구(기본셈), 알고리즘의 암기에 의존하는 지도라고 할 수 있다. 알고리즘 지도를 위한 기호 표현과 알고리즘이 너무나 조기에 도입되거나 형식화가 강조된다면 다음과 같은 문제점이 발생할 수 있다 (NCTM, 1993).

- 학생들에게 학교 수학에서 지도하는 내용에 대한 기계적인 암기를 초래할 수 있다.
- 계산은 정확히 하지만 적용력이 떨어진다.
- 수학은 재미없고 사고가 필요 없는 교과라는 신념을 강화시켜 줄 수 있다.
- 무엇이 중요하고 의미가 있는 정보인지를 파악하는 판단 능력을 저하시킨다.
- 암기에 의존하는 지도는 망각의 두려움 때문에 불안감, 학습 장애를 유발할 수 있다.
- 학교 수학과 실제 생활에서 사용하는 수학은 별개라는 인식을 초래할 수 있다. 이는 학교 수학은 의미 없는 일정한 규칙을 따라야 하는 일종의 게임으로 받아들일 가능성이 있다.
- 계산에 매달리다 보면 수학의 아름다움과 규칙 등을 파악하기 어렵다.

이러한 문제점을 해결하기 위해서 NCTM(1989, 2000)은 알고리즘 지도는 그 필요성을 느낄 수 있는 장면의 문제에서 시작할 것을 권고하고 있다. 이는 일방적인 암기와 적용이 아닌 문제 상황으로부터 필요성을 통한 알고리즘의 학습을 강조하며 학생들이 기본적인 알고리즘을 숙달하고 일상생활에서 알고리즘의 유용성을 이해해야 함을 의미한다. 또 학교 수학 내용과 수업에 있어서 규칙과 알고리즘을 암기하는 것과 지필 알고리즘의 반복 연습은 약화되어야 하며, 알고리즘과 처리 절차를 만들어 내는 것과 문제를 해결하는 알고리즘은 여러 가지가 있음을 알고, 가장 효율적이고 효과적인 알고리즘을 현명하게 선택하는 것은 더욱 강화되어야 한다고 주장한다.

2 알고리즘의 의미

알고리즘이란 알콰지즈미(al-khwarizmi)라는 이슬람 수학자의 이름에서 유래된 용어로서 그의 이름을 라틴어로 algorismus라고 번역하였으며, 이 라틴어에서 알고리즘(algorithm)이라는 용어가 생겨났다. 알고리즘은 '수학적인 문제에 대한 해에 이르는 유일한 방법'이라고 일컬어질 정도로 수학에서 중요한 위치를 차지해 왔지만 그 의미는 시대에 따라 차츰 변해왔다. 알고리즘의 의미에 대해 바네트(Barnett)는 전통적인 관점에서 알고리즘이란 "주어진 절차를 정확히 실행하기만 하면 주어진 문제에 대해 옳은 답을 보장하는 점진적인 과정이라고 정의한 반면, 머러(Maurer)는 현대적인 입장에서 알고리즘이란 "문제를 해결하기 위한 구체적이고 체계적인 방법으로, 정해진 규칙을 적용하면 확증할 수 있는 유한개 답을 얻을 수 있는 형식화된 절차"로 정의하고 있다. 이들의 공통점은 '알고리즘이란 문제를 해결하기 위한 일련의 과정, 또는 방법'이라는 공통점은 있으나, 전통적인 알고리즘은 문제에 대한 옳은 답을 보증하면 반면, 현대적인 알고리즘은 옳은 답을 보증하지는 않는다. 문제를 해결하는 방법이나 전략이 다양한 것과 마찬가지로 현대적 의미에서 알고리즘 지도는 단순히 정답을 얻는 도구로써가 아닌 문제 장면에 따라 어떤 알고리즘이 가장 효율적이고 효과적인지에 초점을 두고 있다.

초등학교 수학에서는 알고리즘이란 용어를 직접 사용하지 않으며 대신에 계산 방법이라는 용어를 사용한다. 학생들이 가장 처음 접하는 알고리즘의 예로서는 받아 올림이 있는 덧셈이다. 처음 배우는 이 알고리즘 즉 계산 방법의 의미 즉 그 계산 절차에 대한 관계적 이해를 하지 못한다면 그 이후에 배우게 되는 모든 계산 방법을 이해가 아닌 암기에 의존하게 될 수 있다.

초등학교에서 학습하는 알고리즘이 수와 연산 영역에서만 나오는 것은 아니다. 측정 영역에서 여러 가지 기본 도형의 넓이를 구하는 방법, 확률과 통계 영역에서 평균을 구하는 방법 등도 알고리즘이라고 볼 수 있다.

3 알고리즘 사용의 이유와 본질적인 위험성

수백 년 동안 사용해 온 절차인 알고리즘은 학생들의 수학적 성취의 필수적인 요소로 보는 것이 주된 관점이었고 최근에도 계산 지도는 학교수학에서 주된 관심거리이다. 이와 같이 여전히 알고리즘이 수학교과의 중심이 되는 것은 알고리즘이 다음과 같은 교육적 가치를 갖고 있기 때문이다(NCTM, 1998).

첫째, 알고리즘은 효용성이 있다. 알고리즘은 문제해결 과정의 일반화를 의미하므로 주어진 문제에 대해 답을 보증하는 알고리즘을 알고 있다면, 그와 유사한 종류의 모든 문제를 해결하고 있다. 배고픈 사람에게는 황금보다 빵 한 조각이 더 효용가치가 있듯이 계산 방법은 결과가 필요할 때 쉽게 그 결과를 찾아낼 수 있다는 점에서 효용성이 있다.

둘째, 알고리즘은 신뢰성이 있다. 어떤 알고리즘이 정확하다면 그 알고리즘은 몇 번이고 반복하여도 정확한 답을 얻을 수 있기 때문에 알고리즘을 누구나 신뢰한다.

셋째, 알고리즘은 정확하다. 주어진 문제를 해결하기 위해 사용한 알고리즘이 적절하기만 하고, 수행된 절차가 올바르다면 항상 정확한 답을 보증한다.

넷째, 알고리즘은 신속하다. 잘 고안된 알고리즘은 답에 이르는 길을 직접 제시하므로 시간과 노력을 절약하여 준다.

다섯째, 알고리즘은 지필 기록을 제공한다. 답을 얻기 위해 남겨둔 과정의 기록은 학생들이 자신의 활동 과정을 반성하고 세련되게 하며 서로의 알고리즘을 공유하는데 유용하다.

여섯째, 알고리즘은 정신적 표상을 증진시킨다. 지필로 기록된 알고리즘을 통해서 연필과 종이 없이도 결과를 얻는데 도움을 준다.

일곱째, 알고리즘은 유익하다. 문제에서 주어진 정보와 답 사이의 관계에 대한 통찰을 제공하여 준다. 또한 그 결과 옳음을 계산에 의해 보여주는 것만큼 쉬운 증명이 없다는 점에서 유익하다.

여덟째, 알고리즘은 학습의 주제가 될 수 있다. 알고리즘은 문제의 해에 이르는 과정일 수도 있지만 한편으로는 학습의 대상이 된다. 알고리즘 학습은 이전에 학습한 여러 개념들이 종합되고 구조화되는 과정으로 볼 수 있다.

이처럼 알고리즘은 많은 문제를 신속하고 정확하게 해결하는데 도움이 되지만 그로 인해 다음과 같은 본질적인 위험성을 갖고 있다.

첫째, 잘못된 알고리즘이 적용되거나 알고리즘 적용 절차가 잘못되었을 때에서 학생들은 알고리즘이 갖고 있는 신뢰성과 정확성으로 인해 그 결과를 맹목적으로 수용한다. 이는 계산을 지도할 때 그 결과가 타당한지 혹은 옳은지를 검토할 필요성을 느끼지 못하게 하여 준다.

둘째, 알고리즘이 갖고 있는 유용성으로 인하여 쉽게 암산하거나 계산할 수 있는 문제를 해결할 때에도 알고리즘을 사용한다. 가령 분수 개념을 제대로 이해하고 있다면 쉽게 답할 수 있고 대소 비교를 위해 통분을 할 필요가 없는 $\frac{1}{2}$과 $\frac{1}{3}$의 대소 비교 문제를 해결할 때에도 두 분수를 통분한다. 또한 다음의 예도 과도하게 분수의 곱셈 알고리즘이 사용된 예이다.

$$8\times\frac{3}{4}=\frac{8}{1}\times\frac{3}{4}=\frac{8\times3}{1\times4}=\frac{6}{1}$$

학생들은 $8\times\frac{3}{4}$의 답으로 6을 쓰지 않고, 알고리즘을 적용하여 나온 $\frac{6}{1}$을 답으로 쓴다.

셋째, 계산 방법을 처음 학습할 때 학생들은 왜 그렇게 계산하면 정확한 답이 나오는지에 대해 궁금해 하지만 여러 알고리즘을 학습하면서 그 알고리즘을 암기만 하려하고 관계적 이해를 할 필요성을 느끼지 않게 될 수 있다.

넷째, 여러 계산 방법을 학습하고 그에 대한 기계적인 적용이 반복되면서 그 계산 방법의 바탕이 되는 수 개념과 자릿값 개념이 퇴보할 수 있다. 예를 들어 5, 6학년 학생들보다 3, 4학년 학생들이 분수 개념 자체에 대한 이해도가 높은 경우가 있다. 분수 계산 알고리즘을 배우고 적용하는 것에 얽매이게 되면서 분수 개념 자체에 대한 이해가 퇴보할 수 있다.

다섯째, 계산 기능을 개발시키는 것이 아니라 습관을 주입할 가능성이 있다. 가령 받아 올림이 있는 덧셈 계산을 학습한 후에는 무조건 받아 올리는 습관이 형성되어 이전에 잘 하였던 받아 올림이 필요 없는 덧셈 문제에서 무조건 받아 올림을 할 수 있다.

4 알고리즘의 지도

수학적 기능의 지도는 수학과 학습지도에서 중요한 영역을 차지한다. 만약 학생들이 수학 계산 기능을 발달시키지 못했다면 수학을 하는데 장애가 된다. 높은 수준의 수학을 학습하기 위해서는 계산기능이 필요하다. 그러나 수학학습지도가 수학적 기능을 중시한 나머지 기능 숙달에만 치중해서도 안 된다. 수학적 지식은 개념적 지식과 절차적 지식으로 분류되기도 한다. 초등 수학에서 가르치는 대부분의 내용은 절차적 지식에 해당된다. 절차적 지식의 형성은 수학적 원리가 뒷받침될 때 효과적이다. 물론 그 이전에 수학적 원리의 이해를 위해서는 개념적 지식이 체계적으로 형성되어 있어야 한다.

학교에서 알고리즘을 지도할 때 여러 가지 어려움이 있다. 교사는 열심히 표준적인 알고리즘을 반복 훈련을 통해 지도하지만 학생들은 자신이 고안한 계산 절차를 고수하는 경향이 있음을 보여주는 여러 연구가 있다. 동일한 문제를 해결하는 계산 방법이 여러 가지 있으므로 학생들의 여러 계산 방법을 서로 비교하는 활동을 통해서 유용한 계산 방법이 어떤 것인지를 살펴보는 활동이 필요하다. 또한 한 알고리즘이 다른 알고리즘을 간섭할 수 있다. 가령, 분수의 나눗셈을 계산하는 방법을 학습한 후 두 분수를 곱할 때, 곱해주는 분수의 분자와 분모를 바꾸어 곱하는 경우가 있고, 받아 올림이 있는 덧셈 계산 방법 때문에 두 수의 곱셈을 계산할 때 오류를 범하기도 한다.

따라서 계산 방법(알고리즘)의 지도시 교사는 다음 사항에 유의하여 지도하여야 한다.

첫째, 알고리즘에 대한 반복 훈련 이전에 알고리즘과 그 알고리즘의 바탕을 이루는 개념적인 지식을 유의미하게 연결시켜야 한다. 알고리즘과 같은 절차적 지식이 해당 개념적 지식과 연결되면 그 절차는 의미 관련을 갖고 자신의 정보망 속에 자리 잡게 되며 쉽게 망각되지 아니하며 설령 망각되었다 하더라도 개념적 지식에 더해서 쉽게 회상할 수 있다. 또한 다른 알고리즘이 간섭하는 것을 예방할 수 있다. 초등학교에서 계산 방법은 구체적 조작물을 통한 비형식적 계산이 선행하고 이로부터 형식적인 알고리즘을 도입하는데 이런 구체적 조작물을 통한 비형식적 계산과 형식적 계산 방법을 관련시키기 위한 영상적 표현이 필수적이다. 다음 그림 6.7은 받아 내림이 있는 뺄셈을 구체물을 통한 활동과 형식적 계산을 관련시켜 주는 영상적 표현의 예이다.

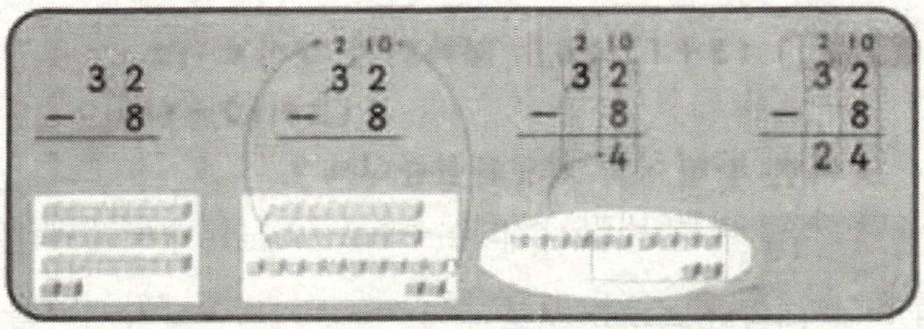

그림 6.7 받아 내림 있는 뺄셈

둘째, 학생들이 범하는 오류에 주목하여야 한다. 오류에 주목하여야 하는 중요한 이유는 오류가 학생의 사고 방법에 대한 단서이기 때문이다. 학생들이 뺄셈에서 범하는 일반적인 오류는 역산오류(reversal error)이다. 이 오류는 다음과 같은 답을 하도록 한다.

$$\begin{array}{r} 394 \\ -157 \\ \hline 243 \end{array}$$

이렇게 계산하는 학생들은 "큰 수에서 작은 수를 뺀다."라는 식으로 생각하는 것이다. 이들은 아직 세 자리 수의 개념을 형성하지 못하였거나, 항상 큰 수에서 작은 수를 빼기만 하였던 이전의 경험이 영향을 미쳤거나, 자릿값의 개념을 이해 못하고 있을 수 있다. 즉 수와 뺄셈에 대한 개념적 지식과 절차적 지식을 유의미하게 통합을 하지 못하고 있는 것이다. 이런 오류를 범하는 학생들에게 올바른 계산 절차를 반복해서 가르쳐주고 많은 연습 문제를 제공하지만, 그 효과는 연습시간일 뿐 며칠 지나면 학생들은 동일한 오류를 다시 범한다. 따라서 근본적인 처방이 필요하다. 근본적인 처방은 이런 오류를 범하는 학생들에게 다시금 절차적 지식과 개념적 지식을 연결시켜 주는 것이다. 그림 6.8은 초등학교 저학년에서 받아 올림이 있는 덧셈과 받아 내림이 있는 뺄셈을 배울 때 학생들이 보이는 오류 목록 중 일부이다.

※ 덧셈에서 받아 올림과 관련된 오류

- 무조건 받아 올림 하는 오류 : 받아 올림이 있는 덧셈만 반복 연습하면서 그렇지 않은 경우도 무조건 받아 올려 계산하는 경우
- 받아 올림을 2번 이상 하는 오류
- 받아 올림을 제일 앞자리에 하는 오류
- 받아 올림을 할 수를 내려 쓰는 오류

※ 뺄셈에서 받아 내림과 관련된 오류

- 무조건 받아 내림하는 오류
- 받아 내리고 1을 빼지 않는 오류
- 가장 왼쪽에서 받아 내림 오류
- 가장 왼쪽에서만 여러 번 받아 내림하는 오류
- 1의 자리로 받아 내린 10에서만 빼고 낱개를 더하지 않는 오류
- 자릿값을 무시하고 받아 내림하는 오류

※ 뺄셈에서 0과 관련된 오류

- 0에서 못 빼면 그냥 0을 쓰는 오류(0−N=0)
- 0을 못 빼면 그냥 그 수를 쓰는 오류(0−N=N)
- 0을 건너뛰어 받아 내림하는 오류
- 0에서 받아 내림하고 그 자리에 9대신 10을 쓰는 오류
- 0이 있을 때 자릿값을 무시하고 받아 내림하는 오류
- 0이 있을 때 감수에서 받아 내림하는 오류

그림 6.8 덧셈과 뺄셈 오류

셋째, 학생들에게 계산 연습을 시킬 경우에는 장시간 연습시키는 것보다는 짧은 시간에 여러 번에 걸쳐 연습시키는 것이 효과적이다. 또한 한 가지 유형만 계산 연습을 시키는 것보다는 여러 유형의 혼합 연습이 효과적이다. 가령, 받아 올림이 있는 덧셈

을 처음 배운 학생들에게 제공하는 문제가 모두 받아 올림이 있는 문제라면 학생들은 받아 올림의 올바른 의미 이해 없이도, 교사가 혹은 교과서에 제시된 방법을 기계적으로 적용하는 훈련밖에 되지 않을 것이다. 그러나 받아 올림이 있는 문제뿐만 아니라 받아 올림이 필요 없는 문제가 한 두 문제 섞여 있다면, 학생들은 언제 받아 올려야 하는지, 받아 올림이 어떤 의미를 갖는지를 이해하는데 도움을 줄 수 있다.

넷째, 올바르게 적용된 알고리즘은 항상 정확한 결과를 제공하기 때문에 학생들은 계산을 한 후 그 결과를 검토하지 않는 경향이 있는데, 어림셈이나 수 감각을 통해 혹은 검산을 통해 결과를 검토하는 습관을 길러주어야 한다.

연/구/문/제

1. 초등학교에서 지도하는 다음 개념들에 대한 정의가 교과서에 어떻게 제시되어 있는지를 조사하여 보시오.

삼각형, 원, 사다리꼴, 평행, 직육면체, 각기둥, 각뿔, 구, 소수(소수)

2. 평행한 두 직선을 고르라는 문제에서 평행하지만 어느 학생이 평행하지 않다고 대답한 예들이다. 이 학생에 평행한 두 직선에 갖고 있는 잘못된 개념 이미지를 설명하여 보시오.

① ② ③

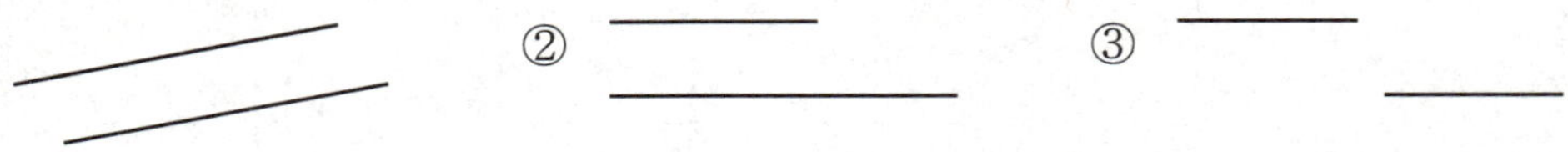

3. 초등학교 교과서에 제시된 용어 가운데 일상적인 의미와 다르게 쓰이는 용어를 찾아보시오.

4. 다음과 같이 정사각형 넓이를 구하는 문제를 해결하지 못하는 학생이 있다. 왜 이러한 일이 생길 수 있는지 설명하여 보시오.

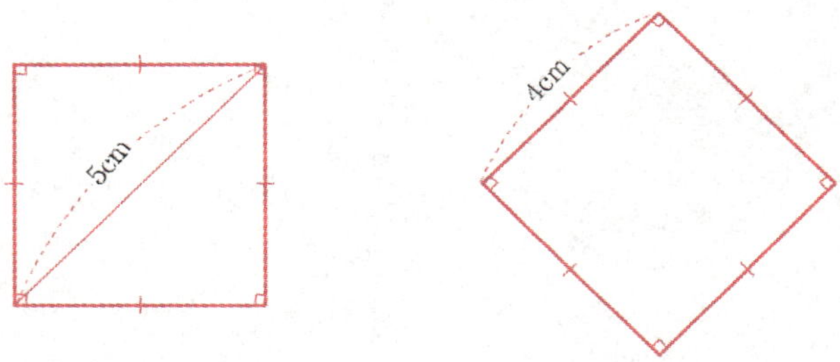

5. 소수의 곱셈 계산 방법을 설명하여 보고, 이에 대한 관계적 이해를 시키려면, 학생들이 어떤 내용을 이미 이해하고 있어야 하는지를 조사하여 보시오.

6. 그림 6.8에 있는 덧셈과 뺄셈의 오류를 보고, 각 오류에 해당하는 구체적인 예를 만들어 보시오.

Chapter 07

문제해결의 지도

우리나라의 제4차 수학과 교육과정부터 지속적으로 강조되어 온 문제해결 교육은 이미 배운 수학적 사실이나 알고리즘을 문제해결에 단순히 적용하는 것이 아니라, 문제해결을 통하여 수학을 학습하도록 하는데 목적이 있다. 효과적인 문제해결 교육을 위해서 문제해결의 지도에 적합한 다양한 문제나 문제 상황을 개발하고, 문제해결식의 학습·지도 방법을 알고, 학생들이 문제를 창의적으로 해결할 수 있도록 훈련할 기회를 제공해야 한다. 특히 문제해결 교육에서는 문제해결 결과의 옳고 그름만이 중요한 것이 아니라, 문제를 풀어가는 과정, 방법, 다양한 전략의 활용까지도 중요하다는 점을 중시해야 한다.

이 장에서는 문제와 문제해결의 의미, 문제해결 과정, 문제해결 전략과 지도 방법, 문제 만들기와 문제해결력의 평가 방법에 대하여 알아보기로 한다.

7.1 문제와 문제해결의 의미

1 문제의 의미

학생들의 문제해결력을 신장시키기 위하여 좋은 문제를 제공해야 하는데, 문제에 대한 정의는 학자에 따라 약간씩 다르게 제시되고 있다. 예를 들어 이용률과 성현경(1997)은 '간단한 알고리즘으로 해결될 수 없는 것, 즉 일련의 사고 활동을 필요로 하는 것으로서 학생이 해결하려는 의욕을 갖는 것'으로 정의하고 있다. 또 레스터(Lester, 1978)는 문제란 '처음에는 정확한 답에 이르는 길을 알지 못하지만, 해결의 결과가 요구되는 개인이나 단체에 부과된 양적인 장면, 즉 개인이나 집단이 해결하려는 과제로서 해결을 위한 구체적이거나 확실한 방법을 쉽게 얻을 수 없는 어떤 상황'으로 정의하고 있다.

영어의 어원을 살펴보면, 문제(problem)는 pro(앞으로)와 ballein(던진다)이 합쳐진 단어로, '명료하지 않다. 알고 싶다. 해결하고 있다.' 등의 뜻을 가지고 있다. 일반적으로 문제와 관련하여, 문제(problem), 연습문제(exercise), 질문(question)과 같은 용어가 자주 거론되는데, 이들은 다음과 같이 구분할 수 있다(이대현과 최승현, 2006).

- **문제**: 문제는 전형적인 학교 수학에서 강조되어 온 연습 문제와 구별되며, 주어진 과제를 해결하기 위하여 학습한 내용을 종합하고 분석하는 주의 깊은 사고와 문제해결 전략이 요구되는 과제이다.
- **연습문제**: 연습 문제는 문제해결의 절차가 이미 알려져 있으며, 한 두 개의 알고리즘을 직접 적용함으로써 쉽게 풀 수 있는 과제를 의미한다.
- **질문**: 질문은 이미 학습한 내용을 회상하도록 요구하는 물음으로, 학습한 내용을 올바르게 이해하고 기억하고 있는가를 확인하기 위한 목적을 가진다.

문제와 연습문제의 구분은 학생에 따라 상대적이고, 개개인의 학생에게도 문제를 다루는 시간에 따라 상대적이다. 그렇지만 렌치너(Lenchner, 1983)는 문제해결 지도를 위해서 문제와 연습문제를 구별할 필요성을 제기하며, 이 둘을 비교하기 위하여 다음과 같이 문제와 연습문제의 유형을 예로 들고 있다.

주머니에 10원 짜리 동전 3개, 50원 짜리 동전 3개, 100원 짜리 동전 2개가 있다.

① 주머니에 있는 동전의 수는 얼마인가?

② 주머니에 있는 동전은 전부 얼마인가?

③ 주머니에 있는 두 개의 동전을 이용하여 살 수 있는 가장 비싼 물건의 가격과 가장 싼 가격은 얼마인가?

④ 주머니에 있는 한 종류의 동전으로 살 수 있는 물건을 다른 동전을 사용하여 살 수 있는 방법은 몇 가지인가?

⑤ 이 동전을 이용하여 지불할 수 있는 돈의 양은 모두 몇 종류인가?

⑥ 이 동전을 이용하여 지불할 수 있는 모든 방법의 수는 몇 가지인가?

위의 예에서 앞의 ①~③은 알고리즘을 이용한 간단한 계산을 통하여 쉽게 답을 구할 수 있다. 그러나 뒤의 ④~⑥은 문제를 풀기 위하여 직접 실행하기 전에 문제해결을 위한 적절한 전략을 결정하여야 한다. 이 경우에서 앞의 ①~③을 연습 문제라고 부르고, 뒤의 ④~⑥을 문제라고 부른다.

수학 교실에서 다루어지는 대부분의 문제는 현실 세계를 반영하기보다 인위적으로 조작된 가공의 세계를 반영하며, 주로 문제해결의 경로가 정형화되고 문제해결 과정과 결과가 유일하다는 단점을 가지고 있다. 렌치너(1983)는 좋은 문제를 선택하기 위한 준거를 다음과 같이 제시하고 있다.

- 문제해결 자가 문제 풀기를 원하도록 충분히 흥미 있고 도전적이어야 한다.
- 다양한 문제해결 전략을 통하여 해결할 수 있어야 한다.
- 제시된 문제는 다른 문제와 관련되어야 하며, 다양한 영역으로 확장 가능해야 한다.
- 문제해결 자의 능력에 대한 적절한 기능 수준에 있어야 한다.
- 문제해결 자 스스로 창안한 문제를 이용한다(p. 14).

다음에 제시된 문제는 이러한 준거에 적절한 예가 될 수 있다. 아래 그림과 같이, 각 모서리의 길이가 3 cm인 정육면체의 겉면에 페인트를 칠한 후, 각 면을 1 cm씩 잘라서 27개의 1 cm^3 정육면체로 나누었다. 어느 면에도 페인트가 칠해지지 않은 1 cm^3 정육면체의 수를 구하여라.

이 문제에서 어느 면에도 페인트가 칠해지지 않은 1 cm^3 정육면체는 한 개임을 알 수 있다. 그러면 이 문제를 각 모서리가 4 cm, 5 cm, n cm인 정육면체의 경우에 이 문제와 같은 조건에서 어느 면에도 페인트가 칠해지지 않은 1 cm^3 정육면체의 수를 구하도록 할 수 있다.

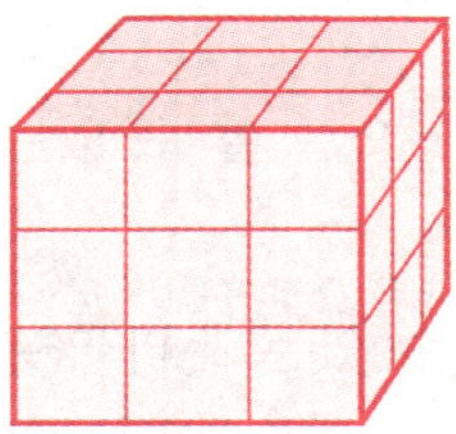

다른 한편으로, 주어진 문제에서 한 면에 페인트가 칠해진 1 cm^3 정육면체의 개수를 구하여 보도록 한다. 마찬가지로 각 변의 길이를 늘여 가면서 같은 물음을 할 수 있다. 또, 두 면이 칠해진 1 cm^3 정육면체의 개수는 어떠한가? 마찬가지로, 각 변의 길이를 늘여 가면서 같은 물음을 제시할 수 있다. 세 면이 칠해진 1 cm^3 정육면체의 개수는 어떠한가?

2 문제해결의 의미와 중요성

문제해결(problem solving)의 의미도 학자들에 따라 다양하다. 이용률과 성현경(1997)은 '문제를 해결하는 일련의 활동'으로 문제해결을 정의하였고, 남승인과 류성림(2002)은 문제해결을 '과정인 동시에 수학 지도의 한 방법으로 학생들이 생소한 장면에서 부딪치는 장애를 극복하기 위해 이미 학습한 수학적 지식과 경험과 기능을 활용하여 새로운 해결 방법을 고안·적용함으로써 정확한 해에 도달하는 일'이라고 정의하였다. NCTM (2000)은 문제해결을 '해결 방법이 미리 알려지지 않은 과제에 참여하는 것'으로 정의하고, 문제해결이 수학 학습의 핵심적인 부분이어야 한다고 제안하고 있다. 수학 학습과 관련하여 문제해결이란 '문제해결 자가 주어진 문제 장면에서 부딪치는 장애를 해결하기 위해 기지의 수학적 지식이나 기능, 경험 등을 활용하여 새로운 해결책을 발견하여 해를 산출하는 것'이라고 할 수 있다.

문제해결은 수학의 중요한 부분으로 오래 전부터 강조되어 왔으며, 특히 An Agenda for Action(NCTM, 1980)에서 '문제 해결이 1980년대 학교 수학의 초점이 되어야 함'을 선언한 이래 1980년대에는 문제 해결의 시대라고 할 만큼 문제해결에 대한 다양하고 활발한 논의가 이루어졌다. 또한 NCTM(2000)에서도 문제해결을 발전적으로 강조하고 있는데, 문제해결이 모든 수학 학습의 통합된 부분이어야 하며, 수학 교수 프로그램은 수학을 이해하는 중요한 요소로서 문제해결에 초점을 맞추어 모든 학생들이 다음과 같이 할 수 있도록 해야 한다고 권고하고 있다.

- 문제해결을 통하여 새로운 수학적 지식을 만들 수 있다.
- 수학과 다른 교과 상황에서 나타나는 문제를 해결한다.
- 문제해결을 위한 다양하고 적절한 전략을 적용하고 채택할 수 있다.
- 수학 문제해결 과정을 모니터하고 반성한다(p. 52).

우리나라의 경우에 제7차 수학과 교육과정에 이어, 2007 개정 수학과 교육과정에서도 문제해결을 강조하고 있다. 2007 개정 수학과 교육과정에서는 학생들의 문제해결력을 신장시키기 위하여 교수·학습에서 다음 사항을 유의해야 한다고 제시하고 있다(교육인적자원부, 2007).

- 문제해결은 전 영역에서 지속적으로 지도한다.

- 학생 스스로 문제 상황을 탐색하고 수학적 지식과 사고 방법을 토대로 문제해결 방법을 적절히 활용하여 문제를 해결하게 한다.
- 학생의 경험과 욕구를 바탕으로 문제를 창의적으로 해결할 수 있게 한다.
- 문제해결의 결과뿐만 아니라 문제해결 방법과 과정, 문제를 만들어 보는 활동도 중시한다.
- 생활 주변 현상, 사회 현상, 자연 현상 등의 여러 가지 현상에서 파악된 문제를 해결하면서 수학적 개념, 원리, 법칙을 탐구하고, 이를 일반화하게 한다.

수학교육의 주된 목적은 수학적으로 사고하도록 가르치는 것이고, 수학적으로 사고하도록 가르친다는 것은 수학적인 안목으로 문제를 해결하는 능력을 기른다는 것을 의미한다. 문제해결의 경험을 통하여 학생들은 기초적인 수학적 지식이나 기능을 확실하게 이해할 수 있게 되며, 고등정신 기능을 신장할 수 있게 된다. 그리고 이러한 능력은 매일 생활하면서 부딪치는 문제를 해결하는 바탕이 되어 수학의 유용성을 알게 하고, 수학에 대한 흥미와 태도를 개선하게 하는 데에도 기여한다.

3 문제의 유형

문제의 유형을 분류하는 것은 문제를 체계적으로 해결해 나가는데 도움을 준다. 전통적으로 초등학교 수학에서 다루는 문제는 크게 정형적인 문제(routine problem)와 비정형적인 문제(non-routine problem)로 나눌 수 있다. 정형적인 문제는 이미 제시된 알고리즘을 사용하여, 예를 들어 공식에 나오는 변수에 특정한 수를 대입하여 해결할 수 있는 문제나 전형적인 예제의 풀이 방법을 그대로 적용하여 해결할 수 있는 문제를 말한다. 정형적인 문제를 해결하기 위하여 학생들은 이미 학습한 수학적 개념, 원리, 법칙을 적용하여 결과를 산출할 수 있으며, 다음의 문제가 정형적인 문제의 예이다.

예

1. 3월에는 25개, 4월에는 36개의 구슬을 모았다. 3월과 4월에 모은 구슬의 수를 구하여라.
2. 5의 3배 한 수보다 2 큰 수를 구하여라.
3. 가로의 길이와 세로의 길이가 5 cm, 7 cm인 직사각형의 둘레의 길이와 넓이를 각각 구하여라.

비정형 문제는 문제를 해결하는 알고리즘이나 답을 얻는 방법을 모르는 상태에서 문제해결 전략이나 독자적인 해결 방법을 구안하여 풀어야 하는 문제를 말한다. 비정형 문제의 해결에서는 문제의 정답을 구했는가 하는 결과뿐 아니라, 문제를 해결하는 사고 과정 그 자체가 매우 중요하게 여겨진다. 비정형적인 문제는 문제를 해결하기 위하여 여러 가지 문제해결 전략을 적용하여 결과를 산출할 수 있으며, 다음의 문제가 비정형적인 문제의 예이다.

확률론의 기원

1. 생일 파티에 6명의 친구가 모였다. 서로 한 번씩 악수를 나누게 되면 모두 몇 번의 악수를 하게 되는가?
2. 1, 2, 3, 4의 숫자가 쓰여 있는 4장의 카드를 이용하여 만들 수 있는 네 자리 수의 개수를 구하여라.
3. 농장에는 토끼와 닭이 있다. 토끼와 닭은 모두 17마리이고, 모든 다리의 수는 42이다. 토끼와 닭의 수를 각각 구하여라.

또한, 문제는 분명한 문제 공간이 포함되어 있는가의 여부에 따라 '구조가 분명한 문제(well-structured problem)'와 '구조가 분명하지 않은 문제(ill-structured problem)'로 나누어지기도 한다(강옥기 외, 1985). 구조가 분명한 문제는 과제 상황의 구조가 잘 정의되어 있어서 문제를 해결하는데 필요한 정보를 갖추고 있고, 일련의 정보 변형을 통해 그 해결 단계가 명확히 보장될 수 있는 문제를 말하며, 하노이 탑(Hanoi tower) 문제가 대표적인 예이다. 구조가 분명하지 않은 문제는 문제를 해결하는데 필요한 정보가 문제 중에 명확하게 포함되지 않은 문제로서, 목표에 도달했는가 여부를 판단하는 기준이 복잡하거나 불분명한 문제를 말하며 Meier의 두 줄 문제[1)]가 대표적인 예이다.

이에 반해 찰스와 레스터(Charles, R.I. & Lester, F.K., 1982)는 수학적 문제해결의 연구에서 문제의 유형을 해결 단계와 활용 정도에 따라 여섯 가지로 구분하였다. 첫째 '반복 문제'는 알고리즘을 사용한 반복 연습의 기회를 주는 문제로, 주로 계산력을 신장시키는 데 도움이 된다. 둘째 '간단한 적용 문제'는 문장제를 수식으로 번안하는 것이 필요하나, 하나의 연산을 포함하는 일 단계 문제를 말한다. 셋째 '복잡한 적용 문제'는 문제 장면을 수식으로 번안하여 해를 구할 때 2개 이상의 연산이 요구되는 문장제를 말하며, 다단계 문제라고도 한다. 넷째 '과정 문제'는 단계적으로 사고하는 과정을 중시하는 문제로서 몇 개의 연산을 이용하여서는 해결할 수 없고 구체적 해결 전략을 이용하여야만 해결할 수 있는 문제를 의미한다. 다섯째 '응용문제'는 수학적 지식과 사고력을 활용할 기회를 주는 문제로서, 일상생활 문제 장면의 해결에서 수학의 가치와 유용성을 느끼게 한다. 여섯째 '퍼즐 문제'는 오락적인 문제이지만, 사고의 유연성이 중시되며 교육적 게임도 이 문제의 유형에 포함된다.

찰스, 레스터, 오다퍼(Charles, R.I. Lester, F.K. & O'Daffer, 1997)는 문제해결 전략을 사용하는 정도에 따라 일 단계 문제, 다단계 문제, 과정 문제, 응용문제로 나누었다.

일 단계 문제는 이야기 상황을 사칙 연산에 관한 수식으로 바꾸는 경험을 제공하는 문제로, 문제를 해결하는 주요 전략은 연산 선택하기이며, 다음 문제가 그 예이다.

> **예**
>
> 2학년 학생들의 판매량은 75상자이고, 1학년 학생들의 판매량은 56상자이다. 2학년 학생들은 1학년 학생들보다 몇 상자를 더 많이 팔았는가?

다단계 문제는 답을 구하는데 필요한 연산의 수가 두 가지 이상이라는 것이다. 그렇

1) 방의 천장 두 곳에 각각 줄이 달려 있다. 줄의 길이는 서로 이어 매기에는 적당하지만, 한 줄을 손에 잡고 다른 줄을 잡으러 가기에는 각 줄의 길이가 짧다. 방안에 있는 도구는 가위 뿐일 때 두 줄을 이어 매는 방법은 무엇인가?

지만 다단계 문제를 해결하는 주 전략도 연산 선택하기이며, 다음 문제가 그 예이다.

> 예
>
> 영수는 매주 35시간씩 텔레비전을 볼 수 있게 되었다. 그가 주말에 텔레비전을 20시간 본다면 평일에는 하루 평균 몇 시간 텔레비전을 볼 수 있는가?

과정 문제는 추측-점검-수정, 그림그리기, 표 만들기, 규칙 찾기, 거꾸로 풀기, 단순화하여 풀기, 목록 만들기와 같은 문제해결 전략을 사용하여야 한다. 약간의 계산도 포함되지만 단순히 연산을 선택하는 것만으로는 풀 수 없으며, 다음 문제가 그 예이다.

> 예
>
> 테니스 리그에 6명이 참가하였다. 각 선수는 다른 선수와 각각 한 번씩 경기를 한다. 모두 몇 경기가 치러지겠는가?

응용문제는 학생들로 하여금 문제와 하위 문제를 명확한 문장으로 나타낼 것을 요구하고, 답을 구하는데 필요한 정보가 무엇인지, 어떤 가정이 필요한지 확인해야 하는 문제이다. 응용문제를 해결하기 위하여 학생들은 문제에 진술되지 않은 정보를 모아야 하며, 다음 문제가 그 예이다.

> 예
>
> 친구 한 명과 냉차 장사를 하기로 하였다. 냉차 한 잔의 값을 얼마로 할지 결정하여라.

4 문제해결 행동과 관련된 요인

숀펠드(Scheonfeld, A.H., 1985)는 수학교육의 근본적인 목표가 수학적 사고를 훈련시키는 것이라 하고, 이를 위해 수학 문제해결을 강조하였다. 그는 수학 문제해결 과정을 분석하여 수학적 사고의 메커니즘을 밝혀 이를 수학 학습 지도에 반영하였다. 숀펠드는 수학 문제해결과 같은 복잡하고 높은 수준의 수학적 활동을 분석하기 위하여, 문제해결 행동과 관련된 요인으로 네 가지 요소-인지적 자원(cognitive resource), 발견술(heuristics), 제어(control), 신념체계(belief system)-를 들고 있다.

인지적 자원은 문제를 해결하기 위해 개인이 사용할 수 있는 도구와 기법으로, 수학 문제해결 자 스스로 소유하고 있으면서 현재 주어진 문제를 해결하기 위하여 필요하다고 생각되는 전반적인 지식을 가리킨다. 개인이 문제를 해결할 수 있게 하는 인지적 자원의 요소로는 다음과 같은 것을 들 수 있다.

- 영역에 대한 직관적이고 비정형적인 지식
- 사실
- 알고리즘적인 과정
- 정형화된 비 알고리즘적 과정
- 영역에서 학습하기 위해 합의된 공식에 관한 이해(명제적 지식)

발견술은 효과적인 문제해결을 위한 전략이나 기술로, 그림 그리기, 적절한 표기 도입, 관련된 문제 탐구하기, 문제를 재구성하기, 거꾸로 풀기, 과정을 검사하고 확인하기 등이 포함된다.

제어는 인지적 자원과 전략의 선택, 수행에 관한 전반적인 결정을 내리는 활동과 관련 있다. 제어에는 계획하기, 모니터링과 평가, 의사 결정, 의식적인 메타인지 행위 등이 포함된다. 학생들은 문제를 해결하는데 필요한 지식을 소유하고 있으면서도 해결에 실패하는 경우가 많다. 이를 극복하기 위하여 학생들은 알고 있는 것을 어떻게 이용할 것인가를 조절해야 하기 때문에 제어는 문제해결 과정에서 중요한 역할을 한다.

신념 체계는 개인의 수학관과 수학에 대한 선입관으로 인지적 자원이나 발견술 이상으로 문제해결에 큰 영향을 끼친다. 이것은 자기 자신에 대한, 환경에 대한, 주제에 대한, 수학에 대한 개개인의 행동의 결정에 영향을 준다.

성공적인 문제해결을 위하여, 학생들은 많은 수학 문제들이 여러 개의 답을 가질 수 있으며, 첫 번째 시도가 틀렸을 경우에 다른 방법을 찾으면 반드시 풀린다는 것과 같은 긍정적인 신념을 가져야 한다. 그러나 많은 학생들은 문제해결과 관련하여 다음과 같은 여러 가지 수학 문제해결에 대한 부정적인 신념을 가지고 있다.

- 답을 얻기 위한 단 한 가지 방법만이 있다.
- 모든 문제는 한 단계씩 풀어 나가면 해결된다.
- 수학 유전 인자가 있으며, 어떤 사람을 가지고 있고 다른 사람은 그렇지 않다.
- 수학은 어렵다 – 너무 어려워서 많은 사람들이 수학을 배울 수 없다.
- 수학 문제를 푸는데 5~10분이 소요되면, 그 문제를 풀 수 없다.
- 수학은 많은 부분이 암기하는 것이다.
- 단지 천재들만이 공식이나 방정식을 창안하고 풀 수 있다.

따라서 교사는 학생들의 성취 정도를 파악하고, 그들 수준에 맞는 문제를 제시하여 학생들 스스로 성공적인 문제해결 자가 되도록 도와주어야 한다. 또한 교사는 문제해결의 결과에 대하여 적절한 보상을 제공하여 학생 스스로 문제를 해결해 보고자 하는 의지를 느끼도록 격려하여야 한다.

7.2 폴리아의 문제해결 과정

폴리아(Polya, G., 1957)는 학생들이 문제에 도전하고 독자적인 탐구 과정을 통해 문제의 해를 발견할 기회를 가지도록 하는 것이 훌륭한 교육이라고 하였다. 그리고 문제를 해결하기 위한 일반적인 전략으로 문제 이해, 계획 수립, 계획 실행, 반성의 4단계와 각 단계에 적절한 발문과 학생의 사고를 자극하는 아이디어를 제시하였다.

문제 이해 ⇨ 계획 수립 ⇨ 계획 실행 ⇨ 반성

교사는 학생들의 문제해결 활동을 효과적으로 돕기 위해서 학생의 사고를 자극하고 이끌어 주는 적절한 수준의 발문과 권고를 사용해야 한다. 그리고 학생들은 문제해결 과정을 스스로 경험하는 가운데 자율적인 문제해결 자가 되어야 한다. 교사가 아무 도움도 주지 않고 학생 혼자 문제를 풀게 한다면 학생은 진전을 이루기 어려울 것이다. 그렇지만 교사가 결정적인 단서나 풀이 방법과 같은 지나치게 많은 도움을 준다면 학생은 스스로 할 것이 거의 없게 될 것이다. 학생들의 문제해결 활동을 효과적으로 자연스럽게 돕기 위해서, 교사는 학생의 사고를 자극하고 이끌어 주는 적절한 수준의 발문과 권고를 사용해야 한다. 폴리아의 문제해결 4단계에 따라 각 단계의 중요 내용과 교사가 사용할 수 있는 발문과 권고에는 다음과 같은 것이 있다.

1 문제 이해 단계

문제를 이해하는 단계로 문제에서 구하려는 것과 주어진 것을 알고, 용어의 뜻을 파악하며, 문제를 분석하는 단계이다. 학생들은 문제가 무엇을 묻고 있는지, 또는 문제가 어떤 상황이고 문제에 나타난 조건이 무엇인지, 조건들 사이에는 어떤 관계가 있는지를 파악해야 문제에 대한 해결 방안이 떠오를 것이다. 특히 문제를 이해하는데 수학의 외적 조건이 장애가 되지 않아야 하는데, 이를 위해 이 단계에서는 문제에 포함된 언어와 관련된 장애를 확인하고 이를 교정해 주어야 한다. 다음과 같은 발문이 이 단계에서 유용할 것이다.

① 미지인 것은 무엇인가?
② 주어진 것은 무엇인가?
③ 자료는 무엇인가?
④ 조건은 무엇인가?
⑤ 조건은 만족될 수 있는가?
⑥ 조건은 미지의 것을 결정하기에 충분한가, 불충분한가, 아니면 과다한가?
⑦ 그림을 그려보아라.
⑧ 적절한 기호를 붙여라.
⑨ 조건을 여러 부분으로 분해해 보아라.

2 계획 수립 단계

문제 이해와 계획 수립은 문제를 해결하기 위한 중요한 단계이다. 문제가 이해되면 답을 구하기 위하여 어떻게 할 것인가에 대한 계획을 세워야 하는데, 이 단계에서는 문제에서 주어진 것과 구하려는 것 사이의 관계를 파악하여 여러 가지 문제해결 전략(problem solving strategy)을 발견하게 된다.

문제를 해결할 것으로 예상되는 방법은 점진적으로 또는 갑자기 떠오르기도 하고, 해결의 시도가 실패한 후에 이런 저런 생각을 하다가 떠오르기도 한다. 이를 위해서 주어진 문제와 관련된 수학적 지식이 있어야 하고, 과거의 문제해결 경험이 도움이 되기도 한다. 주어진 것과 구하려는 것 사이의 관련성을 즉각적으로 발견할 수 없을 때에는 보조문제를 고려해야 한다. 성공적인 문제해결 계획을 세우기 위해서는 이미 학습된 여러 개념들이 활성화되기 쉽도록 구조화되어야 하며, 좋은 정신적 습성과 집중력 등이 뒷받침되어야 한다. 다음과 같은 발문이 이 단계에서 유용할 것이다.

① 전에 그 문제를 본 적이 있는가?
② 약간 다른 형태로 된, 같은 문제를 본 적이 있는가?
③ 관련된 문제를 알고 있는가?
④ 도움이 될 것 같은 어떤 사실이나 정리를 알고 있는가?
⑤ 미지인 것을 잘 살펴보아라.
⑥ 친숙한 문제 중에 미지인 것이 같거나 유사한 문제를 생각해 보아라.
⑦ 관련된 문제로 전에 풀어 본 적이 있는 문제가 있는데, 그것을 이 문제를 푸는 데 활용할 수 없을까?
⑧ 문제를 달리 진술할 수 있을까? 좀 더 다르게 진술할 수 있을까?
⑨ 정의로 되돌아가 보자. 이 용어의 정의가 무엇이었는가?
⑩ 이 문제를 풀 수 없다면 이 문제와 관련된 문제를 먼저 풀어 보아라.
⑪ 보다 쉬운 관련된 문제를 생각해 낼 수 있을까?
⑫ 문제를 보다 일반적인 형태로 변형할 수 있을까?
⑬ 문제를 보다 특수한 문제로 변형할 수 있을까?
⑭ 유사한 문제는?
⑮ 문제를 부분적으로 풀 수 있는가?
⑯ 조건 가운데 일부분만 남기고 다른 것은 버려 보아라. 그렇게 하면 미지인 것은 어느 정도까지 정해지는가?

⑰ 자료로부터 무언가 유용한 것을 이끌어 낼 수 있을까?

⑱ 미지인 것을 결정하는 데 적절한 다른 자료를 생각해 볼 수 있을까?

⑲ 새로운 미지의 것과 새로운 자료가 서로 더 가깝게 되도록 미지의 것이나 자료를 변형할 수 있을까?

⑳ 자료는 모두 사용했는가?

㉑ 조건을 모두 사용했는가?

㉒ 문제에 포함된 핵심적인 개념을 모두 고려했는가?

3 계획 실행 단계

문제해결 계획에 따라 실행하는 단계이다. 계획 실행은 계획 수립에 연이어 이루어지며, 실행하는 동안 실수하지 않도록 하나하나를 주의 깊게 살펴야 한다. 학생들은 풀이의 각 단계가 옳다는 확신을 가져야 한다. 그러기 위해서는 왜 그런가를 물어보고 답을 할 수 있어야 한다.

계획의 실행 중에도 교사는 계속하여 학생에게 도움과 안내를 제시해야 하며, 계획된 문제해결 전략이 옳지 않은 경우에는 전략을 수정하도록 해야 한다. 다음과 같은 발문이 이 단계에서 유용할 것이다.

① 풀이의 각 단계를 조심스럽게 실행하도록 하여라.

② 각 단계가 올바른지 명확히 알 수 있는가?

③ 그것이 옳다는 것을 설명할 수 있는가?

4 반성 단계

이 단계에서 해야 할 일은 해결 과정을 검토하는 것과 더불어 다른 해결 방법을 찾아보고, 비슷한 문제를 만들어 해결해 보는 것이다. 즉 학생들은 문제 해결 과정을 처음부터 검토해 보고, 다른 방법으로 해결할 수는 없는지를 알아보고, 혹시 다른 방법이 있으면 어느 방법이 더 나은지를 생각해 보아야 한다. 또한 주어진 문제의 확장 가능성을 고려해야 한다.

학생들은 문제를 해결하고 나서, 완성된 풀이 과정을 재검토함으로써 자신의 풀이에 확신을 가질 수 있으며, 획득된 지식을 확고하게 다질 수 있다. 또한 다른 문제해결 전략으로 해결할 수 있는지 생각해 보는 것은 문제를 여러 측면에서 고려하게 되고, 사고력의 향상에도 도움이 된다.

주어진 문제와 비슷한 문제나 조건을 약간 변형시킨 문제를 만들어 해결해 보는 것은 수학적인 개념, 조건의 역할, 해결 전략 등을 확실히 다지는데 도움이 된다. 문제해결의 반성 과정은 매우 중요하며, 반드시 거치도록 지도해야 한다. 다음과 같은 발문이 이 단계에서 유용할 것이다.

① 결과를 점검할 수 있는가?

② 풀이 과정을 점검할 수 있는가?

③ 결과를 다른 방법으로 이끌어 낼 수 있는가?

④ 결과나 방법을 어떤 다른 문제에 활용할 수 있는가?

7.3 문제해결 방법의 탐구

학생들이 문제를 해결해 나가기 위해서는 특별한 문제해결 방법이 필요하다. 일반적으로 수학 문제해결에서 이용되는 문제해결 방법으로는 다음과 같은 것이 있다.

- 실제로 해보기
- 그림 그리기
- 조직적인 목록 만들기
- 문제를 단순화하기
- 식 만들기
- 거꾸로 풀기
- 규칙 찾기
- 표 만들기
- 예상하고 확인하기
- 관점 바꾸기

1 실제로 해보기

실제로 해보기 전략은 문제 상황을 모델 또는 구체물로 나타내고 조작활동을 통하여 해결하는 전략이다. 즉 문제 상황을 재현하는 조작 가능한 물리적 모델이나 구체물을 이용하여 실제로 해 보는 전략으로 학생의 수준이 낮거나, 수학적인 개념이 불완전할 때 도움이 된다. 예를 들어 실제로 해보기 전략은 다음과 같은 문제의 해결에 도움이 된다.

문제

30명의 학생들이 한 줄로 서서 1번부터 번호를 붙이면서 짝수 번호인 사람이 앉는다. 서 있는 학생들에게 다시 1번부터 번호를 붙이면서 짝수 번호인 사람은 앉는다. 아직도 서있는 학생은 몇 명인가?

2 거꾸로 풀기

거꾸로 풀기 전략은 문제를 가정과 결론 부분으로 나누었을 때 구하고자 하는 부분이 가정에 있는 문제에 적용하는 전략이다. 이러한 유형의 문제를 효율적으로 해결하는 방법은 종점을 설정해 놓고 행동을 거꾸로 실행하는 것이다. 이 전략을 사용하여 해결할 수 있는 문제들은 보통 방정식을 세워 해결 할 수 있지만, 초등학생에게는 거꾸로 풀기 전략을 사용하여 해결하도록 한다. 이런 경험은 문장으로 된 문제를 식으로 나타내는 과정을 이해하고, 방정식을 풀기 위한 역연산 기능을 익히는데 도움이 된다.

특히, 주어진 문제의 풀이 방법을 발견하기 위한 발견술 가운데 거꾸로 풀기 전략으로 해를 구하는 방법인 분석법(analysis)이 있다. 분석법은 기원전 3세기경의 수학자 파푸스(Pappus)에 의해 체계적으로 정리되었다. 분석법은 구하고 있는 것을 이미 찾은 것처럼, 증명해야 할 것을 참인 것처럼 가정하고 그로부터 선행하는 어떤 것으로부터 바라는 결과가 유도될 수 있는가를 묻고, 다시 그 선행자의 선행자는 무엇인지 묻기를 계속하여, 결국 이미 알려져 있거나 참인 것으로 가정되는 것에 이르게 하는 발견술을 말한다(우정호, 2000).

이와는 반대로, 분석법의 과정을 거꾸로 하여 이미 알려져 있거나 참인 것으로 가정된 명제로부터 출발하여 분석 과정을 거꾸로 되밟아 감으로써 마지막에 요구하는 명제에 도달하는 연역 과정을 종합법이라고 한다. 즉, 분석법은 풀이 계획을 발견하는 과정이고, 종합법은 그 계획을 실행하는 과정이다. 예를 들어 거꾸로 풀기 전략은 다음과 같은 문제의 해결에 도움이 된다.

문제

경민이는 얼마의 돈을 가지고 문구점에 가서, 가지고 있는 돈의 $\frac{1}{2}$을 쓰고, 2000원을 더 썼다. 그리고 제과점에 가서 남은 돈의 $\frac{1}{2}$을 쓰고 2000원을 더 썼다. 그랬더니 남은 돈이 하나도 없었다. 경민이가 처음 가지고 있던 돈을 구하여라.

3 그림 그리기

그림 그리기 전략은 문제 상황을 그림으로 나타내어 문제에 주어진 정보를 명확히 파악하고 해결하는 전략이다. 이 전략을 이용할 때에는 자세한 그림보다 문제에 포함된 정보를 정확하게 표현하는 필수적인 정보들을 그리도록 지도해야 한다. 예를 들어 그림 그리기 전략은 다음과 같은 문제의 해결에 도움이 된다.

문제

어떤 벌레가 10m 높이의 나무꼭대기에 기어 올라가려고 한다. 이 벌레는 낮에는 5m 기어 올라가고 밤에는 4m 미끄러져 내려온다고 한다. 이 벌레가 나무꼭대기에 도달하는데 며칠이 걸리겠는가?

4 규칙 찾기

규칙 찾기 전략은 수학 문제해결 과정에서 많이 이용되는 전략의 하나이다. 이 전략은 문제에 주어진 조건을 분석하여 어떤 규칙을 찾아내고 이 규칙을 이용하여 계산을 함으로써 문제를 해결하는 전략이다. 이 전략은 표를 만들고 난 후에 그 표에서 규칙을 찾는 것과 같이 다른 문제해결 전략과 자주 병행하여 이용되기도 한다. 예를 들어 규칙 찾기 전략은 다음과 같은 문제의 해결에 도움이 된다.

문제

아래 그림과 같이 규칙적으로 점들이 배열되어 있다. 이때 10번째 그림에 있는 모든 점의 수를 구하여라.

5 조직적인 목록 만들기

조직적인 목록 만들기 전략은 체계적인 방법으로 일어날 수 있는 모든 가능성을 확인하는 전략이다. 학생들은 여러 가지 가능성을 범주화하여 가능한 모든 방법의 수를 체계적으로 확인함으로써 가능한 경우를 누락시키거나 불필요한 반복을 피할 수 있다. 예를 들어 조직적인 목록 만들기 전략은 다음과 같은 문제의 해결에 도움이 된다.

문제

아래 그림과 같은 다트 판에 세 개의 다트를 던져 얻을 수 있는 모든 점수의 합을 구하여라.

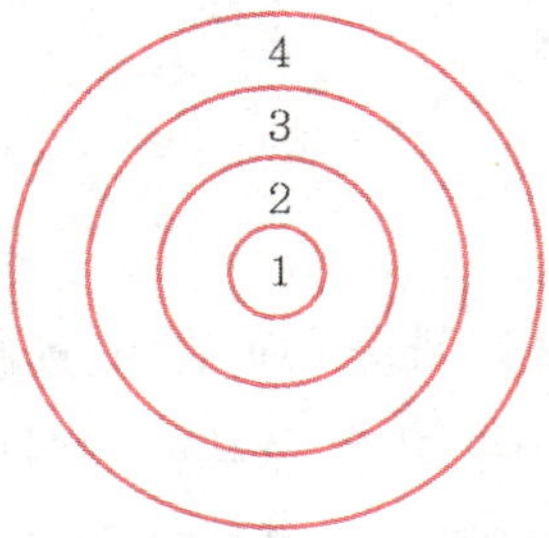

6 표 만들기

표 만들기 전략은 문제에 주어진 정보나 자료의 수가 많을 때 표를 이용하여 정보나 자료를 분류하여 질서 있게 배열하는 방법이다. 표 만들기 전략은 예상과 확인, 규칙성 찾기 등 다른 전략과 더불어 사용되어야 한다. 예를 들어 표 만들기 전략은 다음 문제와 같이 표 만들기 자체만 활용하는 경우와 다른 전략과 같이 활용하는 문제의 해결에 도움이 된다.

문제

1. 윤아, 영수, 준우는 각자가 연필을 한 자루씩 가지고 있다. 연필의 색은 빨강, 검정, 파랑이다. 빨강색 연필은 영수의 것이 아니다. 파랑색 연필은 윤아의 것이 아니다. 영수의 연필이 윤아의 연필보다 길다. 검정색 연필과 파랑색 연필은 준우의 연필보다 짧다. 각각의 아이들이 가지고 있는 연필의 색과 어떤 연필이 가장 길고, 어떤 연필이 가장 짧은가를 써라.
2. 민이네 집에서는 돼지와 닭을 기르고 있다. 돼지와 닭은 모두 10마리이고, 모든 다리의 수는 34이다. 민이네 집에서 기르고 있는 돼지와 닭의 수를 각각 구하여라.

7 문제를 단순화하기

문제를 단순화하기 전략은 문제를 보다 단순한 구조를 가진 문제로 바꾸어 해결하고, 이 해결 과정을 본 문제에 적용하는 방법이다. 문제를 단순화하기 전략에는 문제 구조를 간단히 하는 방법과 문제에 제시된 수보다 더 간단한 수를 대입하는 방법이 있다. 예를 들어 단순화하기 전략은 다음과 같은 문제의 해결에 도움이 된다.

문제

1. 다음 도형의 선을 따라 직사각형을 그리면 모두 몇 개의 직사각형을 그릴 수 있는가?

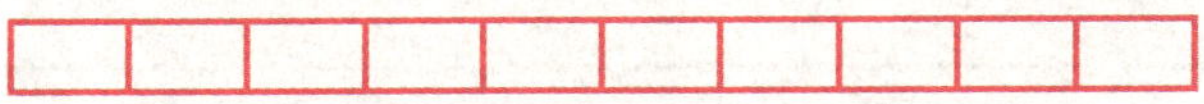

2. 1에서 100까지의 수들 중에서 홀수의 합을 구하여라.

8 예상하고 확인하기

예상하고 확인하기 전략은 문제를 해결할 때 답이 얼마라고 예상해 보고, 그것이 문제의 조건에 적절한지 체계적으로 확인해 보는 전략이다. 만약 처음의 예상이 틀리면 다시 예상하고 확인하도록 한다. 여기에서 예상하기는 맹목적이고 막연한 추측이 아니라, 학생들이 이전의 경험이나 기지의 지식을 기초로 하여 문제와 관계있는 것을 조직적으로 예상을 하는 것이고, 두 번째 예상을 할 때에는 처음 예상보다 더 크게 예상할 것인지 더 작게 예상할 것인지를 판단해야 한다. 예를 들어 예상하고 확인하기 전략은 다음과 같은 문제의 해결에 도움이 된다.

문제

공원의 입장료는 어린이가 400원, 어른이 600원이라고 한다. 입장권 20장을 사고 9400원을 지불하였다면 어른과 어린이는 각각 몇 명일까?

9 식 만들기

식 만들기 전략은 문제 상황을 식으로 번안하여 문제를 해결하는 전략이다. 수학에서 식의 이용은 양적인 수학적 대상 사이의 관계를 나타내는데 효과적인 방법이다. 일반적으로 미지의 양을 나타내기 위하여 □나 영어의 알파벳을 주로 이용하며, 문제에 주어진 조건을 방정식이나 부등식으로 표현한다. 예를 들어 식 만들기 전략은 다음과 같은 문제의 해결에 도움이 된다.

문제

연속된 세 수의 합이 33일 때, 그 세 수를 구하여라.

10 관점 바꾸기

학생들이 문제를 해결할 때, 어떤 특정한 관점이나 특정한 가정에 얽매이는 경향이 있다. 이것은 문제를 해결할 때 해에 접근하기 위한 유일한 방법만을 생각하거나, 주어진 정보에 대해 부정확한 가정에 집착하는 '사고의 고착화(mental set)' 때문에 발생한다. 이 경우에 학생들은 문제에 대한 관점을 바꾸어 문제를 다시 읽고, 이전과는 다른 방식으로 접근할 필요가 있다. 예를 들어 관점 바꾸기 전략은 다음과 같은 문제의 해결에 도움이 된다.

문제

1. 똑같은 길이의 막대 6개가 있다. 이 막대를 이용하여 4개의 정삼각형을 만들어라. 단 막대를 자르거나 구부리거나 겹쳐서는 안 된다.
2. 한밤중의 오전 0시부터 24시 사이에 시계의 큰 바늘이 작은 바늘을 앞지르는 횟수를 구하여라.

7.4 문제 만들기

문제 만들기는 문제를 학생 스스로 만들어 가는 것을 의미한다. 문제 만들기는 문제를 해결하는 과정에서 새로운 문제를 만들어 봄으로써 원래의 문제를 재해석하게 되고, 어떤 내용을 이전과는 다른 새로운 관점에서 볼 수 있게 해 줄뿐만 아니라, 그 문제를 해결할 수 있는 단서를 발견하게 된다는 장점이 있다. 또한 원래의 문제와는 다른 새로운 문제를 만들고 그것을 분석함으로써 원래 문제를 그렇게 풀게 된 이유나 폭넓은 일반화, 형태에 대한 통찰을 통해 그 문제의 의미를 충분히 이해할 수 있다는 장점이 있다.

문제 만들기는 수학에 대한 불안감을 해소하는 역할을 하기도 한다. 교사가 제시한 문제에 대한 해답을 찾는 것으로 이루어진 수업에서는 학생들이 틀린 답을 말하지 않을까 라는 두려움이 있을 수 있으나, 문제를 만드는 수업에서는 옳은 대답이 없기 때문에 누구나 마음 편하게 대답할 수 있어 수학을 덜 '위협적'인 과목으로 인식할 수 있다. 또한 문제 만들기는 학생 서로간의 경쟁심을 갖게 하는 것이 아니라, 공동 학습을 촉진시키는 역할을 할 수 있다. 학생들은 다음과 같은 과정을 통하여 문제 만들기를 잘 할 수 있다(남승인과 류성림, 2002).

- 자유로우며 폭 넓고 다양하게 생각하기
- 문제를 만들 수 있다는 자신을 갖고 여러 가지로 시행착오 경험하기
- 선행 학습경험 및 지식에서 얻은 유사한 문제 등과 연결시키기
- 여러 면에 많은 의문을 품기
- 주위의 가까운 것에 대하여 생각하기
- 자신의 생각을 모두 기록, 또는 발표하기
- 새롭고 발전적인 문제를 만들려고 노력하기
- 상황 및 속성과 숫자 등을 변경하고, 역으로도 생각하기
- 처음에는 자기가 풀 수 있는 문제 만들기
- 일반화하든지 특수화하기
- 차원을 확대 및 축소하기
- 다른 도형을 생각해 보기
- 다른 단위 및 연산을 생각해 보기
- 다른 단원 및 타 교과와 연결 지어 생각해 보기

학생들은 문제 만들기 활동을 통해 문제를 보다 잘 이해할 수 있으며, 능력에 맞게 수학적 활동에 참여하게 되고, 수학에 대한 흥미와 도전감을 갖게 된다. 학생들은 자신의 생각을 바탕으로 문제를 만드는 활동에 참여하고 다른 학생들에게 문제를 발표하고 토론함으로써 더 좋은 해결방안을 찾을 수 있게 된다.

문제를 만드는 방법에는 여러 가지가 있는데, 브라운과 월터(Brown, S.I., & Walter, M.I., 1983)는 문제 만들기의 중요성을 강조하며, 체계적으로 문제를 만드는 방법으로 다음과 같은 What If Not전략을 제안하였다.

① **속성 열거하기** : 문제를 구성하고 있는 요소나 속성을 모두 열거해 본다.

② **What If Not 수행하기(속성 부정하기)**: 전 단계에서 열거한 속성에서 '만약-그렇지 않다면 어떻게 될 것인가'라는 의문을 가져 본다.

③ **문제 만들기**: 전 단계에서 생각한 의문을 기초로 새로운 문제를 만든다.

④ **만든 문제 분석하기**: 새로 만든 문제를 분석하거나 해를 구한다.

다음의 예는 피보나치수열을 가지고 What If Not전략을 사용한 것이다. 다음 수열을 살펴보자.

$$1,\ 1,\ 2,\ 3,\ 5,\ 8,\ 13,\ 21,\ 34,\ 55,\ \cdots$$

이 수열을 이용하여 What If Not전략을 사용한 문제 만들기의 각 단계는 다음과 같다.

⇨ 첫 단계: 속성 열거하기

① 두 개의 주어진 수에서 시작한다.

② 시작하는 두 수는 같고, 두 수는 모두 1이다.

③ 어떤 연속적인 두 수에 무엇을 한다면 다음 항을 얻을 수 있다.

④ 우리가 하는 것은 연산이며, 그 연산은 덧셈이다.

⇨ 두 번째 단계: What If Not 수행하기(속성 부정하기)

어느 한 속성을 부정하는 것인데 첫 단계의 ②를 부정해 보자. 예를 들어 10과 7을 선택해 보자. 그러면 얻을 수 있는 수열은 다음과 같다.

10, 7, 17, 24, 41, 65, 106, 171, …

⇨ 세 번째 단계: 문제 만들기

변형된 수열에 대해 몇 가지 의문을 제기하고 문제를 만든다.

'연속된 항의 비에 대한 극한은 어떤 값을 갖는가?'

⇨ 네 번째 단계: 만든 문제 분석하기

마지막으로 이 질문을 분석해 봄으로써 흥미 있는 사실을 알게 된다. $\frac{7}{10} \fallingdotseq 0.7$, $\frac{17}{7} \fallingdotseq 2.429$, $\frac{24}{17} \fallingdotseq 1.412$, …을 계속해 보면 $\frac{171}{106} \fallingdotseq 1.613$을 얻을 수 있는데, 비의 값들이 황금비에 근접하고 있다고 추측하는 것이 타당하다. 원래의 피보나치수열의 비가

황금비에 접근하는 이유를 분석해 보면 새로운 수열도 그러함을 알 수 있다. 뿐만 아니라 첫째항과 두 번째 항을 바꾸어도 관계없는 이유를 안다면 새로운 관점으로 황금비를 알 수 있을 것이다.

수학교육에서 문제 만들기와 관련된 학습·지도 방법은 그 중요성이 날로 강조되고 있으며, 수학적 지식을 학생 스스로 구성해가도록 해야 한다는 구성주의 학습 원리나 수학은 추측과 반박을 통한 발명의 과정을 강조하는 준 경험주의 수리 철학관과도 밀접한 관련이 있다. 일반적으로 수학 학습·지도에서 문제 만들기의 의의와 역할, 중요성을 다음과 같이 정리할 수 있다.

① 창의적 능력이나 특별한 수학적 능력의 발현에 도움을 준다.
② 탐구 지향적인 학습 태도를 길러 준다.
③ 학생들의 수학에 대한 이해 정도를 파악할 수 있는 수단이 된다.
④ 학생들에게 이미 배운 지식을 종합적으로 이용할 수 있는 기회를 제공한다.
⑤ 학력 수준이 낮은 학생들에게도 의미 있는 수학 학습 활동을 제공한다.
⑥ 수학에 대한 성향을 향상시키는 수단이 된다.

7.5 문제해결력의 평가

문제해결력의 평가는 단편적인 지식을 묻는 문제에 대한 답의 진위 여부에 관심을 두었던 방식에서 벗어나, 학생들이 문제를 형식화하고 문제해결을 위한 다양한 전략을 사용하며, 문제를 해결하여 결과를 확인하고 해석하며 해를 일반화할 수 있는가를 확인하여야 한다(NCTM, 1989). 또 문제해결력의 평가는 교사가 설정해 놓은 목표에 일관된 방법을 사용하여 실행되어야 한다. 만약 문제해결 수업에서 다룬 문제가 정형적인 문제와 비정형적인 문제를 모두 포함한다면 평가도 두 유형의 문제를 포함해야 한다. 마찬가지로 문제해결 수업이 문제해결 과정을 중시하였다면 평가는 문제의 해를 이끌어내는 과정을 평가하도록 구안되어야 한다. 따라서 문제해결력의 평가는 단순한 지필평가를 넘어서야 하며, 평가 방법도 문제해결 수업에서 강조하려는 목표를 측정하는데 가장 적합하고 실현 가능한 기법을 선택하여야 한다. 문제해결력을 평가하기 위한 평가기법으로는 관찰법, 면담법, 지필검사 등이 있다.

1 관찰법

관찰법은 문제를 풀고 있는 개개인의 학생이나 소집단의 학생들을 관찰하고 그들이 주고 받는 이야기에 귀 기울여 듣고, 점수를 기록하고 질문하고 조언하는 방법이다. 학생들이 문제를 풀고 있을 때 직접 관찰하고 조심스럽게 질문하는 것은 문제해결 목표와 가치를 평가하는 좋은 방법이다.

관찰할 때에는 평가하려는 기능이나 태도와 관련된 학생의 반응을 객관적으로 기술하는 것이 중요하다. 특히 관찰을 할 때에는 학생들이 평가자에 의해 주의가 산만해지지 않도록 하는 것이 중요하며, 관찰할 목표가 분명해야 한다. 또한 관찰 계획에 의한 평가도 중요하지만, 더 깊은 통찰을 얻기 위하여 학생들에게 질문을 할 수 있을 정도로 융통성을 갖는 것이 중요하다. 관찰을 할 때 교사는 다음 사항을 고려하는 것이 좋다(Reys, Suydam, Limdquist, & Smith, 1998).

- 문제를 주의 깊게 읽었다는 증거가 있는가?
- 각 학생이 문제를 다루기 시작할 때 나름대로 어떤 수단을 가지고 행하는 것으로 보이는가?
- 학생들이 어떤 전략을 적용하는가? 아니면 교사가 마지막으로 가르친 절차를 그대로 사용하는가?
- 학생들이 처음 시도한 전략을 실패하면 또 다른 전략을 사용하는가?
- 학생들이 어떤 한 전략을 적용할 때 얼마나 일관성 있고 끈기 있게 적용하고 있는가?
- 부주의에 의한 실수가 있는가? 있다면 그것은 언제 왜 나타나는가?
- 학생들이 문제해결을 위한 노력을 얼마나 오랫동안 기울이는가?
- 학생들이 어느 정도로 과제에 몰두하는가?
- 학생들이 얼마나 빨리 도움을 요청하는가?
- 각 학생이 가장 자주 사용하는 전략은 무엇인가?
- 학생들이 조작 가능한 구체물을 사용하는가?

- 학생들의 얼굴 표정과 같이 그들의 흥미나 참여도에 대해 말해 주는 행동이나 요소는 무엇인가?

문제를 푸는 학생을 관찰하고 그 결과를 간단하고 객관적으로 기록해야 한다. 관찰한 사실은 가능한 즉시 기록해야 하고, 기록에는 상황 설명과 그에 대한 해석이 모두 들어 있어야 한다. 관찰 기록 방법에는 소견 기록 카드나 점검 목록표, 등급채점표 등이 포함될 수 있다(Charles, Lester, & O'Daffer, 1997).

문제해결 관찰 소견 기록 카드	
학생 (이현환)	날짜(2009년 4월 23일)
소견 : 언제, 어떻게 규칙을 찾는지 알고 있다. 규칙을 찾을 때 표 만드는 것이 도움이 되는 것을 알고 있다. 문제를 푸는데 어려움이 있어도 계속 노력한다. 답이 맞는지 검토해 보도록 일러줄 필요가 있다.	

그림 7.1 문제해결 관찰 소견 기록 카드

2 체계적 면담

체계적 면담은 순서대로 질문할 특정 영역들을 선택하여 그 영역별로 문제를 만들어 주로 한 명을 대상으로 문제해결 상황을 학생에게 제시함으로써 학생이 문제를 어떻게 해결해 가는지를 파악하는 기법이다. 체계적인 면담을 통하여 교사는 학생들이 어떤 행동을 왜 하였는지에 대해 설명할 때 그들의 사고 과정을 추적해 낼 수 있다.

교사는 학생들에게 어떤 한 문제를 제시하고 학생들이 해를 구하고, 자신들이 행한 것을 설명할 수 있도록 한다. 그리고 학생들에게 질문을 하여 그들이 어떤 행동을 왜 하였는지에 대한 자세한 설명을 할 수 있도록 유도하고, 학생들이 행하고 말하는 것을 기록해 둔다. 때때로 학생들의 대답을 그대로 정확하게 기록해 두는 것이 도움이 될 때가 있다.

학생이 문제를 해결할 때 교사는 녹음테이프를 사용할 수 있다. 교사는 면담을 할 때보다는 녹음된 내용을 다시 들어 볼 때 학생들의 사고를 다른 시각에서 좀 더 주의 깊게 분석할 수 있다.

3 지필검사

문제해결 과정을 평가할 때 학생들이 문제해결 과정을 글로 쓰도록 할 수 있다. 특히 수학 평가에서 문제풀이 과정을 기술하도록 하여 학생들의 문제해결력을 평가하는 방법은 가장 많이 이용하는 방법이다.

지필검사를 이용할 때에는 문제들이 학생들의 문제해결력을 평가할 만큼 가치가 있고 흥미로운 문제인가를 확인해야 하고, 적절한 문제해결 전략을 이용하여 정답을 끌어냈는지를 확인해야 한다. 특히 교사는 학생들의 문제해결 과정에 중점을 두고 적절한 평가 방법에 근거하여 평가하여야 한다. 학생들의 문제해결 과정을 평가하는 방법으로는 분석적 채점법과 총괄적 채점법이 널리 이용되고 있다.

연/구/문/제

1. 문제와 문제해결의 의미를 쓰시오.

2. 문제의 유형을 여러 방법으로 구분하고, 각각의 예를 제시하시오.

3. 숀펠드가 제시한 문제해결과 관련된 요인을 4가지 제시하시오.

4. 폴리아의 문제해결 4단계와 각 단계에 필요한 발문을 몇 가지 쓰시오.

5. 초등학교 수학에서 이용할 수 있는 문제해결의 방법을 제시하고, 각각의 방법을 적용하기에 적합한 문제를 쓰시오.

6. 문제만들기의 수학 교육적 의의에 대하여 논하시오.

7. 학생들의 수학 문제해결을 평가하기 위한 방법에 대하여 논하시오.

Chapter 08

수학 특수아동 지도

특수 학생이라 함은 일반 학생 또는 보통 학생과 구별되는 용어로서 일반 학생보다 학습 능력이 뒤떨어지는 학습 부진아(학습지진아)를 가리키거나 일반 학생보다 학습 능력이 우수한 영재를 의미한다.

여기에서는 학습부진아 또는 영재에 대한 일반적인 정의, 특성에 대하여 논의하기보다는 수학 학습 부진아, 수학 영재에 초점을 맞추어 논의하기로 한다.

8.1 수학 학습 부진아

교육 현장에서는 학습 능력이 뒤떨어지는 학생을 학습 부진아(不進兒), 학습 지진아(遲進兒)라고 한다. 대체적으로 비슷한 의미로 사용되기도 하지만 이를 명확하게 할 필요가 있다. 학습 부진에 대한 개념을 명확하게 해야 하는 이유는 어떤 학생을 학습 부진으로 분류할 것인가, 어느 수준까지 도달하도록 지도해야 하는가, 해당 학교나 지역에 학습부진아가 얼마나 되는가, 담임교사의 책임 등을 고려할 때 그 파급효과는 엄청나기 때문이다.

터만(Teumann, 1937)의 지능지수(IQ) 분류에 따라 학생을 다음과 같이 분류하였는데 학습 부진아는 지능지수가 80~90정도에 해당되는 학생이고, 학습 지진아는 지능지수가 70~80정도의 경계지능에 속하는 학생이다.

표 8.1

분 류	IQ 범위	분 류	IQ 범위
천재(very superior)	140이상	수재(superior)	120~140
영재(bright normal)	110~120	보통(normal)	90~110
학습부진아(slow learner)	80~90	경계지능(border line)	70~80
정신지체(mentally retarded)	70이하	우둔(moron)	50~70
치우(imbecile)	25~50	백치(idiot)	25이하

1 학습 부진아의 정의

학습부진아에 대해 일치된 정의는 없지만 대체로 일반 지능, 발생 원천, 학업 성취 수준에 따라 정의를 하고 있다.

일반 지능에 따라 정의한다면 학습 부진아는 지능은 정상인데 어떤 요인에 의하여 자신의 능력을 발휘하지 못하는 학생을 의미한다. 이런 학생은 특수 학급이 아닌 일반 학급에 편성되며, 담임교사가 관심을 가지고 지도해야 할 학생이다.

지능 지수에 따라 학습부진아와 학습지진아를 구별하면, 연구자마다 차이가 있기는 하지만 지능지수가 80~90(또는 90 이상)인 학생이 기대하는 만큼 학업성취도를 보이지 못할 때 학습부진아라고 한다. 반면에, 지능지수가 정상 학생보다 약간 못 미치는 학생(IQ 70~80 또는 90)이 낮은 학업 성취도를 나타낼 때 학습지진아라고 한다. 이것은 지능 지수가 낮아서 학업 성취도가 낮은 것이므로 학습 부진아와 구별되어야 한다.

지능지수가 70 이하인 학생을 정신지체아라고 하는데 정신지체아는 지능이 낮아서 학업 성취가 미진할 뿐만 아니라 발달의 상한선도 낮은 학생이다. 지능지수가 70 이하인 학생은 자연적인 집단에서 전체의 약 3~4%정도 차지하며, 발달 상한선은 성인이 될 때까지 적절한 교육을 제공하면 5~6학년 정도의 학업 성취를 이룰 수 있다고 한다.

그러나 이런 구별은 지능지수가 학습에 미치는 영향이 절대적이지 않다는 점, 어떤 지능 검사를 했느냐에 따라 동일한 학생의 지능이 다르게 나타나는 점, 학교 현장에서 학습부진아로 선정되는 학생이 대부분 학습지진에 속하는 지능지수를 가지고 있는 점을 고려하면 이러한 정의는 설명력이 떨어진다고 할 수 있다.

학습 부진의 발생 원천에 따라 정의하면, 학습부진아란 환경적인 요인 즉, 개인의 성격, 태도, 학습 습관 등에 의하여 학습 누적 결손, 그로 인한 학습 동기 부족 등으로 학업 성취도가 낮은 학생을 말한다. 그러나 선천적으로 지각 및 중추신경 계통의 이상으로 인하여 듣기, 말하기, 읽기, 쓰기, 추리력, 계산 능력 등 특정 영역에서 곤란을 나타내는 경우도 있다. 이런 학생을 학습장애아라고 한다. 그러나 실제 교육 장면에서는 학업 부진의 원인이 어디에 있는지를 찾아내기란 쉬운 일이 아니다. 그래서 학습 부진과 학습 장애를 같은 의미로 보기도 하고, 학습 장애의 필요조건으로서 학습 부진을 파악하기도 한다.

학업 성취 수준에 따라 정의하면, 학습 부진아란 일반 지능이나 발생 원천과 상관없이 현실적인 성취 수준이 최저 학업 성취 수준에 미달되는 학생을 말한다. 따라서 '학교 학습에서 해당 학습 과제를 성공적으로 학습하지 못하는 학생' 또는 '개인의 외적 또는 내적 원인에 의해 그 개인의 발달 수준 및 교육단계에서 요구하는 학습 과제의 성취에서 수락할 수 있는 최저 수준에 도달하지 못하는 학생' 등으로 정의하기도 한다.

이러한 정의는 실제 교육 장면에서 어느 정도 수준의 성취를 보이는 학생을 학습 부진아로 규정짓고 선별하여 지도할 것인가의 직접적인 교육적 필요에 근거하여 학습 부진의 의미를 규정하는 것이다. 이런 정의는 이론적인 토대는 결여되어 있지만 교육 현실과 그 요구를 잘 반영할 수 있다는 장점이 있다.

2 수학 학습부진의 원인

학습 부진의 일반적인 원인이나 부진아의 특성 등에 대해서는 관련 도서를 참고하기로 하고 여기에서는 수학 교과에만 국한하여 논의하겠다.

학습 부진아가 많이 발생하는 교과가 국어와 수학이다. 언어 자체가 사고의 수단이고 지식 전달의 수단이기에 언어 능력이 부족하다는 것은 곧 사고 능력이 부족함을 의미하는 것이고, 그것이 학습 부진으로 이어진다. 수학은 논리적인 사고력을 요구하고, 기호 표현 등 추상성이 강한 교과이므로 학습 부진의 많이 발생하게 된다.

수학 학습 부진의 원인을 학습자의 능력, 교과의 특성, 교수-학습 방법의 측면에서 찾을 수 있다.

학습자의 능력에서 학습 부진이 발생한다는 것은 앞에서 설명하였지만 학생의 능력은 충분한데 그 능력을 제대로 발휘하지 못하는 원인은 개성, 학습 동기, 학습 환경 등에서 다시 찾을 수 있을 것이다.

교과의 특성에서 그 원인을 찾아보면, 수학은 위계성과 계통성이 강한 교과이므로 선수 학습 결손에 의하여 학습 부진이 발생할 수 있다. 수학 교과 내용의 위계성을 고려할 때, 선수 학습이 결손 되면 이후의 학습에 장애로 작용될 것이고, 학습 동기가 부여되지 않을 것이다. 따라서 교육 현장에서 학습부진아를 지도할 때, 교과 내용의 위계 분석에 기초하여 선수 학습을 시키는 경우가 많이 있다.

문제를 해결하지 못하였을 때, 선수 학습의 결손 때문이라고 생각하여 선수 학습 또는 보충학습을 시키는 경우가 있다. 그러나 선수 학습의 결손이 없어도 사고 과정의 오류나 해결 전략이 부족할 경우, 문제를 해결하지 못할 수 있다. 이때에는 선수 학습을 시킬 것이 아니라 무엇이 부족한가, 어떤 과정에서 오류가 발생하였는가를 진단하여 적절하게 교정해주어야 한다.

교수-학습 측면에서 학습 부진의 원인을 찾아보면, 학습 부진아는 기호적인 표현을 이해하지 못하거나 추상적인 사고 능력이 부족하여 학습부진이 발생할 수 있다. 구체물 조작 활동으로 문제를 해결할 수 있지만 그렇지 못할 경우에는 문제를 해결하지 못하는 경우에 해당된다. '사과 2개와 배 3개가 있다. 과일은 모두 몇 개인가?'라는 문제를 산가지, 손가락 등 구체물 조작으로 해결하지만 2+3=□의 문제는 해결하지 못한다. 따라서 수업 시간에 구체물 조작 활동과 기호를 연결시켜주는 과정을 충분하게 경험하게 하여야 하며, 성급하게 기호를 도입하지 않아야 할 것이다.

또, 학습부진아용 학습 자료를 보면 선수학습의 내용을 다루면서 기호화된 문제를 제시하는 경우가 많이 있는데 학습 부진 원인을 교수-학습 측면에서 고려한다면 적절하지 못하다. 23+54=□를 이해하지 못하는 학생은 2+3=□도 이해하지 못하기 때문이다.

3 수학 학습 부진아의 특성

바인브레네르(Winebrenner)(1966)는 수학 학습 부진아들의 일반적인 특성을 다음과 같이 제시하였다.

① 수세기는 하지만 수에 대한 감각이 부족하다. 어느 정도의 수 범위에서는 수를 잘 센다. 이때 수를 센다는 것은 패턴에 의해서 세는 것이라기보다는 외워서 센다. 그래서 큰 수까지 세는 데 어려워하고, 수를 세는 과정에서 잦은 실수를 하게 된다.

② 패턴과 관계를 지각하는 데 어려움을 가지고 있다. 수학의 교과 특성이 패턴을 찾고, 관계를 파악하는 것인데 이런 일에 어려움을 가지기 때문에 수학에서 부진을 보이는 것이다.

③ 숫자를 잘못 읽거나 잘못 쓴다. 6과 9를 혼동한다든가 2, 5, 9를 좌우로 바꿔 쓰는 경우도 있으며, 이에 따라 숫자를 잘못 읽기도 한다.

④ 수, 어휘, 문제 해결 절차, 학습한 지식 등을 기억하는 데 어려움을 겪는다. 학습 부진아의 일반적인 특성이기도 한데 기억력이 뒤떨어진다는 것이다.

⑤ 문장제는 언어, 수, 연산이라는 3중의 기호로 연결되어 있기 때문에 더욱 큰 어려움을 겪는다. 문장제를 해결하지 못하는 원인이 가장 큰 원인은 독해력 부족이다. 글보다는 말로 문제를 제시하고 구체물을 이용하여 문제를 해결하는 학생이라면 이 학생은 언어 즉, 독해력 부족이 학습 부진의 원인일 것이다. 구체물을 이용하지 않으면 문제를 해결하지 못하는 학생이라면 이 학생은 구체물과 기호를 연결 짓지 못하는 즉, 추상 능력 부족이 학습 부진의 원인일 것이다.

⑥ 문제 해결 과정에서 사고의 경로를 자주 잃는다. 일련을 절차를 밟으면서 문제를 해결해야 하는데 그 순서를 놓치거나 어느 수준 이상의 사고를 못하는 경우에 문제를 해결하지 못한다.

⑦ 사고력을 요구하는 과제에 어려움을 겪는다. 사고 능력의 제한으로 인하여 단순하고, 1가지 사고를 요구하는 문제는 해결하지만 약간 복잡하거나 2~3가지 사고를 요구할 때에는 능력의 한계로 인하여 실패하게 된다.

⑧ 반복적으로 같은 문제를 해결하거나 한 가지 해결 방법만을 반복 사용한다.

4 수학 학습 부진아 지도 방법

학습부진아도 수학을 배우고 싶어 하고, 배울 수 있다. 다만, 보통 학생들과 학습 하는 방법이나 양식이 다르고 속도가 다를 뿐이다. 이런 이유로 인하여 잠재적인 학습 능력과 실제 수행이 불일치하게 된다. 이 점을 충분히 이해하면서 수학을 가르친다면 교수-학습 방법에 의한 학습 부진아는 줄어들 것이다.

학생 자신의 행동적인 특성, 다시 말하면 집중력이 짧다, 주의산만하다, 자아의식이 부족하다, 과잉행동 등에 의해서 발생하는 학습 부진아를 지도하는 방법에 대해서는 다른 측면에서 접근해야 하므로 여기에서는 교수-학습 측면에서 학습 부진아를 지도하는 방법에 대해 논의한다.

(1) 학습 양식에 맞추어 지도한다.

대부분의 학습 부진아 지도 자료를 살펴보면 학습 내용의 수준과 속도를 낮추어 제시하고 있다. 내용의 수준과 속도만 낮추면 학습 부진아에게 적절하다고 판단하는 것은 편의적이고 교사 중심적인 사고에서 비롯된 것이다.

학습 부진이 발생하는 가장 큰 원인 중의 하나는 교사의 교수 양식이 해당 학생에게 적절하지 않는 것이다. 학습자가 학습을 하고 싶어도 자신의 학습 양식에 맞지 않기 때문에 학습을 포기하거나 곤란을 겪는 것이다.

학습 양식은 매우 다양하지만 교육 현장에서 자주 논의되는 유형은 청각형, 시각형, 촉각 – 운동형이다(교육과정평가원, 1999).

- **청각형**: 들으면서 학습하는 것을 선호하는 학습자로서 대체로 분석적, 논리적, 계열적 사고에 뛰어나다.
- **시각형**: 보면서 학습하는 것을 선호하는 학습자로서 개념이나 현상을 그림으로 나타내면 쉽게 이해한다.
- **촉각 – 운동형**: 만지고 움직이면서 학습하는 것을 선호하는 학습자이다.

일반적인 학교 수업 즉, 교사의 설명 중심의 수업은 청각형 학생에게 적절하지만 이에 적응하지 못하는 학생들은 학습 부진이 발생할 것이다. 이런 학생들은 시각형이나 촉각–운동형이 적절할 것이다. 따라서 그림이나 구체물 조작 활동, 신체 활동을 사용하여 학습할 때 효과적이다. 문자 중심으로 된 학습 자료나 프로그램은 학습 부진아를 지도하는 데 효과적이지 못하다.

(2) 구체물 조작 활동으로 문장제를 해결하게 한다.

추상적인 수학을 쉽게 이해하기 위해서는 인지 발달의 경로에 따라 학습해야 한다. 브루너(Bruner)는 '교육의 과정(The Process of Education)'과 '교수이론 서설(Toward a Theory of Instruction)'에서 어떤 영역의 지식도 다음 3가지 양식으로 표현할 수 있다고 하였다.

① **활동적 표상양식(enactive representation)**: 실물이나 모델을 이용하여 행동화, 조작화 등 구체적 조작 활동으로 개념이나 지식을 이해하는 양식

② **영상적 표상양식(iconic representation)** : 영상 또는 그림으로 개념이나 지식을 이해하는 양식

③ **기호적 표상양식(symbolic representation)** : 기호나 문자로 개념이나 지식을 이해하는 양식

모든 학습자에게 최적, 유일한 인지 경로는 존재하지 않는다. 최적의 인지 경로는 과거의 경험, 인지 발달의 수준, 학습 자료의 특성, 개인차 등 여러 가지 변인에 의하여 달라진다. 수학적인 개념을 너무 일찍 기호적 표현 양식에 의존하게 되면 기호와 사물, 현상의 관계를 파악하지 못할 수 있다. 이렇게 되었을 때 학습 부진이 발생하게 된다.

학습자의 발달 수준이 낮으면 활동적 표현 양식이, 발달 수준이 높으면 기호적 표현 양식이 이용될 수 있을 것이다.

바루디(Baroody, 1998)는 수학 수업에서 많은 학생들이 실패하는 원인으로 성급한 기호 도입을 제시하였다. 수학 수업에서 궁극적인 목표는 기호 조작 단계이지만 그 과정을 유연하면서 천천히 전개하여야 한다고 주장한다. 이것은 브루너(Bruner)의 EIS 이론과도 같은 맥락인데 수학 학습의 어려움을 추상 능력 부족에 두고 있다.

발달 수준이 높은 학생은 교사의 설명 또는 간단한 구체물 조작 활동으로 개념이 형성되고 이를 기호 조작 단계로 진입할 수 있을 것이다. 그러나 학습부진아는 추상적인 사고 능력이 낮으므로 교사의 설명, 간단한 구체물 조작 활동을 기호로 연결하는 데 많은 어려움이 있다. 따라서 충분한 구체물 조작 활동으로 개념을 형성하게 하고, 형성된 개념을 기호로 연결하는 과정을 충분히 경험해야 추상적인 기호의 의미를 이해할 수 있을 것이다. 정상적인 학생이라면 1~2회 구체물 조작 활동으로 학습 내용을 이해한다면 학습 부진아는 4~5회 또는 그 이상을 구체물 조작 활동을 해야 할 것이다.

(3) 의사소통 능력을 개발한다.

언어는 사고의 수단이 되므로 학생이 말하고 듣고 읽고 쓰는 활동은 학업 성취도향상에 미치는 영향이 매우 크다. 학생이 자신의 아이디어를 말하고, 다른 사람의 아이디어를 듣는 기회를 많이 가졌을 때 수학적 개념과 원리를 깊게 이해할 수 있을 것이

다. 수학에 대해 말함으로써 자신의 사고와 이해를 점검하고 통찰을 얻을 것이다. 학생에게 문제를 읽게 하고, 문제의 뜻이 무엇인지 재 진술하게 하고, 해결 방법을 설명하게 하는 활동을 충분히 제공해야 하며, 그런 활동을 기호와 연결시켜서 기호의 의미를 이해하도록 한다.

(4) 기억시키기 위하여 학습한 내용을 반복한다.

학습한 내용을 기억시키기 위해서는 의미 있는 학습을 제공하는 방법과 기계적인 훈련을 통한 반복학습이 있다.

기억력을 향상시키는 최선의 방법은 의미 있게 학습하는 것이다. 이해를 바탕으로 학습이 이루어졌을 때 오래 기억된다. 수학적인 개념이나 원리가 다른 개념과 연결시켜야 한다. 따로 떨어진 수학적 지식은 오래 기억하기 어려울 뿐만 아니라 전이 효과가 없다.

적절한 방법으로 학습 내용이 충분하게 이해되었다고 판단이 되면 반복 학습을 통하여 학습 내용을 기억하게 하여야 한다. 반복 학습은 5~10분 정도로 짧아야 하며, 매일 반복한 다음 어느 정도 암기가 되었다고 판단되면 2~3일 정도 간격을 두고 반복한다. 학습 부진아가 외우는 능력에 자신감을 가질 수 있도록 칭찬과 격려를 한다.

8.2 수학 영재

어떤 사람이 영재인가? 이에 대한 논란이 지금도 계속되는 것은 영재에 대한 정의가 명확하지 않기 때문이다. 또, 지금 영재라고 판단하였는데 성장하면서 영재성이 사라지기도 하며, 영재에 속하지 않았는데 성장하면서 영재성을 나타내는 경우도 있다.

여기에서는 영재는 다양한 분야에서 나타나므로 여기에서는 수학 영재에 초점을 맞추어 논의한다.

1 영재의 정의

지능지수가 동일 연령에서 상위 1%에 속하는 학생, 상위 3%에 속하는 학생, IQ 130 이상인 학생, IQ 140 이상인 학생 등을 영재라고 하는 학자가 있는가 하면, 최근의 연구에서는 지능만으로 영재를 판단하지 않고 창의력, 사고력, 유연성 등 다양한 준거들로 영재를 포괄적으로 판단하고 있다.

미국 문부성에서는 영재를 '뛰어난 능력이 있어서 탁월한 성취를 보일 가능성이 있는 아동으로서 사회에 공헌하고 잠재력 계발을 위하여 특별한 교육 프로그램이 필요한 아동'으로 정의하였다.

워드(Ward)(1962)는 영재의 준거로서 학습 능력, 사고력 및 민첩성, 호기심 및 욕구 등을 제시하였다. 학습 능력에서 영재는 자연적, 사회적 상황을 정확하게 지각하고, 사실과 원리를 신속하고 효율적으로 학습하고, 빠르게 이해하며, 사고력 및 민첩성에서는 원리를 빠르게 파악하고 추론하며, 상상력이 풍부하고, 분석 및 종합하는 능력이 우수하다. 호기심과 욕구에서는 목표에 대한 집착이 강하고 주위 환경에 대해 호기심이 많고 흥미가 다양하며, 질문을 많이 한다는 것이다.

렌쥴리(Renzulli)(1978)는 지적 능력, 창의성, 집착력 등 3가지 준거를 제시하면서 이 3가지 요인이 동일하게 상호작용하여 영재를 구성한다는 것이다.

지적인 능력이 높은 성취의 필요조건이기는 하지만 충분조건은 아니다. 우리의 경험에 의하면 지능지수가 상위 5%에 속하는 학생이 모두 영재는 아니며, 이에 속하지 않는 학생 중에서도 영재는 있을 수 있다. 또, 사회에 많은 업적을 남긴 사람들은 모두 일에 대한 집착력이 강한 사람들이다. 창의성이라는 말만 들어도 천재, 수재라는 말이 생각 날 정도로 영재에 대한 강력한 준거이다.

2 수학영재의 특성

학자마다 영재의 일반적인 특성을 매우 다양하게 설명하고 있다. 여기에서는 렌쥴리(Renzulli)의 3고리 정의에 기초한 영재의 행동적인 특성을 제시한다(Renzulli & Reis, 1997).

⇨ 지적 능력(평균 이상의 일반 능력)

- 높은 수준의 추상적 사고력
- 새로운 상황에 대한 적응력
- 빠르고 정확한 정보 회상력

⇨ 지적능력(평균 이상의 특수 능력)

- 특정 영역의 지식에 대한 일반 능력의 적용력
- 부적절한 정보에서 적절한 정보를 선별하는 능력
- 문제 해결 과정에서 고등 지식과 전략을 획득하고 사용하는 능력

⇨ 과제집착력

- 높은 수준의 관심과 열정
- 특수 영역에 대한 집착력
- 자신감과 성취동기
- 연구 과정에서 의의 있는 문제를 발견해내는 능력
- 높은 성취 수준

⇨ 창의력

- 사고의 유창성, 유연성, 독창성
- 새로운 경험과 아이디어에 대한 개방성
- 호기심과 모험심
- 심미적 특성에 대한 민감성

폭넓은 의미에서 수학 영재는 미국 교육부 정의에서는 특수 학문 적성 중 수학 적성 영역, 렌쥴리(Renzulli)의 11가지 일반적 성취영역에서는 수학 영역, 가드너(Gardner)의 7가지 지능에서는 논리 - 수학적인 지능 영역에서 뛰어난 능력을 지닌 사람을 의미한다(김홍원, 2004).

많은 학자들이 수학 영재의 특성에 대해 설명하였는데 그 중에서 몇 가지를 소개하면 다음과 같다.

(1) 키이팅(Keating, 1974)이 제시한 수학 영재의 특성

- 수의 사용과 양적인 관계에 대한 성향
- 새로운 상황에 수학적 원리 적용
- 수학적 개념과 원리에 대한 비상한 기억력
- 추상적 사고력
- 가설 – 연역적 추론의 형식적 조작이 나타남
- 비례추론의 형식적 조작이 나타남
- 변수의 분리와 조절의 형식적 조작이 나타남
- 문제 해결에서 통찰
- 산술적인 문제 해결에서 풍부한 전략
- 직관을 통한 문제 해결

(2) 크루테트스키(Krutetskii, 1976)

수학적 사고 과정을 정보 수집, 정보처리, 정보 파지의 3가지 과정으로 보고, 각 과정에 속하는 수학적 능력을 제시하였다.

① 정보수집

- 문제의 구조를 파악하기 위하여 수학적 자료를 형식적으로 지각하는 능력
- 기호를 사용하여 논리적으로 사고하는 능력

② 정보처리

- 수학적 대상, 연산, 관계 등을 일반화 시키는 능력
- 수학적 추론과 연산 체계를 단축시키는 능력
- 사고 과정의 유연성
- 간단하고 분명한 해를 구하는 능력
- 사고 과정의 가역성

③ 정보파지

- 수학적 관계, 문제의 특징, 논증이나 증명, 문제해결 방법 등에 대한 기억 능력

(3) 한국교육개발원(1997)

수학 영재는 수학적 사고 능력, 수학적 과제 집착력, 수학적 창의성, 배경 지식의 요인에서 평균 이상의 높은 능력을 가진 사람으로 정의하면서 다음과 같이 하위 능력을 제시하였다.

① 수학적 사고 능력

- 직관적 통찰력
- 정보의 조직화 능력
- 공간화/시각화 능력
- 수학적 추상화 능력
- 수학적 추론 능력
- 일반화 및 적용 능력
- 반성적 사고 능력

② 수학적 과제 집착력

- 수학에 대한 흥미와 태도
- 인내심
- 집중력
- 자신의 능력에 대한 믿음

③ 수학적 창의성

- 유창성
- 융통성
- 독창성
- 정교성

④ 배경지식

- 수학적인 지식
- 수학 이외의 지식

(4) NCTM(1987)

NCTM은 수학 영재의 특성을 일반적 행동, 학습 행동, 창의적 행동, 수학적 행동으로 나누어 다음과 같이 제시하였다.

① 일반적 행동 특성

- 조기에 뛰어난 이해력과 풍부한 어휘력으로 독서에 열중함
- 시, 노래, 이야기 등을 오래 기억함
- 기본 기술의 빠른 습득

- 공간 지각력이 뛰어남
- 다른 사람들을 이끌고 조직하는 능력이 뛰어남
- 올바르고 공정한 판단력
- 뛰어난 통찰력
- 추상적인 것을 조작하는 능력이 우수함
- 혼자 작업에 몰두함
- 자발적으로 계획을 실행
- 호기심이 많음
- 어떤 일을 할 때 새로운 것과 새로운 방법을 즐김
- 체계화를 잘하고 능률적임

② 학습 행동 특성

- 지적 활동을 즐김
- 예리한 관찰력
- 추상화, 개념과, 종합화 하는 능력
- 원인과 결과에 대한 통찰
- 주어진 문제에 대해 의문을 가지고, 정보를 찾고, 다양한 수단을 사용함
- 의문을 가지고 비판적이며 가치를 검토함
- 기초 지식과 회상하는 능력이 뛰어남
- 중요한 원리를 파악하고 일반화하는 능력이 우수함
- 유사성과 차이점, 예외적인 것에 대한 지각
- 효과적인 사고 전환

③ 창의적 행동 특성

- 유창성
- 유연성
- 조직적 사고
- 정교성
- 추측과 가설을 잘 세움
- 고도의 호기심
- 풍부한 지적 활동과 상상력
- 심미적임
- 충동적이고 감정이 예민함
- 틀에 박힌 과제를 싫어함

④ 수학적 행동 특성

- 수에 대한 호기심과 이해
- 수와 공간적 관계에 대한 논리적이고 상징적인 사고 능력
- 수학적 패턴, 구조, 관계, 연산에 대한 지각과 일반화 능력
- 분석적, 연역적, 귀납적 사고
- 합리적이고 경제적인 해결 방법
- 정보 처리 과정의 유연성과 가역성
- 수학적 기호, 관계, 증명, 풀이 방법 등을 기억하는 능력
- 학습한 것을 새로운 상황에 적용하는 능력
- 수학적 지각력

8.3 수학 영재의 지도 방향

현재 우리나라에서는 영재 교육을 위하여 영재를 선발하여 별도의 시간과 장소를 정하여 특별히 개발된 프로그램을 제공하고 있다. 선발된 학생에게만 영재성을 발휘할 수 있도록 교육의 기회를 제공하고, 나머지 학생에게는 교과서 중심의 판에 박힌 수업을 하는 것이 바람직한지 다시 생각해보아야 할 일이다. 영재 선발에서 제외된 학생은 영원히 영재성을 발휘할 수 없는 것인가? 영재성이 발휘되는 것은 개인적으로 많은 차이가 있을 수 있으므로 일반 학생에게도 영재성을 발휘할 수 있도록 끊임없이 기회를 주어야 할 것이다.

영재의 잠재력 발현에 영향을 미치는 요인으로 지적인 능력, 성격 등과 같은 개인적인 요인과 가정환경이나 영재 교육과 같은 환경적 요인의 상호작용이 필요하지만 가장 직접적인 영향을 미치는 것은 학습 환경과 교수 방법이다(한국교육개발원, 2004).

영재를 어떻게 가르쳐야 하는가에 대해 뚜렷하게, 널리 알려진 바는 없지만 대체적으로 영재가 지니고 있는 일반적인 학습 특성에 부합되는 교수활동이어야 할 것이다.

1 교사의 능력과 역할

교육의 질은 교사의 질을 능가할 수 없다는 말처럼 영재 교육에서 교사의 역할은 매우 크고 중요하다. 교사는 영재의 일반적인 특성, 학습 양식 등을 잘 파악하고 그에 적절한 수업 계획을 작성해야 한다.

영재 교육에 적합한 교수 활동은 결국 교사의 능력과 태도를 의미하는 것인데 이에 대해 살펴보면 다음과 같다.

(1) 일반적인 능력과 태도

① 학문에 대한 열정이 있어야 한다.
② 지적 호기심과 탐구 정신이 있어야 한다.
③ 자상하고 유머 있고, 융통성 있는 성격이어야 한다.

(2) 수업에서 지녀야 할 능력과 태도

① 학생들이 도전할 수 있는 과제를 제시한다.
② 안정적이고 수용적인 환경을 제공한다.
③ 특이하고 색다른 아이디어의 가치를 수업 중에 같이 토의한다.
④ 교사는 정답을 제공해주는 것이 아니라 학생들이 자신의 생각을 창안해 내도록 단서와 절차를 제공하는 역할을 해야 한다.
⑤ 학생들이 평소에 옳다고 믿는 신념이 틀릴 수도 있다는 것을 알게 한다. 우리가 알고 있는 지식은 불변이 아니라 지속적으로 수정될 수 있음을 알게 하고, 수정의 주체는 학생 자신임이라는 것을 강조한다.
⑥ 타인을 존중하는 태도를 길러주어야 한다. 내 아이디어도 틀릴 수 있으며, 내가 틀렸다고 생각한 아이디어도 옳을 수 있음을 수용하는 개방적인 태도를 갖도록 한다. 다른 사람의 관점을 경청하고 정확하게 반응하는 태도를 갖게 한다.
⑦ 지적으로 정직하도록 한다. 어떤 아이디어가 기존 가치를 부정하더라도 충분한 근거가 있고 타당하다면 참으로 받아들일 수 있어야 한다.

⑧ 가끔은 애매한 상황을 만들어 학생들이 사고하도록 만든다.
⑨ 다른 사람과의 경쟁보다는 자신과 경쟁하게 한다.
⑩ 제안된 아이디어는 평가되어야 하겠지만 교사 또는 학생에 의해 즉각적으로 옳고 그름을 평가해서는 안 된다.

2 영재 학습 프로그램 개발

영재 학습 자료는 학생들의 창의적 사고력과 창의적 문제 해결력을 기르는 데 초점을 두어야 하며, 수학 영재의 특성이나 학습 양식에 적합하여야 한다. 많은 연구자들이 영재 학습 프로그램 개발을 위한 방향과 원칙을 제시하였는데 이를 정리하면 다음과 같다.

(1) 목표

① 창의적 사고력과 문제해결력 신장
② 추리력, 비판력, 적용력, 분석 및 종합력 등 고차적인 사고 능력 신장
③ 긍정적인 자아 개념과 타인과 사회, 국가에 대한 책임감을 지니는 지도자적인 자질 함양

(2) 내용

① 다양한 학문 분야를 통합할 수 있는 내용
② 개방적인 과제
③ 복잡하고 추상적인 내용
④ 생산적인 고급 사고 기능을 발달시킬 수 있는 내용
⑤ 교육과정에 없는 도전적인 과제
⑥ 창의적인 아이디어로 해결할 수 있는 과제
⑦ 학문 간의 통합적인 내용과 활동이 포함되는 내용
⑧ 다양한 유형의 사고 활동을 촉진하고 육성할 수 있는 과제
⑨ 수학적으로 질적 수준이 높은 주제

⑩ 하위 학습 과제와 체계화될 수 있는 주제

(3) 방법

① 실험, 조작, 관찰 등 구체적 활동을 통하여 창의적인 사고를 경험하도록 한다.

② 그리기, 만들기, 조사, 토의 등 다양한 형태로 학습하게 한다.

③ 문제 해결 과정을 통하여 수학적 원리나 법칙을 만들게 한다.

④ 능력과 흥미에 따라, 학습 속도와 학습 양식에 따라 최대한 개별학습이 이루어지도록 한다.

⑤ 학생들이 직접 조작 활동을 통하여 문제를 해결하게 하고, 그 과정에서 수학적 원리나 법칙을 만들어내게 하고, 창의적 사고력을 기를 수 있도록 한다.

⑥ 학생들끼리 협력하고, 활발한 토의를 통하여 문제를 해결하게 함으로써 긍정적인 자아개념, 건전한 가치관과 윤리관을 형성하게 하고, 바람직한 수학사회를 만들 수 있게 한다.

연/구/문/제

1. 학습부진아와 수학영재의 정의를 설명해 보시오.

2. 수학 부진아의 원인과 지도방법에 대하여 설명해 보시오.

3. 수학 영재의 특성에 대하여 설명해 보시오.

4. 수학 영재의 지도방향에 대해 쓰시오.

5. 우리나라의 수학 영재지도 현황을 조사해 보시오.

Chapter 09

수학교구와 공학도구의 활용

수학 학습 · 지도의 목표는 학생들이 수학적 개념이나 기능만을 이해하도록 하는 것이 아니라, 추상적인 수학적 지식을 효과적으로 조직하고 이해하여 문제해결에 적용할 수 있도록 하는 것이다. 그런데 학생들은 수학의 추상성이라는 특성 때문에 새로운 수학적 개념을 학습할 때 어려움을 겪게 된다. 이런 이유로 학생들이 문제 상황에 학습 교구를 이용하는 것은 구체적 세계와 추상적 세계에 존재하는 틈을 메울 수 있는 효과적인 방법이 된다.

이 장에서는 수학 학습 · 지도에 이용할 수 있는 학습 교구와 컴퓨터와 계산기와 같은 공학도구의 가치와 구체적인 이용 방안 및 이용 상의 유의점에 대하여 알아보기로 한다.

9.1 수학과 학습 교구

1 수학과 학습 교구의 가치

학습 교구란 학습을 용이하게 진행할 수 있도록 이용되는 교구 전체를 가리키며, 수학과의 교구에는 자나 바둑돌, 산가지에서부터 텔레비전, 컴퓨터 등까지 들 수 있다. 구체적 조작기에 있거나 형식적 조작기에 들어서려는 단계에 있는 초등학생들은 수학의 추상성과 형식성 때문에 수학을 배우는데 어려움을 겪게 된다. 이러한 문제점을 해결하기 위하여 수학적 개념을 구체적으로 나타내는 수학 학습 교구를 이용하게 된다. 구체적 학습 교구를 이용하게 되면 추상적인 수학적 사고와 지식에 대한 이해가 가능하고, 구체적인 활동과 그것을 통한 반성으로부터 수학적 지식의 구성이 가능해진다(강문봉 외, 2005).

수학과 학습 교구는 수학 학습에 주의를 집중하게 하고, 기호적인 표현 체계에 필연적으로 연결시키지 않고도 수학적 구조를 구체화한다는 특징을 가지고 있다(Resnick & Ford, 1981). 따라서 학습 교구를 이용한 수업은 그러한 교구 없이 행해지는 수업보다 더 높은 수학적 성취를 이룰 가능성이 높으며, 학생들이 수학적 아이디어를 구성하고 그것을 유지하는 데에도 도움이 된다(강문봉 외, 2005). 일반적으로 학습 교구는 학생의 지각적 감각(시각, 촉각 등)에 자극을 주어야 하고, 학생이 직접 만질 수 있어야 하며, 이동과 재배열이 가능해야 하고, 수학적 아이디어를 표현할 수 있어야 한다.

학습 교구는 어떤 교구나 도구가 수업에 이용되는 한 학습 교구로 간주될 수 있는데, 김응태 외(1995)는 내포하고 있는 수학적 구조에 따라 세 가지로 학습 교구를 구분하고 있다. 첫째는 기계적인 훈련을 위한 교구로 구구암기를 위한 플래시 카드, 계산 연습을 위한 프로그램 등이 있다. 이들 교구는 교구 자체가 수학적 구조를 내포하기보다 단순 암기와 연습 등을 위한 반복 이용에 편리를 주는 용도로 이용된다.

둘째로 특정 수학 개념이나 원리를 이해시키기 위한 모형으로 뿔의 부피, 평행사변형의 넓이 등을 설명하기 위한 모형이나 입체도형 모형 등 수학 교구실의 여러 모형이 있다. 이들 교구는 수학적 아이디어에 대한 시각화 교구로 수학적 구조가 분명하여 학생 스스로 수학적 아이디어나 구조를 발견하도록 하는 수학적 활동을 촉발시키지는 못한다는 한계점을 가지고 있다.

셋째로 퀴즈네어 막대, 속성 블럭과 같은 수학적 구조를 구체화한 모형으로 수학적 관계를 유기적으로 상호 관련시켜 이해시키고 발전시키도록 고안된 모형이 있다. 이들 교구는 수학적 구조가 내포되어 있지만, 구조가 한 눈에 포착되지 않기 때문에 학생들의 적극적 개입이 필요하며, 교구를 이용할 때 교사의 노력에 의해 다양한 수학적 아이디어의 지도가 가능하다.

수학을 지도할 때 이용되는 학습 교구는 다음과 같은 역할을 한다(이정재, 2004). 첫째, 수학을 행하는데 있어서 학생으로 하여금 무엇을 생각하도록 하고 무언가를 하게 한다. 학습 교구는 탐색하는 접근 방법을 조장하며, 학생이 교구에서 얻은 피드백을 가지고 새롭거나 발전적인 아이디어를 생각해 내도록 촉진한다.

둘째, 학습 교구는 학생들이 수학적 아이디어를 창조하기 위하여 필요한 유형의 사고를 하는 것을 보다 수월하게 해 준다. 즉 학습 교구는 학생의 추측을 확인하고, 설명을 논리적으로 하도록 도와준다.

셋째, 학습 교구는 학생이 반영적 사고를 하도록 도와주고, 수학적 모델링을 하는 과정에서 수학적 개념이나 절차를 이해하고, 이것을 기호로 나타내는 것을 도와준다. 넷째, 학습과 평가가 일관되어야 한다는 면에서 학습에 교구가 이용되었다면 학생의 이해를 평가하기 위하여 학습 교구를 이용해야 한다.

끝으로 학습 교구는 교구가 표현하는 의미를 수학적 언어나 기호로 표현하게 하는 번역 능력을 향상시킬 수 있다.

2 수학과 학습 교구의 유형

학습 교구를 이용한 학습·지도는 교사의 설명에 따라 학생들이 학습 요소에 알맞은 학습 교구를 한 단계씩 조작하면서 이루어진다. 이때 교사는 학생들이 적절한 개념을 구성할 수 있도록 학습 교구를 조작한 활동에 적절한 발문을 제공하며, 학생들은 자신의 조작 활동과 그에 따른 결과로 학습 결과를 이끌어 내게 된다. 이러한 경험을 통하여 학생들은 수학적 개념을 추상화 할 수 있게 된다.

학습 교구는 학습 목표를 성취시키는데 이용되기 때문에 학습자의 능력 수준, 학습 내용의 특성, 경제성 등이 고려되어야 한다. 학습 교구는 본질적으로 학습을 지도하는 교사 자신이 개발하는 것이 바람직하다. 이것은 교사 자신이 개발한 학습 교구이어야 학습 교구 이용의 목적, 이용의 시기, 이용 방법 등을 명확히 할 수 있기 때문이다. 교사가 개발한 학습 교구 외에도 최근에는 여러 가지 조작적 학습 교구가 개발되어 수학 학습을 지원할 수 있게 되었다.

구체적 조작물을 이용한 수업의 성공을 위해서는 우선적으로 좋은 교구를 선택해야 한다. 여기서 좋은 교구란 학생들이 다루기 쉽고, 학생들에게 의미 있는 경험을 줄 수 있으며, 다목적으로 이용할 수 있는 교구를 말한다. 이러한 학습 교구에는 다음과 같은 것이 있다.

- **큐브형 교구**: 쌓기 나무, 십진블록(base ten block), 퀴즈네어 막대(cuisenaire rod), 스냅 큐브(snap cube), 소마큐브(somacube), 대수 타일(algebra tile) 등
- **타일형 교구**: 칠교판(tangram), 패턴블록(pattern block), 속성블록(attribute block), 도미노 등
- **모형 교구**: 모형 시계, 모형 화폐, 입체도형 모형, 폴리드론(polydron) 등
- **산가지(counter)**: 작은 막대기, 얼음과자 손잡이, 나무젓가락 등
- **각종 계기와 작도 기구**: 자, 눈금이 새겨진 비커, 투명한 유리 또는 플라스틱 그

룻, 계량 숟가락, 온도계, 각도기, 용수철저울, 눈금저울이나 양팔저울, 기하 판(geoboard) 등

• 기타 : 자연수, 분수, 소수 등과 연산 기호를 그려 넣은 카드, 스티커, 회전판, 주사위 등

3 수학과 학습 교구의 활용 실제

초등학생들이 새로운 수학적 개념이나 내용을 학습할 때 학습 교구를 이용하여 구체적 조작활동을 경험하는 것은 중요하다. 다음에서는 수학 수업에서 유용하게 이용할 수 있는 여러 가지 교구와 이용 방안에 대해 알아보기로 한다.

(1) 기하 판(geoboard)

영국의 수학교육자 가테뇨(Gattegno)가 개발한 기하 판은 판자 위에 일정한 간격의 격자점에 못을 박아 놓은 판을 말한다. 기하 판은 모눈종이와 유사하지만, 고무줄이나 실을 못에 걸어 다양한 도형을 구성하거나 수정할 수 있어 도형의 성질을 탐구하는데 유용하다.

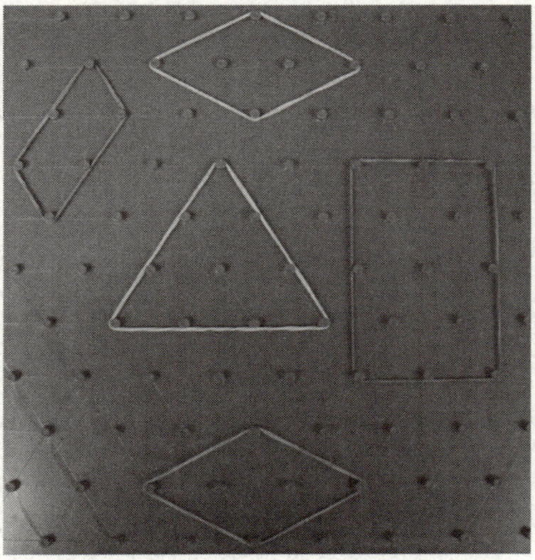

▍그림 9.1▍ 기하 판

기하 판은 여러 종류가 있는데, 가로와 세로로 각각 9개(3×3), 16개(4×4)의 못을 박아 만든 정사각형 모양의 기하판과 원의 중심에 1개의 못과 그 둘레에 12개, 판의 네 모서리에 1개씩 모두 17개의 못을 박아 만든 원 모양의 기하 판이 있다. 또, 판이 곡면인 것과 못의 간격을 바꾸어 놓은 것 등 창의적으로 변형한 기하 판이 있다.

기하 판은 다음과 같은 학습 내용에 이용될 수 있다.

① 못에 고무줄을 걸어 삼각형, 사각형, 오각형 등 여러 가지의 도형을 만들어 도형의 성질을 탐구한다. 또, 오목·볼록 다각형의 개념 지도, 도형의 합동과 닮음 및 그 성질 등을 지도할 수 있다.

② 모눈 사이의 실제 길이에 관계없이 모눈 한 칸으로 이루어진 정사각형을 단위로 하여 도형의 넓이를 탐구할 수 있다.

③ 도형의 둘레 및 내부에 있는 못의 수 사이의 관계에서 규칙성을 찾아 그 도형의 넓이를 구할 수 있다. 즉 도형 둘레에 있는 못의 수를 b, 그 도형 내부에 있는 못의 수를 i, 도형의 넓이를 S라고 하면 $S=\frac{b}{2}+i-1$이라는 피크(Pick)의 공식을 구할 수 있다.

④ 도형의 넓이와 둘레 사이의 관계, 패턴, 분수, 그래프의 좌표, 무리수, 피타고라스 정리 등을 탐구할 수 있다.

(2) 퀴즈네어 막대(Cuisenaire Rods)

퀴즈네어 막대는 벨기에의 교사인 조지 퀴즈네어(Ceorge Cuisenaire)가 악보에서 음의 높낮이에 힌트를 얻어 만든 교구로, 수들의 관계를 서로 다른 높낮이와 길이, 색깔로 나타낸 수학 학습 교구이다. 퀴즈네어 막대의 구성은 주황색, 파란색, 갈색, 검은색, 진한 녹색, 노란색이 각각 4개씩 있고, 보라색 6개, 밝은 녹색이 10개, 빨간색 12개, 흰색 22개 등 모두 74개로 이루어졌으며, 규격은 밑넓이가 1 cm^2인 정사각형 모양, 높이는 1 cm부터 10 cm까지인 직사각기둥 모양의 막대이다.

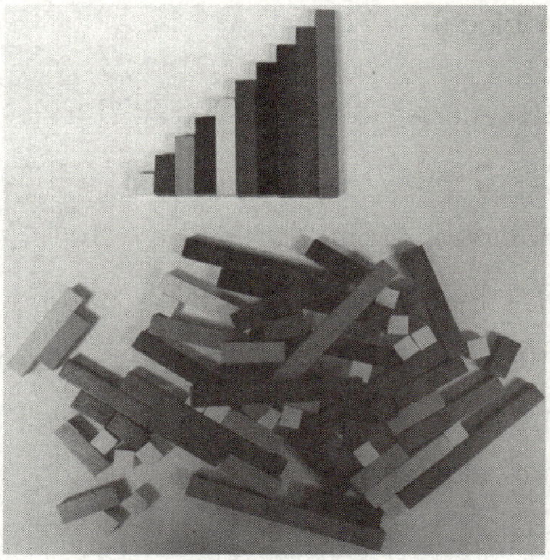

그림 9.2 퀴즈네어 막대

퀴즈네어 막대는 길이별로 배열했을 때 계단모양으로 배열되며, 각 막대는 1cm씩 차이가 난다. 막대에 눈금이나 길이가 주어지지 않은 것은 단위막대의 길이를 지도 내용에 따라 임의로 정하여 이용할 수 있도록 하기 위함이다.

퀴즈네어 막대는 다음과 같은 학습 내용에 이용될 수 있다.

① 기본적인 수 개념 및 수 감각을 형성·개발시킬 수 있다. 예를 들어 흰색 막대의 길이가 1이라면 빨간색 막대는 흰색 막대 2개를 연결한 것과 같으므로 빨간색 막대의 길이는 2이고, 연두색 막대는 흰색 막대 3개를 연결한 것과 같으므로 연두색 막대의 길이는 3이다.

② 자연수 및 소수와 분수의 사칙 연산뿐만 아니라, 교환법칙과 결합법칙 등 대수법칙을 지도할 수 있다.

③ 약수와 배수 사이의 관계를 탐구할 수 있다.

④ 다양한 수학 문제를 해결하거나 게임 활동을 통하여 논리적 추론 능력을 신장시킬 수 있다.

⑤ 기하나 측정 영역을 지도하는 데에도 유용하다. 예를 들어 흰 막대를 1 cm 단위 길이로 할 때, 밑면이 1 cm×1 cm인 흰색 막대를 이용하여 직사각형의 면을 덮는 활동을 통하여 넓이를 구할 수 있다.

(3) 십진블록(Base ten block)

헝가리 출신의 디너스(Dienes)는 위치적 기수법의 원리의 이해를 돕기 위해 십진블록을 고안했다. 가장 작은 블록은 가로, 세로, 높이가 각각 1cm인 정육면체로 이것을 단위(unit : 단위 모형)라고 하고, 1 cm^3인 정육면체가 10개인 직육면체를 막대(long : 십 모형)라 하고 10을 나타내며, 1 cm^3인 정육면체가 100개인 직육면체를 판(flat : 백 모형)이라 하며 이것은 100을 나타낸다. 가장 큰 블록은 1 cm^3인 정육면체가 1000개인 정육면체로 이것은 1000을 나타내며 입체(cube : 천 모형)라 한다.

십진블록은 다음과 같은 학습 내용에 이용될 수 있다.

① 수와 자릿값의 개념과 덧셈과 뺄셈의 원리를 이해하는 데 도움을 준다.

② 곱셈의 원리를 이해하는데 이용할 수 있다. 예를 들어 직사각형 배열을 이용하여 부분 곱으로 전개한 후, 전체 합을 구하는 원리와 알고리즘을 이해할 수 있다.

③ 단위 블록을 막대, 판, 입체로 바꾸어 가며 소수 개념과 그 사칙 계산 원리의 이해를 도울 수 있으며, 단위 블록을 기준으로 넓이, 들이, 부피 등 도형의 측정 개념을 지도할 수 있다.

(4) 스냅 큐브(snap cube)

스냅 큐브는 10가지 색깔이 있으며, 정육면체 모양으로 정육면체끼리 서로 연결할 수 있도록 돌기와 구멍이 있다. 하나하나가 연결되어 어떤 길이의 막대도 만들 수 있으므로 수 개념 지도에 유용하다. 3차원 도형이기 때문에 패턴 탐구와 공간 개념, 추론, 측정 지도에도 유용하다.

▌그림 9.3▌ 스냅 큐브

스냅큐브는 다음과 같은 학습 내용에 이용될 수 있다.

① 큐브끼리 연결하여 자릿값 지도나 수 개념이나 수 감각을 개발하는 모델로 이용할 수 있다.

② 큐브끼리 연결하여 퀴즈네어 막대처럼 이용함으로써 사칙 계산 원리를 이해하는데 도움을 준다.

③ 막대그래프를 표현하고 색깔을 이용한 배열로 규칙성을 탐구하는데 이용할 수 있다. 또 주머니에서 여러 색의 큐브를 꺼내는 이용을 통하여 확률 게임이나 표본 추출의 도구로 이용할 수 있다.

④ 스냅 큐브를 연결하여 소마 큐브를 만들어서 입체 구성 및 공간 감각을 신장시킬 수 있는 교구로 이용할 수도 있다.

⑤ 인수로서의 수를 표현하고 최대공약수와 최소공배수를 발견하는 과정을 이해하는데 이용할 수 있다.

(5) 소마큐브(somacube)

소마큐브란 펜토미노에서 유래된 퍼즐로, 1936년에 덴마크의 피에트 하인(Piet Hein)이 발표하였다. 소마큐브는 정육면체를 여러 개 붙인 다면입체(Polycube) 중 4

개 이하의 정육면체로 이루어진 것에서 오목한 면을 가진 것으로 이루어져 있다. 소마(Soma)란 용어는 헉슬리가 지은 '새로운 신세계'라는 소설에 나오는 황홀경에 빠지는 효과가 있는 약의 이름에서 유래하였다.

그림 9.4 소마큐브

(6) 주사위

정육면체의 각 면에 1에서 6까지의 점을 각각 새긴 주사위가 주로 이용되며, 점 대신 수를 써넣어 이용하기도 한다. 주사위는 주로 확률 개념의 지도에 이용되지만, 각 면에 도형을 그려 넣거나, 각종 연산 기호, 큰 수 등을 새겨 넣어 보다 다양한 수학 학습에 이용하기도 한다. 또한, 주사위의 개념을 확장하여 정육면체 대신 정사면체, 정십이면체, 정이십면체 등의 다면체 주사위를 만들어 이용하기도 한다.

(7) 칠교판(탱그램, tangram)

칠교판은 크고 작은 삼각형 다섯 개, 정사각형 한 개와 평행사변형 한 개로 구성되어, 각각의 조각을 이용하여 여러 가지 모양을 만들 수 있는 교구이다. 칠교판을 이용한 놀이는 많은 사고력을 요구하며, 특히 학생들의 두뇌 발달을 촉진시킨다.

▌그림 9.5▌ 칠교판

칠교판 조각들을 적절하게 배열하면 수 천 가지의 모양을 만들 수 있는데, 주변에서 널리 쓰는 생활용품부터 사물의 이치와 우주의 원리 같은 추상적인 것까지 형상화할 수 있다. 최근에는 전통적으로 이용되던 칠교판 모양으로부터 아이디어를 얻어서 만든 사교판, 오교판, 육교판 등 다양한 유형의 다각형 모형과 원과 타원 모양, 하트 모양 등이 개발되고 있다. 칠교판은 다음과 같은 학습 내용에 이용될 수 있다.

① 다각형 개념과 성질 및 도형의 변환에 이용할 수 있다.

② 조각을 적절히 조합·배열하면 수와 연산 및 측정학습의 도구로 이용할 수 있다.

③ 여러 가지 모형을 구성해 보는 과정에서 공간 감각과 창의적 사고력 등의 학습에 유용하게 이용될 수 있다.

(8) 속성블록(attribute block)

속성블록은 디에네스가 개발한 교구로 논리블록(logical block)이라고도 한다. 속성블록은 수학의 구조를 구체적으로 구현하기 위해 고안된 교구로 놀이나 게임을 통하여 집합의 개념인 분류의 원리를 발견할 수 있게 된다. 속성블록은 모양(원, 정사각형, 직사각형, 정삼각형, 정육각형), 색(빨강, 노랑, 파랑), 크기(대, 소), 두께(두꺼운 것, 얇은 것)의 4가지 속성이 각각 다른 도형으로 구성되어 있다.

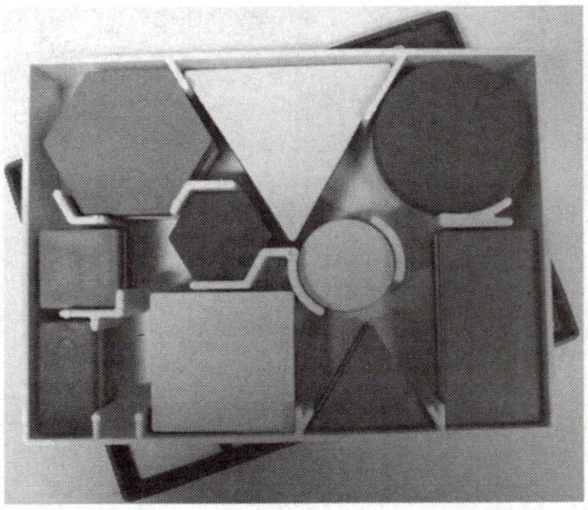

▌그림 9.6▌ 속성블록

속성블록은 다음과 같은 학습 내용에 이용될 수 있다.

① 설명을 듣고 속성블록 찾기, 분류된 블록을 보고 공통적인 속성 찾기, 분류된 블록에서 잘못 분류된 것 찾기, 한두 가지 속성을 정하여 분류하기 등의 활동을 할 수 있다.

② 같은 종류의 블록을 모으거나, 두 가지 속성이 공통되는 블록 모으는 활동 등을 통하여 집합, 합집합, 교집합 등의 의미를 익힐 수 있고, 논리적 사고력을 길러 줄 수 있다.

(9) 패턴블록(pattern block)

패턴블록은 1960년대 초 미국의 초등과학연구회가 평면 패턴 탐구를 위해 개발한 학습 교구이다. 패턴블록은 색깔이 있는 6개의 도형, 녹색 정삼각형(50개), 주황색 정사각형(25개), 파란색 평행사변형(50개), 갈색 마름모(50개), 빨간색 사다리꼴(50개), 그리고 노란색 정육각형(25개) 등 총 250개로 구성되어 있다.

이 블록은 사다리꼴의 아랫변의 길이만 2인치이고, 나머지 변들은 길이가 모두 1인치이며, 마름모에서도 각의 크기가 150°인 것을 제외하고는 모두 360°의 약수인 120°, 90°, 60°, 30°로 모두 구성되어 있다. 그러나 150° 조차도 90°와 60°의 합이기 때문에 다른 각들과 연관이 있다. 그래서 이 도형들 간의 변의 길이와 각의 크기 사이에는 평면을 완전히 채울 수 있도록 관계가 지워져 있다.

▌그림 9.7▌ 패턴블록

패턴블록은 다음과 같은 학습 내용에 이용될 수 있다.

① 패턴블록의 조각은 도형들 간의 변의 길이와 각의 크기 사이에 평면을 완전히 채울 수 있도록 관계가 지워져 있어 무늬꾸미기를 할 수 있다.

② 패턴블록은 도형들 사이의 관계를 파악하는데 유용하다. 예를 들어 정육각형인 노란색 블록은 빨간색 블록인 사다리꼴 2개, 또는 파란색 블록인 평행사변형 3개, 또는 녹색 블록인 정삼각형 6개로 만들 수 있다. 이것은 전체에 대한 부분이라는 분수의 개념을 이끌어 내는 데 유용하다.

③ 합동, 닮음, 대칭, 넓이, 길이, 패턴, 분수, 그래프 등 많은 수학적인 주제를 탐구할 수 있다.

④ 고차원적인 수 패턴을 이해할 수 있다. 예컨대, 같은 색깔의 패턴블록 여러 개를 이용해서 도형의 수를 하나 둘 씩 늘려가며 처음의 도형과 닮음 도형을 만들면서, 1, 3, 6, 10, …, 또는 1, 4, 9, 16, …과 같은 삼각수와 사각수 패턴을 발견할 수 있다.

(10) 도미노(domino)

도미노는 길이의 비가 1 : 2인 직사각형 모양의 조각에 점이 찍혀 있는 교구이다. 오늘날 흔히 말하는 조그만 조각들을 연달아 늘어놓았다 한 번에 넘어뜨리는 놀이는 도미노 놀이의 변형이다.

수학교구로 이용되는 도미노는 작은 직육면체 조각 위에 정사각형 두 개가 그려져 있고, 각각의 정사각형 안에 0에서 6(또는 9)까지의 점이 찍혀 있는 6-6 도미노(또는 9-9 도미노)가 있다.

그림 9.8 도미노

도미노는 다음과 같은 학습 내용에 이용될 수 있다.

① 눈의 수를 연결하는 활동을 통하여 수의 계열과 수의 크기를 학습할 수 있다.

② 눈의 수를 이용하여 사칙 계산을 이해할 수 있다.

③ 정사각형 각 눈의 수를 분자와 분모로 하여 분수의 개념 및 사칙 계산을 할 수 있다.

9.2 컴퓨터를 활용한 수학교육

1 컴퓨터와 수학교육

현대의 정보화 사회에서 컴퓨터는 생활에 필수적인 존재로 각광 받고 있다. 컴퓨터에 관한 지식과 기능은 정보화 사회에 능동적으로 대처하는 방법을 제공하므로 학생들에게 컴퓨터를 활용할 수 있는 능력을 길러 주는 일은 중요하다.

컴퓨터의 발달로 인해 수학 연구와 수학교육에서도 컴퓨터의 활용 방안에 많은 관심을 가지고 있다. 수학이라는 교과의 성격을 살펴볼 때, 컴퓨터만큼 수학 학습·지도를 풍부하게 해 주는 교육 매체도 드물다. 컴퓨터가 가지고 있는 다양한 기능은 추상적인 수학 내용을 시각화하여 구체와 추상의 만남이 가능하게 하고, 형식적인 증명이나 개념 학습의 전 단계에서 직관적·탐구적 활동을 통해 수학의 역동적이고 발생적인 측면을 부각시킬 수 있다. 컴퓨터는 산술 계산뿐만이 아니라, 대수적인 문자식의 변환도 신속하게 처리하도록 함으로써 수학교육은 종래의 계산 위주의 교육에서 사고력 중심의 교육으로 옮겨갈 수 있게 되었다. 컴퓨터 프로그램에 나타난 오류를 이용하면 학생들은 오류를 제거하기 위하여 자신의 행동에 대한 새로운 통찰을 이끌어 내야 하므로 사고력을 향상시킬 수 있다(신동선과 류희찬, 1998).

수학교육에 컴퓨터가 도입되어야 한다고 본격적으로 논의가 시작된 것은 1980년대이다. 미국의 NCTM(1980)은 'An Agenda for Action'에서 계산기와 컴퓨터의 활용을 강조하였고, NCTM(1989)도 계산기와 컴퓨터를 모든 학년의 수학 교육에 통합하여 이용해야 한다는 하고 다음과 같이 제안하였다.

① 모든 학생은 언제든지 적절한 계산기를 이용할 수 있어야 한다.

② 모든 교실에서는 시범을 목적으로 한 대 이상의 컴퓨터가 설치되어 있어야 한다.

③ 개별 활동과 집단 활동을 위해 모든 학생들이 컴퓨터와 접촉할 수 있는 기회를 갖도록 해야 한다.

④ 학생들이 문제를 탐구하고 해결하기 위하여 정보를 처리하고 계산하는 데 하나의 도구로서 컴퓨터를 이용할 수 있게 해야 한다.

이것은 학생들이 수학 문제를 탐구하는 과정에서 컴퓨터와 계산기를 적절히 이용할 수 있도록 해야 한다는 것을 알 수 있다. 즉 모든 수학교실에서 시범을 위해 컴퓨터를 이용하여야 하고, 모든 학생들은 계산기를 언제든지 이용할 수 있어야 하며, 정보를 처리하고 문제를 해결하고 탐구하는 도구로서 컴퓨터를 이용할 수 있어야 한다.

NCTM(2000)에서 제시하는 수학 교수 프로그램을 위한 원리 중 테크놀로지의 원리는 "수학 교수 프로그램은 테크놀로지를 이용하여 모든 학생들이 수학을 이해하는 것을 돕고, 그들이 점점 더 커지는 테크놀로지의 세계에서 수학을 이용할 수 있도록 준비시켜야 한다."는 것이다.

우리나라도 세계적 추세에 발맞추어 1980년대 중반부터 컴퓨터를 싼 값으로 대량 보급함에 따라 수학 문제를 탐구하고 해결하며 반복 연습시키는 도구로서 컴퓨터를 학교수학에 도입해야 한다는 주장이 제기되었고, 컴퓨터를 수학교육에 도입하기 시작하였다. 이런 추세로 교육인적자원부(2007)는 학습·지도의 전 과정에서 계산 능력 배양을 목표로 하지 않는 경우의 복잡한 계산 수행, 수학적 개념·원리·법칙의 이해, 문제 해결력 향상 등을 위하여 컴퓨터, 교육용 소프트웨어 등의 공학적 도구를 확보하여 이용하도록 권고하고 있다.

컴퓨터를 이용한 수학교육과 관련된 여러 연구는 컴퓨터와 같은 기술 공학을 이용함으로써 다음과 같은 결과물을 보여주고 있다(강문봉 외, 2005).

① 전통적인 교육 방법으로는 불가능한 지도 내용을 다루게 되어 교육적인 선택의 폭을 넓혀준다.
② 학생의 학습 환경을 개별적인 것으로 만들어 준다.
③ 수학을 이해하고 수학적 지식을 구성하는데 학생들이 능동적으로 참여하게 해준다.
④ 학생에게 즉각적인 피드백을 제공하여 준다.
⑤ 협동적인 문제 해결 활동에 참여할 많은 기회를 제공하여 준다.
⑥ '지식 제공자'라는 전통적인 교사의 역할을 '학습 촉진자'라는 질적으로 다른 역할을 하도록 보완해 준다.
⑦ 수학과 자신에 대해 그리고 자신의 학습에 관한 태도를 향상시켜 주는 경험을 제공하여 준다.

2 컴퓨터가 수학교육에 미치는 영향

프로이덴탈(Freudenthal, 1981)은 수학적 사고력 증진이라는 수학교육의 목적 추구를 위한 강력한 수단으로서 공학적 도구를 이용할 것을 주장하였다. 컴퓨터를 포함한 공학적 도구가 수학교육의 목적 추구에 있어 방법론적 측면에서 기여할 수 있는 측면을 '수학과 학생들의 실제 경험의 연결', '수학적 대상과 수학적 관계의 구체화', '수학의 다양한 표현 체계의 연결', '사고력 중심의 수학교육 추구'로 나누어 살펴 볼 수 있다(나귀수, 2000 ; 황혜정 외, 2004).

먼저, 컴퓨터는 수학과 학생들의 실제 경험을 연결시켜 준다. 컴퓨터는 학생들의 일상적이고 물리적인 경험에 바탕을 둔 실제 교구와 시뮬레이션을 함께 제시함으로써, 다양한 모델과 시뮬레이션을 통해 학생들의 광범한 경험과 형식적인 수학을 연결할 수 있게 한다. 또한 컴퓨터는 보다 이상적이고 개략적이고 추상적인 시뮬레이션을 제공하기 때문에 학생들은 다양한 현실 세계를 통제하는 동일한 모델과 중간적인 추상성을 가진 모델들을 컴퓨터를 통해 직접적으로 경험할 수 있다.

둘째, 컴퓨터는 수학적 대상과 수학적 관계를 구체화시켜 준다. 컴퓨터는 수학적 대상과 수학적 관계를 구체화함으로써 그것들을 보다 직접적으로 다룰 수 있는 학습 · 지도 환경을 제공한다. 예를 들어 Geometer's Sketch Pad(GSP)와 같은 탐구형 기하 소프트웨어에서 기하 그림을 직접적으로 다룸으로써 수학적 대상과 관계를 구체화하여 직접적인 조작을 활성화시킬 수 있다.

셋째, 컴퓨터는 수학의 다양한 표현 체계를 연결시킨다. 컴퓨터 환경에서 연결된 다양한 표현들은 역동적이고 상호작용적인 매개체로 적용될 수 있다는 점에서 수학 학습 · 지도 방법의 개선에서 중요한 역할을 한다. 즉 컴퓨터를 이용한 학습 · 지도 환경은 수학의 다양한 표현을 같은 화면에 제공함으로써, 학생들로 하여금 다양한 표현을 서로 연결 짓게 함으로써 그 표현에 내재되어 있는 의미를 보다 충실하게 이해할 수 있도록 한다.

넷째, 컴퓨터는 사고력 중심의 수학교육을 추구할 수 있다. 컴퓨터는 사고력 향상을 목적으로 하는 학습 · 지도 활동에서 산술적인 계산과 대수적인 문자식의 처리를 신속하게 수행해 줌으로써 본질적인 사고력 중심의 학습 · 지도 활동에 전념할 수 있게 해 준다. 또한, 컴퓨터 프로그래밍에서의 오류 수정 활동은 수학적 사고력 향상을 위한 기회로 이용될 수 있다.

3 컴퓨터를 이용한 학습 · 지도 양식

컴퓨터를 이용한 학습 · 지도의 양식은 크게 '개인교사형(tutor)', '학생주도형(tutee)', '보조도구형(tool)', 학생주도형과 보조도구형이 결합된 '탐구학습형' 소프트웨어가 이용되고 있다(이종영, 1998 ; 황혜정 외, 2004).

(1) 개인교사형

개인교사형 시스템은 전통적인 교사의 역할을 컴퓨터가 대신하는 양식으로, 대부분의 컴퓨터 보조학습(CAI ; Computer Assistant Instruction)용 소프트웨어가 여기에 속한다. 개인교사형 시스템을 이용한 학습·지도에서는 학생과 시스템 사이의 밀접한 상호작용이 학생들의 학습을 보장할 수 있다.

그러나 학생들이 지식의 이면에 들어있는 의미의 본질을 이해했는가 하는 것을 보장하지는 못한다는 단점이 있다. 그 이유는 개인교사형 시스템에서는 그 속에 들어있는 지식에 대한 학생들의 견해를 표현할 수 없고, 학생들이 선택할 수 있는 조작의 수가 한정되어 있어서 다루어지는 수학 개념에 대한 명확한 이해 없이도 학습이 진행될 수 있기 때문이다. 또 다른 이유는 학생들의 학습이 컴퓨터에 의해 주어지는 피드백을 주어진 문제나 과제를 해결할 수 있는 힌트나 도움을 얻는 방법에 대한 학습으로 변질될 수 있다는 것이다.

(2) 학생주도형

학생주도형에서는 학생이 컴퓨터를 지도하는 역할을 한다. 학생들은 자신이 작성하여 입력하는 일련의 논리적인 단계를 통해 컴퓨터가 행동을 수행하도록 컴퓨터를 프로그램하고 그 결과를 살펴봄으로써 자신의 사고 과정을 반성하게 하고, 나중의 수학 학습에 도움을 얻게 된다. 학생들은 간단한 프로그래밍 언어를 이용하여 자신의 수학적 아이디어를 검증하기 위해 프로그램을 작성하는 것은 프로그래밍 학습에 정당성을 부여한다. 학생들은 과제를 해결하기 위한 프로그래밍 기능을 학습할 수 있으며, 과제에서 의도하는 수학적 개념과 프로그램사이의 연관성을 파악할 수 있다.

일반적으로 수학교육에서 프로그래밍의 지도를 찬성하는 연구자들은 프로그래밍의 지도가 컴퓨터에 관해 가르치는 최상의 방법인 동시에 수학을 가르치는 좋은 방법이며, 프로그래밍을 통해 학생들이 진로에 대해 준비할 수 있도록 도울 수 있고 지능을 발달시킬 수 있다고 주장한다. 반면에 수학교육에서 프로그래밍의 지도를 반대하는 연구자들은 프로그래밍의 학습이 학생들의 장래의 직업에 대한 준비를 돕지 못하며, 컴퓨터 소양이 컴퓨터 프로그래밍을 필요로 하는 것은 아니고, 프로그래밍이 지능을 발달시킨다는 명확한 증거가 없다고 주장한다.

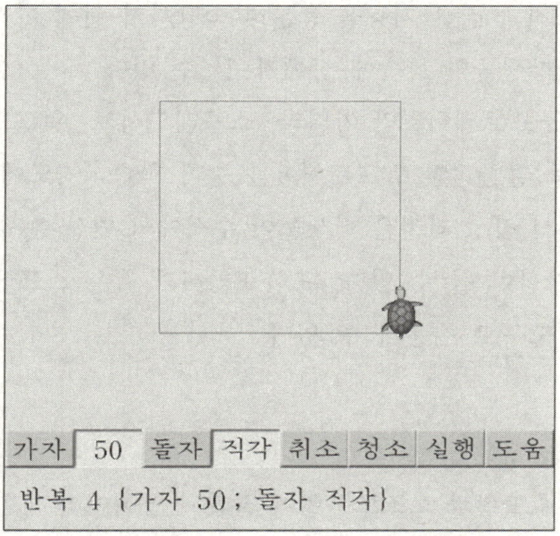

▌그림 9.9▌ LOGO를 이용한 정사각형 그리기

학생 주도형 양식의 대표적인 것으로 로고(LOGO)언어가 있다. 로고는 자신의 사고를 의식화시킬 수 있는 자연스러운 환경을 제공하여, 이를 토대로 수학적 직관력을 향상시키고 사고를 유발시켜 준다. 또한 과정에 대한 반성을 통해 메타인지를 향상시켜 주고, 다양한 시각적 표현은 학생들에게 심미안적 안목과 학습에 대한 긍정적인 태도를 길러 줄 수 있다(강문봉 외, 2004).

(3) 보조도구형

컴퓨터를 보조도구로 이용하는 양식은 수학에서 이용하는 그래프를 그릴 수 있고 문자 연상이 가능하며 데이터를 분석하고 수학적인 절차를 수행하는 소프트웨어를 이용하는 상황을 말한다. Maple이나 Mathematica와 같은 기호 조작 소프트웨어(CAS ; Computer Algebra System)는 전형적인 보조도구형 시스템이라고 할 수 있다. 이러한 소프트웨어는 수학적 개념을 이해하기 위하여 반복적인 과정을 필요로 하는 경우에 그러한 반복적인 중간 과정을 신속하게 처리해 줌으로써 학생들이 시간을 효율적으로 이용할 수 있게 해 준다. 그렇지만 컴퓨터가 수행해 주는 기호 조작이 학습·지도의 목적에 도달하기 위한 수단으로 작용하는 경우에만 이러한 소프트웨어를 이용해야 하며, 학생들이 기호 조작과 같은 기능을 충분히 숙달하기 전에 이러한 소프트웨어를 이용하는 것은 오히려 학생들의 학습에 장애가 될 수 있다.

한편, 수학교육용 소프트웨어뿐만 아니라, 스프레드시트, 워드프로세서, 데이터베이스, 그래픽 패키지 등 일반적인 소프트웨어를 수학 학습·지도에 이용할 수 있다. 워드프로세서에서의 수식 작성 과정은 학생들이 수식에서 연산 순서와 괄호의 중요성 등을 이해할 수 있는 경험이 될 수 있다. 또한 Excel과 같은 스프레드시트는 수학 문제 해결 과정에 유용한 도구로 이용될 수 있다.

(4) 탐구학습형

탐구학습형은 학생주도형과 보조도구형이 결합된 양식이라고 할 수 있다. 최근에 등장한 컴퓨터 기반 기하 탐구학습 환경을 제공하는 Cabri-Geometry와 Geometer's SketchPad(GSP)등이 이에 해당된다. Cabri-Geometry와 Geometer's SketchPad는 기본 대상(점, 직선, 선분, 원 등)으로부터 도형을 작도하는 것을 가능하게 해 주며, 메뉴를 이용하여 학생들이 요구하는 관계(중점, 수직선, 평행선 등)를 구성할 수 있게 해 준다. 도형을 그리고 난 후에는 기본 대상인 점을 움직여서 도형이 어떻게 변하는가를 컴퓨터 화면에서 관찰할 수 있다. 이용자가 입력한 명령어나 마우스로 행한 활동은 컴퓨터 화면상의 점이 이동할 때 보존되는데, 이것은 화면상의 도형의 특성에 대한 타당성을 검토하는 도구로 이용될 수 있다.

탐구학습형 소프트웨어는 교사가 수업에 이용하여 단순히 학습 내용을 전달하기보다는 학생들이 직접 소프트웨어를 이용하여 수학학습을 하게 된다. 따라서 탐구형 소프트웨어의 이용은 추상적인 수학적 대상을 구체적으로 탐구할 수 있는 환경을 제공할 뿐만 아니라, 학생들의 학습에 대한 흥미와 동기유발에도 긍정적인 효과를 가져 올 수 있다.

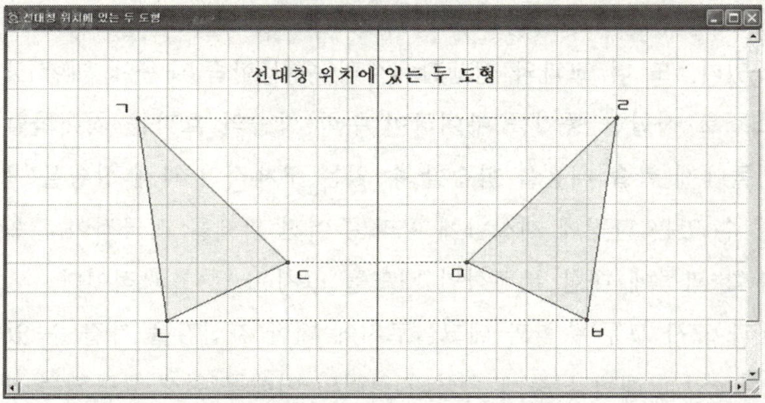

▌그림 9.10▌ GSP를 이용한 도형 탐구

4 웹을 이용한 수학교육

최근 컴퓨터의 발달과 더불어 인터넷은 우리 생활의 많은 면을 변화시켰다. 그 결과로 수학 교육의 형태도 변화시켰으며, 교사의 수업을 지원하는 방법에서도 많은 변화를 가져왔다. 웹기반 교육이란 웹을 수업의 보조수단으로 이용하여 수업 교구를 인터넷을 통하여 찾아내고 활용할 뿐만 아니라, 웹을 통하여 실제 교실의 수업 장면에서 일어나는 것과 같은 교수 학습 모형이 적용되는 원격 수업의 경우도 포함한다.

▌그림 9.8▌ 웹을 이용한 수학교육의 예

수학교육에서 웹을 이용한 교육의 장점을 다음과 같이 정리할 수 있다(정부자, 1999).

첫째, 웹을 이용한 수학 학습은 수학 학습 자체에 대한 학생들의 태도를 능동적으로 변화시킬 수 있다. 또 타 교과와 실생활에서의 수학 학습 내용에 대한 응용성을 강조하여 학생 스스로 적합한 동기를 부여하여 수학 학습의 효과를 최대화할 수 있다.

둘째, 학생들에게 학습 내용을 학습할 수 있는 구체적인 과제 상황을 제시하여 문제를 실제로 풀 수 있는 환경에 제시함에 따라 주어진 과제를 적극적이고 활발하게 참여하게 되어 수학 과목에 대한 부정적인 태도를 고치는 데 효과적이다.

셋째, 학생과 교사 모두 수학과 테크놀로지에 대한 자신감을 가질 수 있다. 넷째, 다양하고도 사실적인 그래픽을 통해 수학의 원리의 이해를 위해 요구되는 개념의 이해를 도울 수 있어서 학습에 필요한 시간을 단축시킬 수 있으며, 개념 사이의 상호관계나 연결이 더 분명해진다.

다섯째, 다양한 탐구 도구를 제공할 수 있으며, 이를 이용해 학생은 주어진 문제 상황을 풀어가는 과정을 통해 탐구력과 창의력을 증진시킬 수 있다. 여섯째, 학습 내용 전달에 도움을 주고, 교사와 학생들 사이의 상호작용을 조성하여 능동적인 참가, 동료 상호작용, 발전적인 사고와 협동학습을 가져오며, 과제에 대한 피드백을 제공한다.

일곱째, 웹은 문제해결을 위한 생산적인 도구로서의 역할을 할 수 있다. 여러 가지 다양한 형태의 멀티미디어의 정보를 이용하여 만들어진 다양한 학습 자원에 접근할 수 있으며, 학습 과제의 수행에 필요한 교구의 수집이나 정보의 교환, 프로그램 운영, 보고서의 작성 등을 효율적으로 수행할 수 있다.

9.3 계산기를 이용한 수학교육

초등학교 수학에서 계산은 수와 더불어 중요한 영역의 하나이기 때문에 학생들이 적절한 계산 도구를 골라 이용하도록 하는 것은 중요하다. 계산은 수 세기와 고대의 돌 조각이나 일본의 소로반과 같은 계산 도구의 이용으로 발달해 왔으며, 최근에는 계산기가 널리 이용되면서 학교 수학의 계산 학습에도 많은 영향을 끼치고 있다.

전통적인 초등 수학 학습은 많은 시간을 계산 기능의 숙달에 할애하였다. 그러나 계산기의 강력한 계산 처리 기능은 수학 교실을 단순 계산 기능의 숙달의 장에서 능동적이고 발견적인 탐구의 장으로 바꾸어 놓았다. 학생들은 복잡한 계산을 위하여 시간과 노력을 허비하는 대신, 본래의 학습 목표에 집중할 수 있고, 수업 전반을 통찰하는 기회를 가질 수 있게 되었다. 또한 계산기를 사용함으로써 학생들의 수학에 대한 태도에도 많은 긍정적인 변화가 일어났다(Reys, 1989).

학교 수학에서 계산기의 필요성을 인식하지만, 계산기를 이용하게 되면 학생들이 사고하지 않고, 더불어 계산기능이 저하될 것이라는 우려 때문에 적극적으로 도입하지 못하고 있다. 교사와 학생들은 계산기가 사고를 할 수 없으며 단지 지시 사항을 수행할 뿐이라는 것을 인식할 필요가 있다. 다음의 문제를 생각해 보자(Reys, Suydam, Limdquist, & Smith, 1998).

어떤 버스가 학생들을 36명 태울 수 있다고 한다. 학생 1,000명이 버스를 타고 음악회에 가려면 몇 대의 버스가 필요한가?

이 문제를 해결하기 위하여 계산기를 이용할 수 있다고 할지라도, 계산기가 어떤 키를 눌러야 하고, 어떤 순서대로 눌러야 하는지를 결정해 주는가? 계산기가 결과를 해석해 주는가? 이에 대한 대답은 '아니요.'이며, 모두 학생의 몫인 것이다. 연구에 따르면 이 문제는 계산기가 있는 경우나 없는 경우나 모두 풀기 어렵다. 계산기는 27.7777대의 버스라는 답을 제공한다. 계산기가 제공한 답의 타당성을 학생이 한 번 숙고해 보지 않으면 상식적으로 받아들여지기 어려운 답을 하게 된다.

계산기는 계산이 필요하고, 수업에서 계산 기능이 중심이 아닐 때 이용되어야 한다. 계산 학습의 기본적인 생각은 계산의 기본 공식을 빠르고 정확하게 숙달할 수 있도록 하는 것이 수학 수업의 중요한 목표이어야 한다는 것이다. 계산기를 언제 이용하는 것이 적절한가? NCTM(1989)은 다음과 같은 경우에 계산기를 도입하는 것이 효과적이라고 한다.

(1) 규칙성의 탐구를 촉진시킨다.

추론의 기본 토대인 일반화는 여러 상황에 내재되어 있는 규칙성을 탐구함으로써 이루어질 수 있는데, 계산기는 지필 환경보다 더욱 다양한 상황을 제시하여 줄 수 있기 때문에 규칙성을 탐구하는데 유용한 도구이다. 다음은 국제교육성취도 평가학회(IEA ; International Association for the Evaluation of Educational Achievement)에서 주관한 제3차 수학·과학 성취도 국제 비교연구(TIMSS[2])에서 수행평가 문항으로 제시한 계산기를 이용한 초등학생용 규칙성 관련 문제이다(국립교육평가원, 1996).

① 계산기를 이용하여 다음 곱셈의 답을 구하여 아래에 써라.

$34 \times 34 =$ $\quad$ $334 \times 334 =$ $\quad$ $3334 \times 3334 =$

② 답의 패턴과 곱셈에 관하여 무엇을 알게 되었는가?

③ 계산기를 이용하지 않고, 앞에서 발견한 규칙을 이용하여, 다음 곱셈의 답을 아래에 써라.

$33334 \times 33334 =$

④ 아래 곱셈의 답을 써라.

$333334 \times 333334 =$

⑤ ③과 ④의 답을 어떻게 구했는가?

이 문제는 학생들이 계산 결과의 규칙을 관찰하고, 관찰을 통해 더 복잡한 곱셈 결과를 예측하는 수학적 추론 능력을 가지고 있는가를 평가하는 것이다. 문제를 해결하기 위하여 학생들은 계산기를 이용하여 규칙성을 인식하고, 수학적으로 추론하고 문제를 해결할 수 있다.

(2) 알고리즘이 아니라, 수학적 개념 자체에 대한 이해에 집중할 수 있다.

계산기를 이용하면 학생들은 수업의 초점을 개념 자체에 둘 수 있다. 예를 들어 평

2) TIMSS(The Third International Mathematics and Science Study)는 국제 수준에서 합의된 교육 과정 내용을 토대로 연구 참여국 학생들의 수학과 과학 성취도 수준을 평가하기 위한 국제 비교 연구이다.

균의 개념을 배우는 수업시간에 지필계산만이 가능하다면 학생들은 평균을 구하기 위하여 수를 더하고 나누는데 많은 시간을 할애할 것이다. 이 과정에서 학생들은 평균의 개념보다는 평균을 구하는 절차에 치중하게 된다. 이때 학생들이 계산기의 계산 기능을 이용하게 되면 계산 시간을 단축시킴으로써 평균의 개념에 대해 생각할 시간을 확보할 수 있게 된다.

(3) 학생 자신에게 유의미한 해결 전략을 탐색할 수 있게 하여 진정한 문제해결 활동이 가능하게 된다.

학생들은 문제해결을 위해 표준화된 절차를 따르기보다 계산기를 이용하여 자신에게 유의미하고 직관적인 접근을 통하여 주어진 문제를 해결할 수 있다. 예를 들어 다음의 문제를 생각해 보자.

'나는 지금 구슬 14개를 가지고 있다. 앞으로 매주 4개씩 구슬을 모으려고 한다. 50개의 구슬을 가지려면 며칠이 더 필요한가?'

이 문제에 대하여 보통의 학생들이 이용할 수 있는 표준 알고리즘은 (50−14)÷4일 것이다. 그러나 어떤 학생들은 계산기를 이용하여 14를 입력한 다음, +, 4, =을 누르고, 계속하여 50이 될 때까지 =을 누르면서 =을 누른 수를 셀 수 있다. 이 학생들은 표준 알고리즘을 따르기보다 자신에게 유의미하고 직관적인 방법으로 문제를 해결하여 진정한 문제해결을 경험했음을 알 수 있다.

(4) 수 감각을 증진시킬 수 있다.

계산기의 기능을 이용하면 수 감각을 길러줄 수 있다. 예를 들면, 3, +, 5, =을 입력하면 8이 출력되고, 계속해서 =을 입력하면 13, 18, 23, 28, …이 규칙적으로 나타난다는 것을 알 수 있다. 이러한 계산기의 특성을 이용하면 일정한 간격으로 뛰어 세기나 수의 계열을 지도하기에 용이하다.

(5) 문제해결 과정에 지루한 계산이 포함되어 있는 경우에 계산을 대신할 수 있다.

제시된 문제의 목표가 계산기능이 주목표가 아닌 경우, 지루한 계산을 계산기에 맡기게 되면 더 중요한 문제해결에 자신감을 가지고 임할 수 있게 된다.

(6) 계산기는 다양한 게임을 가능하게 하고, 수학을 한다는 느낌 없이 자연스럽게 수학적 활동을 하게 함으로써 수학에 대한 흥미를 가지게 한다.

계산기를 이용한 다양한 수학적 활동은 수학 교육의 목표를 향상시키는 방법적인 측면에서 잠재력을 가지고 있다. 학생들은 계산기를 이용하여 충분한 이해를 토대로 알고리즘을 숙달하게 되고, 이를 통해 계산 기능을 숙달할 수 있어 수학 학습에 자신감을 갖게 된다.

9.4 학습 교구 이용 시 유의점

학습 교구는 수학 학습·지도에 유용하지만, 그 이용에 있어 교사의 안내에 의해 적절하게 제시되고 이용될 때 바라는 목적을 달성할 수 있다. 따라서 교사는 학습 교구를 이용할 때 다음에 유의하여야 한다(강문봉 외, 2005). 첫째, 수학적 개념은 물리적으로 존재하지 않고, 오직 인간의 사고 속에서만 존재한다는 것이다. 학습 교구를 이용하여 올바른 결과를 산출해 내는 것도 중요하지만, 보다 중요한 것은 학생이 학습 교구를 이용한 자신의 활동을 반성하는 과정을 통하여 수학적 개념을 형성하도록 해야 한다. 학습 교구를 이용한 활동과 수학적 개념의 상징적 표현 사이의 연결이 없다면 학습 교구를 이용한 활동은 활동 그 자체로 끝나게 될 수 있다.

둘째, 학습 교구를 이용하여 특정 수학적 개념을 지도할 때 한 가지 모델만을 이용하게 되면 그 교구의 실제적인 특성 때문에 오개념이 형성될 수도 있다. 따라서 학습 교구를 이용할 때에는 다양한 교구를 이용할 필요가 있다. 예를 들어 원의 개념을 도입하기 위하여 한 가지 교구만을 이용할 것이 아니라, 동전이나 자전거의 바퀴, 두루

마리 화장지와 같은 교구를 이용하여 원과 관련된 개념을 분명하게 이해하도록 해야 한다. 그렇지만 수학적 개념에 해당되는 예만을 제시하는 것보다 예에 해당되지 않는 예를 같이 제시할 때 개념에 대한 이해를 풍부히 할 수 있다.

셋째, 학습 교구가 학생들의 개념 형성을 도와주기 위해 이용되거나 문제해결 전략을 탐구하는 기회를 제공하기 위해 이용될 때는 학생들의 수학적 능력 신장에 도움을 줄 수 있지만, 문제를 해결하는 도구로 이용될 때에는 오히려 해가 될 수 있다. 예를 들어 수모형은 받아 올림이 있는 덧셈이나 뺄셈의 원리를 탐구하는데 유용하지만, 적절한 시기에 수모형이 없이 받아 올림이 있는 덧셈과 뺄셈을 할 수 있도록 해야 한다.

넷째, 컴퓨터는 수학 학습·지도 환경을 풍부하게 해 줄 수 있는 도구이지만, 학생들이 컴퓨터의 능력을 과신하게 되면 그들 스스로의 사고보다 컴퓨터의 결과에 의존하는 학습 환경이 될 수 있다. 또한 컴퓨터 환경에서 학생들은 힌트나 도움을 얻는 방법에 대한 학습에 의존하여 학습의 본질이 변질될 우려도 있다. 컴퓨터의 시각화 능력은 학생들이 수학적 사실을 직관적으로 이해하도록 하는데 도움을 주지만, 컴퓨터에 나타난 사실을 비판적으로 바라보는 기회를 갖도록 해야 한다. 컴퓨터는 수학적 사실을 증명하기 위한 도구가 아니라 새로운 사실을 발견하는 수단으로, 우리의 사고를 돕는 하나의 도구에 불과하며 결국 사고의 주체는 학생이 되도록 해야 한다.

한편, 학습 교구나 컴퓨터를 이용할 때 인식론적 관점에서 교사가 유의할 점이 있다. 이것은 교수학적 현상으로 지식을 가르치고 배우는 과정에서 교사와 학생 사이의 상호작용에 의해 지식의 표현 형태나 의미가 변형되거나 왜곡되는 상황을 말한다(강완과 백석윤, 1998). 수학 학습·지도에 학습 교구나 컴퓨터를 이용할 때 고려해야 할 교수학적 극단적인 현상으로는 메타-인지 이동, 형식적 고착, 토파즈 효과, 죠르단 효과 등이 있다(이종영, 1999).

첫째, 메타인지 이동은 교수학적 노력의 초점이 수학적 지식 자체보다는 이를 용이하게 하기 위해 도입된 교수학적 보조 수단으로 옮겨가는 것을 의미한다. 예를 들면 수학을 가르치는 수단으로 컴퓨터를 도입했을 때 학생들의 관심이 수학적 지식에서 컴퓨터 프로그램 이용법과 같은 다른 내용으로 옮겨가는 현상이 메타인지 이동이다.

둘째, 형식적 고착은 메타인지 이동과는 반대로 공식화된 지식의 논리적 표현에만 의존하여 수학적 지식의 형태를 연습시키고 지식의 은유적 사용을 억제하는 것을 말한다. 예컨대, Mathematica나 Maple과 같은 기호 조작 소프트웨어에서는 이용되는 문자나 대수식에 대한 어떠한 배경 지식 없이도 인수분해, 두 다항식의 곱, 미분, 적분, 극한값 등을 계산할 수 있다. 문자나 변수에 대한 의미 충실한 이해 없이 이런 조작들을 컴퓨터 환경에서 수행한다면 형식적 고착 현상이 일어날 가능성이 높다.

셋째, 토파즈 효과는 교사는 가르쳐야 하고 학생은 배워야 한다는 소위 교수학적 계약에 의한 압박에서 일어나는 전형적인 현상을 말한다. 즉, 학생이 학습할 수 있는 환경을 교사가 방해하거나 제거하는 것을 말한다. 예를 들면 학생이 어떤 문제를 해결하는데 어려움을 겪고 있을 때, 교사가 학생에게 문제에 대한 명백한 힌트를 주면서 일련의 유도 질문을 통하여 답을 가르쳐 주는 것을 들 수 있다. 컴퓨터 환경에서 이러한 현상은 최근에 유행하고 있는 웹 기반 교수 환경에서 쉽게 볼 수 있다. 웹 기반 환경에서 수학적 지식, 과제 등은 흔히 문제와 함께 쉽게 도움을 구할 수 있는 힌트 버튼과 정답 버튼이 있어, 학생들이 주어진 과제를 해결하기 위해 심사숙고하기보다는 도움과 정답을 쉽게 구할 수 있기 때문에 학습의 기회가 사라져 버릴 수 있다.

넷째, 죠르단 효과는 교사가 학생들의 사소한 반응이나 행동을 보고 그들이 마치 특정한 수학 지식을 형성했다고 잘못 판단하는 경우를 말한다. 컴퓨터 환경에서 학생들이 컴퓨터가 안내하는 대로 특정 조작을 수행하여 원하는 결과를 얻었을 때, 그런 조작 이면에 들어 있는 수학적 개념을 학생들이 이해했다고 할 수 없음에도 불구하고, 학생들이 수학 개념을 이해했다고 판단하는 경우가 죠르단 효과에 해당된다.

연/구/문/제

1. 수학학습에서 학습교육의 가치에 대하여 논하시오.

2. 수학과 학습교구와 그 교구의 활용방안에 대하여 쓰시오.

3. 컴퓨터를 이용한 수학교육의 장점에 대하여 논하시오.

4. 컴퓨터를 이용한 학습 · 지도 양식을 제시하고, 그 예를 초등학교 수학지도와 관련지어 설명하시오.

5. 계산기를 활용한 수학교육에 대하여 논하시오.

Chapter 10

수학과의 평가

10.1 교육평가의 기초

1 교육평가의 의의

교육평가에는 여러 가지 해석이 있지만, 다음 두 가지의 유력한 의의가 있다.

① 교육평가는 교육 목표를 기준으로 달성의 정도를 판정하거나 교육성과를 해석하는 절차이다.

② 교육평가는 교육 목표의 실현을 위하여 행하여지는 교육활동을 결정하는데 필요한 정보, 즉 피교육자와 교육조건에 관한 정보를 수집하고 정리하여, 이것을 피드백 하는 절차이다.

역사적으로 보면, 전자는 교육목표와 가치관을 중시하는 입장이 강조된 1930년대에 나타난 정의이며, 후자의 정의는 1960년대 이후에 널리 퍼진 형성 평가를 중심으로 강조된 정의이다.

교육평가는 교육에 관한 여러 가지 정보(아동, 교사, 커리큘럼 등)를 모으는 과정이며, 그 결과를 기반으로 하여 판단을 내리고, 피드백 하는 과정이라고 할 수 있다. A라고 하는 곳에서부터 교육활동이 시작하여 B에 도달하였다고 한다면, 과정(process)이라고 하는 것은 A에서 B에 미치는 경과 전체를 말하며, 결과(product)라고 하는 것은 A였던 것이 B로 변한 것 자체를 의미한다. 이 과정이나 결과를 보고 그것이 좋았는지, 또는 나빴는지를 판정하고, 그것을 각각 정보 제공자인 아동, 교사, 커리큘럼 등에 피드백 하는 전체 구조를 평가활동이라 한다.

당연한 일이지만, 평가에는 판정 기준이 필요하며, 교육목표(판정기준)에 준하여 올바르게 향하고 있는지 어느 쪽으로 치우치지는 않았는지, 어느 정도 효과가 있었는지 등의 방향성과 유효성에 대한 판정을 해야 할 것이다.

2 교육평가의 기능

교육평가는 교육목표 실현을 위하여 어떠한 기능을 가지고 있는 것일까? 교육평가의 기능은 대체로 지도 기능, 학습 기능, 연구・조사 기능, 관리・운영 기능의 4가지로 대별할 수 있다.

(1) 지도기능

교사가 교육활동을 유효적절하게 수행하기 위해서는, 아동 각자와 학급 전체의 현재 상태에 대한 정확한 정보를 얻어, 그것에 기초하여 교사가 행하고 있는 교육활동의 효과를 확인함과 동시에, 아동에게 그 정보를 적절한 형태로 피드백 해야 한다. 이는 교사 입장에서의 평가 기능이며, 보다 효과적인 지도 방법을 선택・결정한다던가 보다 유효한 지도계획을 세우기 위하여 행하는 평가이다.

이것은 더욱, 아동의 지도에 필요한 자료를 얻기 위한 평가와 교사의 지도법을 반성하기 위한 평가 기능으로 구별할 수 있다. 전자는 아동의 이해나 능력의 실태를 사전에 확실하게 해 둠으로써 그 실태에 의한 지도계획을 입안・수정하는 것이 목적이다. 한편, 후자는 학습 중에 아동의 학습상의 곤란 점을 발견하고, 그것을 분석하여 교사 자신의 지도법에 대한 반성 및 개선에 도움을 주는 것이 목적이다.

아동을 교육목표에 도달시키기 위한 과학적이고 효과적인 학습지도를 위해서는 다음과 같은 과정을 거치는 것이 좋을 것이다.

① 지도목표의 명확한 분류・정리

② 지도계획의 수립 및 실시

③ 지도과정에서 그 전개를 유효적절하게 하기 위한 달성상황의 평가

④ 지도결과로서의 성과를 파악하기 위한 평가

이들 항목은 서로 밀접하게 관련되어 있으며, 목표를 지향하는 계획적인 수업에 의해서 아동의 학력이나 여러 가지 능력의 변용이 기대된다. 아무리 면밀한 계획을 세우고 거기에 따른 지도를 했더라도 소기의 성과를 거둘 수 있었는가를 알기 위해서는 평가가 필요하다. 평가에 의해서 성과가 확인되고 이 평가결과를 반성함으로써 다음 학습지도의 지도계획을 수정(재지도, 보충지도, 심화・발전지도 등)하거나 수업의 개선(학습동기 부여 개선, 개별지도의 강화 등)도 할 수 있기 때문이다. 이와 같이 지도와 평가는 표리일체의 관계에 있다고 볼 수 있다.

수업 후에 그 성과를 확인하는 평가에서 그 결과가 바람직하지 못하다면 교사는 그 원인을 규명해서 치료 지도를 하는 등, 아동이 소기의 목표에 도달할 수 있게 하는 조치를 강구할 필요가 있다. 그 원인이 교사의 지도 그 자체의 부적합성 때문일 수도 있으므로, 교사는 평가 결과를 겸허하게 받아들여, 반성하고 그것의 지도방법을 연구하고 개선하는데 활용해야 할 것이다.

(2) 학습기능

이것은 아동 입장에서의 평가기능이며, 학습활동의 주체인 아동은 자신의 학습활동을 개선하여 교육목표에 접근하려고 노력한다. 이때, 아동은 자신의 학습활동에 대하여 판단(자기 평가)한다. 그렇게 하기 위하여 교사는 아동 개인에게 평가의 결과를 피드백 시켜, 현재의 이해나 기능의 정도가 어떤 단계인지를 알려 주어 자주적으로 학습하는 정도를 조절하게 하는 것을 목표로 한다. 평가의 주체는 아동 자신이며, 교사는 판단을 위한 정보 제공자가 되는 것이다.

우리나라 제1차 교육과정(1955) 이전에는 교육에 있어서 평가는 아동 개인의 학력 평정이 주목적이었으나, 그 후 점차 아동에 대한 평정에서 교사의 학습지도 방법의 적합성 판정 및 개선을 위한 방책이라는 생각으로 전환되어 왔다. 교육에서의 평가 대상은 아동만으로 한정되었던 것이 교사 자신 및 아동 스스로의 평가까지 범위가 확대되어 총합적인 평가로 성격이 발전되게 되었다.

(3) 관리 · 운영 기능

관리 · 운영을 목적으로 하는 평가란 지역사회나 가정에 대해서 교육의 성과를 보고하기 위한 아동의 성적 평정, 자격 및 단위 인정, 입시에 의한 선발 등, 생활기록부 · 학교생활 통지표 · 조사서 등의 기초 자료를 작성하거나 기록하기 위한 정보를 제공하는 교육 관리를 위한 평가기능이다. 학교 전체가 수학과의 연구지정 학교로 선정된 경우 학교 전체의 조직이나 계획의 개선을 위하여 평가가 필요하게 되기도 한다.

이와 같은 관리기능은 교육평가의 기능 중에서 특히 중시되기도 하지만, 이것만을 교육평가의 전부인 것처럼 여기는 것은 평가에 관한 일부분만을 보는 견해라 하지 않을 수 없다.

(4) 연구 · 조사 기능

효과적인 지도법과 유용한 교재 · 교구의 개발, 커리큘럼의 개선 등을 도모하기 위해서는 연구 · 조사를 위한 평가기능이 필요하다. 이를테면 서로 다른 몇 가지 지도법의 우열을 비교하기 위한 평가나 교과서나 교재, 학습 자료의 효율화를 위한 평가, 교육과정의 개발을 위한 평가 등을 생각할 수 있다. 이를 위해서는 학급이나 학교 단위 또는 어떤 지역 전체나 전국적인 연구도 생각할 수 있다.

여기서의 평가 기능은 아동 개개인의 학습의 개선이라는 입장보다는 더 일반적이고 공공적인 교육 개선의 입장에서 행하여지는 것이다. 교육부에서 행하는 학력조사나 IEA(국제 교육 도달도 평가학회)의 「국제 수학교육 조사」 등이 그 예이다.

또한 미국의 교육학자 B.S. Bloom(1913~)이 "평가는 칼의 양면과 같아서 그것은 아동의 학습이나 인격형성을 높일 수도 있지만 파괴할 수도 있다. 그것은 교사나 학교조직 또는 교육과정에 긍정적이거나 부정적인 효과를 가져 올 수도 있다"고 말한 바와 같이, 앞으로의 평가 관을 긍정적인 평가로 바꿀 것을 강조하고 있다. "모른다."또는 "할 수 없다"등의 부정적 평가에서 "어떤 것을 아는 가", "어디까지 할 수 있는 가" 등의 긍정적인 평가로의 전환이 기대된다.

3 평가 기준

아동의 학력을 평가하는데 있어서, 학력 평가를 실시하여 얻어진 아동 개개인의 득점이나 리포트 등의 결과 그대로는 무엇을 의미하는지 어느 정도의 성적으로 생각해야 좋을지 분명하지 않으므로, 이것을 해석하고, 비교하여 확인하기 위한 기준이 필요하다.

평가를 위한 기준에는 여러 가지가 생각되지만, 여기서는 평가 집단의 크기에 대한 고려의 유무에 따라 결정되는 상대 평가와 절대 평가에 대하여 살펴보기로 한다.

(1) 상대평가

평가의 대상이 되는 집단 전체 중에서 특정한 개인이 차지하는 상대적 위치를 나타내는 평가 법으로 이것을 상대평가라고 한다.

평가 기준은 학급, 학년 전체 아동의 성적(평균점 등)이 기준이 되고, 그 집단 중에서 서로의 성적을 비교하여 평가하는 것이 되며, 집단(기준) 준거 평가라고도 불린다. 평가한 결과는 일반적으로 득점, 순위, 퍼센트, 5단계(수, 우, 미, 양, 가) 평가 등으로 나타내진다.

(2) 절대평가

절대평가는 교육과정에 나타나 있는 목표를 기준으로 하여, 그것에 맞추어 평가하는 방법이며 상대평가와 같이 집단의 크기나 질은 고려하지 않는 평가 방법이다. 이제까지는 교사가 개인적으로 설정한 교육 목표와 평가 기준에 기초하여 '이것을 알게 하고 싶다', '이 정도는 할 수 있기를 바란다.'등으로 생각한 내용과 목표를 지도 후에 아동 개개인에 대하여 평가하였다. 그 평가 기준은 교사에 따라 달랐으며, 주관에 좌우되는 경우가 많아서 주관적 평가라고도 불리었다.

최근에는 발전하여 목표를 분석하고 구체화하여, 그 달성의 유무와 정도를 판단하기 위한 양적인 도달 기준을 객관적으로 정하여, 이것에 비추어 해석하는 방법을 생각하고 있다. 지도 후에 아동 개개인이 도달 기준에 달하고 있는지 아닌지에 따라 '충분한 달성', '대강의 달성', '불충분한 달성' 등의 판정 구분을 설정하여 평가하는 방법이다. 이것은 또 목표(규준) 준거 평가, 도달도(달성도) 평가라고도 한다.

4 평가의 종류와 시기

'언제 평가하면 좋을까?'라고 묻는다면, 학습지도가 있는 곳은 언제 어디에나 평가가 있다고 말해도 좋다. 그러나 언제라도 어떠한 형태로도 평가되고, 평가하고 있음에는 틀림없지만, 교사 자신이 의식적으로 평가의 관점을 만들고 그것에 따라 평가하는 시기가 반드시 존재한다. 예를 들어 학습과정의 소단원의 정리 부분이나 지도 과정 중에 특히 강조가 필요한 부분 등의 시점이 평가의 시기로 좋을 것이다.

지도 과정 중에서 평가의 실시시기에 의한 분류로는 '수업 전', '수업 중', '수업 후'에 평가하는 분류법도 있고, 평가 대상의 집단 크기에 대한 고려의 유무와 평가의 의미적 해석으로부터 상대평가, 절대평가로 나누어 실시시기를 구분 할 수도 있다.

여기서는 학습의 형성 과정에서의 평가라는 관점에서 불름이 제창한 진단평가, 형성평가, 총괄평가에 대한 목적, 실시 시기, 방법 등에 관한 그 상이점을 논하기로 한다.

(1) 진단평가

이것은 단원의 지도에 착수하기 직전에 행하는 평가로서 사전평가라고도 하는데, 사전조사에 해당하는 것으로 이미 배운 사항의 이해도를 보고 어디에 결함이 있는지, 그 원인은 무엇인지를 확인하고, 다음 학습의 준비 및 지도계획 수립을 위한 평가를 진단평가(diagnostic evaluation)라고 하며, 다음과 같은 두 가지 목적을 가진다.

① 새 단원의 학습에 성공하기 위하여 필요한 기초적 지식, 이해, 기능, 경험 등을 조사한다.

② 새 단원의 내용에 대하여 아동은 이미 어느 정도의 지식, 이해, 기능을 가지고 있으며, 흥미・관심 등의 정의(情意)적 측면을 기대할 수 있겠는가를 조사한다.

이렇게 하여 얻어진 결과는 새 단원의 수업계획 작성의 중요한 자료가 되므로, 진단평가는 지도계획 작성의 자료라는 성격을 띤다.

시기로는 학년, 학기 초나 어떤 단원을 지도하기 전에 행하는 경우가 많고, 문제는 쉽고, 결과는 득점으로 나타내지 않고 항목의 통과 율이나 개인적인 오답 분석 등에 주안점을 둔다. 아동의 잘하고 못하는 점을 개인별 진단 카드에 기록하여 잘못을 개별적으로 수정・치료할 때 이용한다.

(2) 형성평가

어떤 단원의 학습지도 중에 아동 개인 또는 집단으로 하는 잘못의 원인을 조기에 발견하고, 아동의 학습 진행 방법과 교사의 지도법에 관한 반성자료를 수집하기 위하여 실시하는 평가를 형성평가(formative evaluation)라고 한다.

수학의 학습지도는 교사가 의도하는 지도계획에 따라 각인되기 쉬우므로, 지도 중 적절한 시기에 수업의 진전이나 지도법의 개선을 위하여 형성평가가 필요하다.

이 평가의 기본적 기능은 아동이 일정한 달성기준에 도달되었는가를 파악하여, 그 결과를 교사 또는 아동에게 피드백 시키는 기능이라고 할 수 있다.

교사는 진단평가를 참고로 해서 지도계획을 세워 지도를 전개하지만, 아동의 반응에 따라 임기응변적으로 대응하는 지도의 궤도 수정을 하게 되는데, 이것이 교사에게의 피드백이다.

교사는 아동의 달성 현황에 따른 개별 학습활동을 설정하고, 아동은 자신의 상황을 알고 보충의 필요성을 깨닫거나 강화의 필요성을 느껴 학습에 대한 적극성과 의욕을 기대할 수 있다. 이것이 아동에게의 피드백이다.

교사는 수업 중 교실을 순회하면서, "너는 이점을 오해하고 있는 듯하다, 문제를 다시 더 읽어 보아라"라든가 "어쩐지 이 전개 방법으로는 아동들이 따라 오지 못한다. 도입 과제를 흥미를 가질 수 있는 다른 예제로 해 보자" 등의 판단 자료를 아동의 학습 상태로부터 얻어 즉시 아동과 학습 내용에 피드백 할 필요가 있다.

그러나 이것뿐이라면 보통의 수업에서 흔히 볼 수 있는 일로, 유능한 교사가 아니더라도 그 대처 방법은 경험으로 알고 있을 것이다. 그렇지만, 타인에게 이것을 전하기 위해서는 객관성이 부족하며, 같은 잘못을 매년 반복하게 된다. 이러한 지도 활동의 객관성이나 같은 잘못을 반복하지 않기 위해서는 단원마다 지도내용을 분석하고, 구체적인 아동의 행동 양식으로 대치해 볼 필요가 있다. 이를 위한 한 가지 방법은 지도할 내용·목표의 분석표로부터 문제를 추출해 두고, 학습 중에 체크하는 것이 좋다. 즉, 학습지도의 중요한 부분을 파악하기 위하여 내용을 구조화하여 생각할 필요가 있다.

평가 방법으로서는 수업 중에 5분 정도의 지필 테스트를 할 수도 있고, CAI 등의 교육 기기로 아동의 반응을 요구할 수도 있지만, 대부분의 경우는 교사와 아동의 대화(관찰, 문답)중에서 평가되고, 피드백 되게 된다.

(3) 총괄평가

단원의 지도가 끝났을 때, 또는 한 학기나 학년말 등 장기간에 걸친 지도계획이 끝난 시점에 실시하는 평가로, 지도한 내용이 아동들에게 충분히 파악되고 목표에 어느 정도 도달되었는지, 지도에서 반성해야 할 점 등을 확인하기 위하여 행하는 것을 총괄평가라고 한다.

아동의 학력 향상이나 부진의 방지라는 입장에서 볼 때, 학습과정에서의 형성평가의 역할이 주요하지만, 응용력이나 사고력, 수학적 태도와 같이 장기간에 걸쳐서 육성되는 학력이나 기초학력은 학기말이나 학년말의 총괄평가에서 더 정확히 파악할 수 있다.

중간·기말 시험 등으로 아동의 학습 도달 상황을 조사할 경우는 형성평가와 같은 학습 과정을 조정하는 기능은 이미 없어지므로, 지도보다는 평가 자체의 역할이 중시된다. 그 결과는 아동의 성적 인정이나 통지표, 지도 요록의 기록, 성적증명 등의 자료로 활용된다. 장기적으로 보면, 교사의 지도법의 반성, 커리큘럼의 개선, 학습의욕의 환기 등으로 피드백 되게 된다.

이상이 세 가지 평가법의 서로 다른 점이지만, 계속되는 학습 활동에서 이들 평가는 명백한 구별이 있는 것이 아니라, 총괄평가를 위한 시험 결과는 성적 평정뿐 아니라 다음 단원의 지도를 위한 중요한 진단평가의 자료가 될 수 있다. 더욱이 진단평가는 수업중의 형성평가로도 활용되는 등, 사용하는 시기와 용도에 따라 그 성격이 변용될 수 있다. 진단평가, 형성평가, 총괄평가의 유사점과 상이점을 요약하면, 표 10.1과 같이 된다.

표 10.1 진단, 형성, 총괄평가의 유사점과 상이점

	진단 평가	형성 평가	총괄 평가
기 능	• 필요한 기능이 있는지 없는지의 확인 • 사전에 습득되어 있는 수준의 확인 • 반복되는 학습 곤란 점에 대한 원인의 확인	• 아동의 학습 진전에 관한 교사와 아동에의 피드백 • 커리큘럼 편성을 위한 자료 수집	• 단원, 학기말에 단위를 인정하던가, 성적을 매기던가 한다. • 정착된 학력의 평가
시 기	• 수업 전 • 단원, 학기, 학년의 학습이 시작하기 전	• 수업 중 • 학습활동의 진행 중	• 수업 후 • 단원, 학기, 학년이 끝날 때
평가의 강조점	• 인지적, 정의적 능력	• 인지적 능력	• 일반적으로 인지적 능력
평가 용구의 형태	• 사전 테스트를 위한 형성적 그리고 총괄적 테스트 • 진단적 테스트 등	• 형성적 테스트	• 중간·기말 시험
항목의 곤란도	• 쉬운 항목을 많이 사용한다.	• 미리 지정할 수 없다	• 쉬운 항목부터 어려운 항목까지를 배열한다.
채점	• 규범이나 달성 기준에 기초한다.	• 달성 기준에 기초한다.	• 일반적으로 규범에 바탕을 둔다.
득점의 표시	• 하위 기능마다 개인 단평	• 통과·실패의 개별 형식	• 총합 득점, 또는 목표마다의 하위 득점

또한 평가기준과 평가기능으로부터 각각의 평가에 대한 관계를 표로 만들면 표 10.2가 된다.

표 10.2 평가의 분류

기능 \ 기준	상대 평가	절대 평가
진단 평가	○	○
형성 평가	×	○
총괄 평가	○	○

표 10.2에서 알 수 있는 바와 같이 절대평가는 형성, 총괄 및 진단평가의 3가지 기능을 가지고 있다. 즉, 수업중의 형성평가뿐만이 아니라 수업전의 진단평가와 수업후의 총괄평가에 있어서도 중요한 역할을 다하고 있다. 그런데 절대평가라고 하면, 수업중의 형성 평가만, 또 수업후의 총괄평가는 단지 상대평가의 입장만으로 처리하려는 경향이 있다. 상대평가의 기준에서 보면, 이것은 총괄평가와 진단평가의 기능이 있지만, 수업중의 형성평가 기능이 사라지고 있는 것에도 주의할 필요가 있다.

(4) 자기평가

아동의 학력향상을 위해서는 가능한 한 아동 자신을 평가자의 입장에 서게 하는 것이 좋다. 평가를 계획하고 실행하는 것은 교사이지만 교사가 아무리 풍부한 평가에 관한 정보를 얻었다 하더라도 그것이 아동에게 환원되지 않고 아동 스스로 자기개선의 동기부여가 되지 못한다면 평가의 효과는 반감될 수밖에 없다.

이와 같은 목적에 부합되는 것으로 자기평가나 아동간의 서로를 평가하는 상호평가가 있다. 가능한 한 아동 자신에 의한 이와 같은 평가 기회를 가지게 하는 것이 좋다. 수업이 끝난 시점에 자기평가 카드(이를테면, 오늘의 학습목표, 알게 되거나 할 수 있게 된 것, 할 수 없거나 알지 못한 것 등을 기록)를 작성하거나, 평가 답안을 가능한 한 빨리 채점해서 돌려주고, 때로는 자신의 답안을 자기 채점시키거나 자기 학습 결과에 대한 감상문을 쓰게 하는 것도 좋을 것이다.

교사는 아동의 자유기술로부터 많은 문제점을 찾아내고 앞으로의 지도 개선에 활용할 수 있어야 한다.

10.2 수학과의 평가 목적과 학습·지도

1 수학과의 평가목적

수학과의 지도 목표와 내용은 교육과정과 지도서에 명시되어 있으며, 구체적으로는 교과서 등에 지도해야 할 내용이 배열되어 있다. 그들을 기초로 하여 교사는 지도안을 작성하고 매일 매일의 수업을 전개한다. 평가는 이들의 목표와 내용이 어떻게 그리고 어느 정도 달성되었는지를 아동 개인에 대하여 조사하는 것이다.

수학과의 평가 목적에 대하여 생각해 보면, 교사는 적어도 다음 3가지 지도계획 및 지도법의 평가, 학습 도달도의 평가, 무엇을 잘하고 못하는가에 대한 진단이라는 목적을 가지고 평가한다고 생각된다.

(1) 지도계획 및 지도법의 평가

교사의 지도법이 성공하였는지 어떤지는 다른 학교 교사의 그것과 비교함으로써 될 수도 있겠지만, 교사 자신이 지도하는 아동의 학습 상태에 따라 아래와 같은 관점에서 평가되고 판단된다.

① 학습 내용이 현재 지도하고 있는 아동에게 적절한 것인가?

② 아동이 목표를 향하여 바람직한 방향으로 가고 있는가?

③ 아동이 상황에 맞게 지식과 기능을 응용할 줄 아는가?

④ 아동이 수학 공부를 계속하고 싶도록 느낄 수 있는 지도 내용으로 되어 있는가?

⑤ 아동이 즐겁게 수학을 실행하고, 이용하려고 하고 있는가?

⑥ 중요하며 가치 있는 내용인가?

⑦ 교사는 지도하기 쉽고, 아동에게는 배우기 쉬운 것인가?

다른 학교의 아동과 비교하여, 자신이 담당하는 아동의 성적은 어떠한가 하는 것도 지도의 반성을 위해 필요한 평가이지만, 이들은 오히려 연구나 관리목적을 위한 평가로 생각된다.

여기서 논하는 평가의 목적은 지도계획과 지도법을 수정한다든지 개선한다든지 하는 필요를 명백히 하기 위한 것으로, 아동의 학습을 방해하는 것은 무엇인지, 아동이 학습에서 최선을 다 할 수 없는 원인은 어디에 있는지에 대하여 지도 내용과 방법을 반성하고, 연구하는 것이다. 이러한 반성과 연구를 바탕으로 지도계획과 지도법을 검토하고, 다음 학습지도의 개선에 활용되어야 할 것이다.

(2) 학습 도달도의 평가

어떤 과제나 단원 또는 학기말에, 이제까지 학습해 온 내용에 대하여, 시험지 테스트 등으로 아동의 학습 도달도(到達度)를 조사하는 것도 평가 목적의 하나이다.

학습지도는 아동들을 지도목표에 도달되도록 전개하는 것이므로, 학습평가는 아동이 그 목표에 도달되었는지 어떤지를 확인하는 기능을 가진다. 종래의 평가는 그 결과를 상대평가 하여 성적의 서열화를 위한 자료로 이용하는 경향이 많았지만, 최근에는 학교교육에서 부진아 문제 등 모든 아동이 도달되어야 할 최소의 목표를 설정하고 그에 대한 완전학습의 강조와 함께 도달도 평가라는 용어가 쓰이고 있다.

도달도 평가는 어떤 내용에 대하여 아동 개개인이 어느 정도 학습지도 목표에 도달되었는지를 판정하는 절대평가이므로, 평가 결과로부터 도달도가 현저하게 낮거나 불충분한 아동이 많다는 것을 알게 되면, 도달도 평가는 그 치료에 적합한 정보를 교사에게 제공해 준다.

도달도 평가를 시행하려면 교사는 먼저 달성 목표를 명확히 해 두어야 하므로, 연구자들이 이제까지 평가목표의 분석 및 분류표의 작성에 관하여 연구를 많이 해 왔다.

도달도 평가를 실시하려면, 아동의 진보 양상과 현재의 상태를 아동에게 파악하도록 하여, 이후의 수학 학습에 동기를 유발하게 하는 평가방법의 연구가 중요하다. 지도한 내용 중에서, 중요한 내용을 파악할 수 있고, 중요한 기능(技能)을 알고 있는지 등을 상세히 조사할 수 있는 문제 작성이 평가를 위한 중요한 요소이다. 또한, 시험지로 평가할 경우, 수학교육에서 중요 목표인 수학적 사고방법과 관심, 태도에 관한 항목은 만들기가 쉽지 않으므로, 이에 대한 평가는 수업 중 아동의 활동을 체크하거나 리포트 등을 이용하는 것이 좋다.

(3) 무엇을 잘하고 무엇을 못하는가에 대한 진단

도달도 평가에서는 아동의 득점에 따라서 서열을 매기던가. 성적을 매기기 위한 참고 자료를 얻을 수 있지만, 그것이 다음 학습의 동기유발도 된다. 그러기 위해서는 각 문제에 대하여, 아래에 진술할 평가 목표를 설정하고, 평가해야 할 관점을 명확히 할 필요가 있다. 평가 결과에 대해서도, 아동 각자가 어떤 항목을 할 수 있고, 할 수 없는지에 관해 분석하여 다음 수업의 지도 계획을 세우는데 유효한 자료가 되도록 한다.

2 수학과의 평가 목표

수학과에서 평가는 아동이 지도 목표와 내용을 학습한 후에 아동의 학력이 어떻게 형성되고 어느 정도 흥미와 관심을 가지고 학습에 몰두하여 왔는가를 확인하는 것이다. 그러므로 평가해야 할 목표는 지도해야 할 내용을 포함한 모든 것이 되지 않으면 안 된다.

제7차 수정교육과정에는 수학과의 목표를 "수학의 기본적인 지식과 기능을 습득하고, 수학적으로 사고하는 능력을 길러, 실생활의 여러 가지 문제를 합리적으로 해결할 수 있는 능력과 태도를 기른다."로 하고 있다.

이 목표에 따라 7차 수정교육과정에서의 평가의 특징은 이제까지 실시되어 온 객관식 선다형의 평가를 지양하고 주관식 지필이나 관찰, 면담 등의 다양한 평가 방법을 활용하여 종합적인 수학 학습 평가가 되도록 강조하고 있다.

구체적인 새 교육과정의 평가 기준은 뒤에서 진술하기로 하고, 여기서는 초등학교 수학과의 평가에서 이제까지 강조되어 온 몇 가지 평가 관점에 관하여 알아보기로 한다.

(1) 평가 목표의 설정

학습지도 계획을 입안할 때, 지도해야 할 목표를 설정하고, 그것에 따라 교재 내용이 선택되고, 학습 활동의 순서와 방법 그리고 평가해야 할 관점 등이 결정된다.

연구 수업이나 공개 수업에서 작성된 지도안에는 지도 목표에 "…를 이해시킨다.", "…의 능력을 키운다.", "…의 태도를 기른다." 등의 표현이 자주 보인다.

"…를 이해시킨다."고 하는 표현으로 지도 목표를 나타낸 경우, 이해했다고 하는 증거를 어떻게 확인하는 것이 좋을까. 아동 개개인이 주관적으로 이해했다고 생각하면 되는지, 그렇지 않으면 교사의 주관적 판단으로 아동 모두에게 이해시켰다고 생각하면 되는지 애매하다. 학습의 성립 여부는 수업을 마친 후에 아동이 학습 내용을 이해하고 있으면 당연히 나타낼 행동에 따라 교사나 제3자가 확인할 수 있을 때 비로소 평가가 결정되므로, 평가 관점이나 평가 항목을 사전에 설정해 둘 필요가 있다.

평가목표를 구체적인 학습 내용에 근거하여 "…를 할 수 있다", "…를 말할 수 있다", "…의 구체적인 예를 든다" 등과 같이 아동이 취해야 할 행동 목표로 기술해야 한다고 주장하는 교육학자나 교사들이 많이 있다.

행동목표란 학습을 마쳤을 때에 아동이 나타내는 행동의 변용으로 정의되며, 그러한 기대되는 변용을 학습의 목표로 설정해야 한다는 것이다. 이것은 프로그램 학습의 사고가 저류에 있고 교육 공학적 수법의 개발에 연결되는 사고이기도 하다. 행동목표는 구체적으로 말한다면, 그 학습이 끝난 시점에서 학습자가 취할 수 있으리라고 기대되는 행동을 그 목표로 한다는 것이다. 이를테면 이해한다는 목표는 다만 "…을 이해한다."고 하지 않고 이해하였다면 당연히 취할 수 있는 행동, 즉 "…을 그림에 의해서 설명할 수 있다"든가, 또 "부등호의 의미를 안다"로 하기보다 "수의 대소를 부등호를 써서 나타낼 수 있다"로 하여 구체적으로 외부에서 관찰되고 측정 가능한 행동으로 목표를 진술하게 된다.

이러한 행동목표를 설정할 때에는 다음 표 10.3과 같이 하여, 아동이 취하는 행동면(목표)과 지도해야 할 내용면을 조합하여 각각의 네모 속에 지도나 평가의 구체적 목표와 관점을 기술하고 또한 평가를 위한 문제 등을 배치함으로써 보다 세밀한 평가가 가능하게 한다.

표 10.3 내용·목표 분석표

내용 \ 목표	지식·이해	기능	수학적 사고	흥미·관심, 태도
수·연산 도 형 측 정 확률·통계 문자와 식 규칙성과 함수				

내용 란에는 지도해야 할 내용, 단원이 배치되고, 목표 란에는 교육적 목표(행동목표)로서 지식·이해, 기능, 수학적 사고 방법, 관심·태도의 측면으로도 할 수 있을 것이다.

(2) 평가목표의 분석

새 수학과 교육과정에 제시된 목표를 도달도 평가 관점에서 분석하면, 종래의 평가 관점인 지식·이해, 기능, 수학적 사고, 수학적 관심·태도의 4가지로 대별할 수 있다.

불룸(B. S. Bloom)은 완전학습을 위하여 지도목표를 인지적 영역, 정의적 영역, 정신운동(기능)영역으로 분류하고, 그 영역을 다시 세분하여 단순한 것에서 복잡한 것으로 분류체계를 제시하였지만, 여기서는 우리의 현실에 맞추어 다음의 4가지로 수학과의 평가목표를 분류하기로 한다.

① 지식·이해·적용 등의 인지적 능력

㉠ 지식 ; 특정사실의 지식, 용어·기호의 지식

㉡ 이해 ; 수학적 개념의 이해, 원리·원칙의 이해
수학적 구조의 이해, 추론에 대한 이해

㉢ 적용 ; 정형적인 응용, 발전적인 응용, 문제해결 능력

지식·이해라고 하면 기억력이나 지필 시험 등을 연상하기 쉽다. 그러나 이해는 "사건이나 사물의 절차와 조리를 납득하고 깨닫는 것"의 의미로 "안다"고 하는 과정을 문제로 하는 것이다. 평가해야 할 목표가 '수량·도형 등에 관한 기초적인 개념과 원리·

법칙, 용어 및 기호 등을 어떻게 이해하고 있는가?'일 때, 단지 학력과 능력 면만의 평가에 의지하는 경향이 있을 수 있다. 그러나 평가할 때에는 어디까지, 어떻게 알고 있는지, 또 그것을 의식하고 다른 것에도 응용할 수 있는지 등 상세한 평가 관점을 만들 필요가 있다. 예를 들면 삼각형의 합동조건을 아동이 이해하고 있다는 것은, 3변의 길이가 같다, 두 변의 길이가 같고 사이 각의 크기가 같다, 두 각의 크기가 같고 사이 변의 길이가 같다고 하는 것을 알고 있는 것 외에도 이들을 삼각형의 일반도형에도 적용할 수 있는가 하는 것이다.

② 계산이나 조작 등의 기능적 능력

㉠ 계산력, 식이나 그래프 등에 의한 표현 능력

㉡ 각도기, 컴퍼스 등의 기구사용 능력, 조작 능력

평가해야 할 내용으로는 수·식으로 표현하거나 계산하는 능력, 문제를 푸는 능력, 작도하는 능력, 그래프와 도형을 그리고 읽는 능력, 측정 능력 등을 기능으로 들 수 있다. '정확하게 빨리 할 수 있다'라는 것도 기능 평가의 관점으로 바람직하지만, 이것은 기능의 본질적인 관점으로는 생각하지 않는다.

③ 수학적 사고방법

㉠ 수학적으로 파악하는 사고, 논리적 사고

㉡ 일반화하는 사고, 결합적·발전적 사고

수학적 사고를 분석하면, 귀납, 유추, 연역, 통합, 확장, 추상화, 수량화, 도형화, 단순화, 일반화, 특수화, 형식화 등으로 분류할 수 있다. 이들의 복합된 사고가 될 수 있는지 어떤지가 수학적 견해와 사고 방법의 평가가 된다.

평가해야 할 내용은 수의 구조를 파악한다든지, 함수적 사고방법, 통계적 견해 등을 가질 수 있다. 또, 이 수학적 사고 방법의 평가에는 직관과 통찰력을 키우는 것과 논리적으로 사고하는 것 등이 포함되어 있다. 전자의 직관과 통찰은 단지 '감'과 같은 것이 아니라, 주어진 조건을 명확히 하고, 조건자체를 변화시키며, 또는 시행착오에 의해 그 안에서 생겨나는 아이디어로 볼 수 있다. 후자의 논리적 사고는 예를 들면 등식의 성질을 이용하여 식의 변형을 설명할 수 있다고 하는 전제에서 결론에 이르는 추론의 절차를 생각하는 것이다. 그러나 현실적으로는 이들을 직접 평가할 문제를 만드는 것이 쉽지 않고, 교사의 주관적인 관찰 평가로 되는 경우가 많다.

④ 수학에 대한 흥미 · 관심, 수학적으로 관찰하고 생각하려는 태도

평가의 목표로는 수량과 도형에 관한 것에 흥미와 관심을 갖게 되었는지, 수량적인 것과 관계 등에 자주적, 합리적으로 처리하는 태도가 길러졌는지, 일상생활에서 수학적 사고방법을 살릴 수 있게 되었는지 등을 생각할 수 있다.

그러나 이러한 목표에 따라 평가항목을 구체적으로 설정하기가 어려우며, 이런 측면의 평가가 중요시되고 있으면서도 실제적 실천은 보편화되지 않았다고 생각된다.

위의 ① 또는 ②는 목표로서 규정된 대로 이루어졌는가 라는 입장에서의 목표이므로 이는 달성목표라 할 수 있다. ③은 목표로서 규정된 대로 될 수 있다고 기대하기는 어렵지만 그러한 방향으로의 향상할 수 있었는가라는 입장의 목표이므로 이것을 향상목표라 부를 수 있고, ④는 정의적 목표라고 할 수 있다. 이와 같은 학력구조의 분석에서는 목표만으로는 추상적이므로 구체적 학습 내용이 들어가야 학습 · 지도의 목표가 설정될 수 있다.

이와 같이 학력구조의 분석(가로)과 학습내용(세로)으로 하여 이원적으로 만든 행렬로 된 내용 · 목표 분류표를 만들 수 있고, 이 표에 의해서 아동에게 있어서는 학습목표가, 또 교사에 게는 지도목표가, 그리고 평가에 있어서는 평가목표를 제시할 수 있다.

3 학습 · 지도와 평가의 상호관련

(1) 학습 · 지도와 평가의 관련

평가는 아동의 학습 도달도 만을 알고, 그것을 학기말 또는 학년말의 평가에 도움을 주는 것만이 아니라, 평소의 학습 · 지도에서 아동의 학습 실태와 그의 성장발달을 파악하여 교사의 지도계획과 지도방법의 개선에 활용하고, 아동의 학습동기를 유발시키는데 도움을 줄 수 있는 것이 되지 않으면 안 된다.

그러므로 수학과의 수업의 과정에 있어서의 평가는 아동, 교사, 지도내용(교재)이 각각의 독자성을 가지면서 상호 작용하는 가운데 일어난다고 생각된다. 다음 그림은 지도과정과 평가와의 관련을 나타낸 것이다. 평소의 학습활동은 평가를 의식하고 안하

고 관계없이 지도내용을 매개로 하여 교사와 아동의 공동작업의 장이 된다.

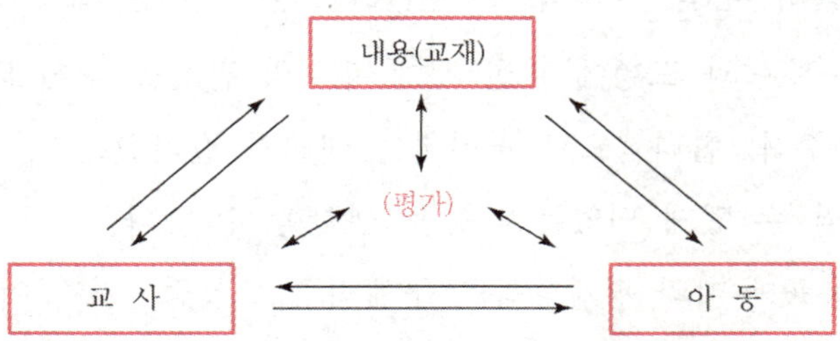

▌그림 10.1▌ 학습 · 지도와 평가의 관련

교사는 수업을 시작하기 전에 지도해야 할 내용을 검토하여 지도목표를 설정하고 지도계획을 입안하며, 당면하고 있는 아동의 상태(능력, 이미 배운 사항의 이해의 정도 등)를 파악하고 지도법을 결정하지 않으면 안 된다.

이제까지 수학과에서는 지도내용에 관한 교재연구, 지도계획의 입안, 지도법의 연구 등의 분야에 있어서는 활발한 연구가 행하여져 많은 성과를 이루었다. 그러나 그것들이 아동을 위하여 얼마만큼 어떻게 도움이 되었는지를 검정, 진단하고 확인되어 그 후의 학습 · 지도에 착실한 발전과 조정에 기여했는지에 관하여는 충분한 연구가 있었다고는 말하기 어렵다.

적어도 아동의 입장에서 수업을 전개하려고 하는 교사는 아동 개개인이 학습을 어떻게 계속하고 있으며, 어디에서 곤란을 느끼는지를 주시하면서 지도하여, 교사와 아동 개개인 모두가 최선의 노력을 하여 만족감을 느낄 수 있는 수업이 되어야 할 것이다.

이때에 평가활동이 중요한 작용을 하게 되는 것으로, 평가의 대상이 되는 것은 아동 개개인이며 교사 자신이며 교사의 지도법이며 다루는 내용이 된다.

이렇게 보면 수업중의 평가활동은 교사 – 내용 – 아동 3자의 유기적인 상호관계에 따라 생겨나고, 내용을 매개로 하여 교사와 아동의 공동 작업으로 효과를 발휘하게 되는 것이다.

(2) 학습활동과 평가의 기능

학습활동에서 평가가 해야 할 기능에 대하여 생각하여 보자. 첫째는 아동을 지도하기 위한 자료를 얻기 위하여 행하는 평가이다. 이것은 아동의 이해와 능력의 정도 등의 실태를 분명히 하여, 그 실태에 맞는 지도계획을 입안하든지, 지도계획을 수정하든지 하는 자료를 얻기 위하여 행하는 것이다.

둘째는 교사의 지도법을 반성하는 자료를 얻기 위해 행하는 평가이다. 그에 따라 아동의 학습상의 곤란 점을 발견할 수 있으며, 그 결과를 분석함에 따라 교사자신이 지도법을 반성하고 개선할 수 있기 때문에 행하는 것이다.

셋째는 아동의 자기평가를 위한 자료를 얻기 위하여 행하는 평가이다. 아동 개개인의 평가결과를 피드백하게 하여, 현재 자신의 이해와 기능이 어느 정도인지를 알게 하고 자주적으로 학습을 진행하는 태도를 갖도록 하기 위해 행하는 것이다.

학습활동에서의 평가는 위의 세 가지 기능으로 집약할 수 있지만 이제까지의 평가활동에는 특히 셋째 기능이 강조되어 왔다고 생각된다. 즉, 어느 단원 및 영역의 학습이 끝난 후에 학습목표가 어느 정도 달성되었는지를 시험지로 평가하는 것이다. 그것은 나름대로 평가의 중요한 일면이지만, 학습과정의 평가활동은 시간의 학습·지도에 살릴 수 있는 것이 중요하며, 평가의 결과는 아동의 성적과 학력을 정확히 표현해야 한다.

첫째, 둘째의 평가기능을 강조하려고 하는 시도, 즉 수업중의 평가로서 형성평가가 최근 많이 행하여지고 있다. 시험 편중주의를 비판하는 사람도, 또한 사람(교사)이 사람(아동)을 평가하는 것이 과연 가능한 것인가 하고 의문을 던지는 사람도 자기 자신을 평가하기 위한 자료를 제공하는 것이 평가활동이라고 한다면 납득할 것이다. 이러한 의미로 학습활동 중에서의 형성 평가의 필요성이 현대 평가이론의 주류로 되어 왔다.

그런데 학습활동에서의 평가는 어떤 지도목표에 대한 교사의 기대감과 아동의 성공감과의 균형 기능의 역할을 하는 활동이다. 즉, 학습의 평가활동은 어떤 목표를 세워서 교사가 지도했을 때 결과로서 아동이 목표대로 변용되었는지 어떤지를 알기 위한 저울과 같은 역할을 하는 것이다. 그러므로 교사도 아동도 학습내용도 학습효과가 균형이 맞는 상태로 확인되면 그것이 평가로서 가장 바람직한 모습이라고 할 수 있을 것이다.

어떤 단원 또는 어떤 과제의 학습지도와 평가활동에 대하여 생각해 보자. 이때의 평가활동은 그 시간의 지도에서 노린 목표의 도달도 확인 즉, 학습내용의 정착과 그의 발전과 적용의 과정을 생각할 수 있다. 한편 수업의 세부에 걸쳐서는 교사의 발문과 자극에 대한 아동의 반응, 그것의 확인, 다음의 자극, 반응, 확인이라고 하는 사이클로의 기능을 담당하고 있는 것이 평가활동인 것이다.

일련의 단원과 과제의 지도과정 중에서의 평가기능을 모형화하면 그림 10.2와 같다.

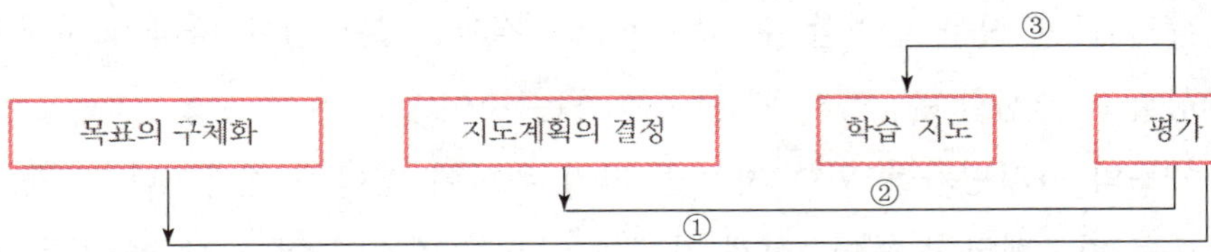

그림 10.2 학습 · 지도 과정에서의 평가의 기능

교사의 활동은 어떤 과제(단원)의 지도를 시도하기 전에, 그 과제의 지도목표를 설정하고 그것을 평가할 수 있는 구체적인 내용을 열거하는 것부터 시작된다. 그것을 바탕으로 지도계획이 결정되고 그 계획입안에는 아동의 실태파악을 위한 진단평가가 참고가 된다. 이것이 지도전의 진단평가이다.

아동의 실태파악을 바탕으로 지도계획이 결정되고 수업에 들어간다. 여기서는 전술한 바와 같은 자극 – 반응 – 확인의 사이클로 평가활동이 반복되는데, 이것이 ③의 수업중의 형성평가이다. 지도목표가 달성되지 않을 때에는 지도방법을 개선하고 ③의 평가와 지도를 반복하게 된다.

또한, 많은 아동들에게 학습이 곤란한 상태이면 그 수업의 실패를 반성하고, ②의 평가를 바탕으로 처음부터 다시 하게 된다. 이 지도계획의 변경과 수정이 다음 시간의 지도에 충분히 살려져야 하며, 이러한 평가의 중첩을 중시하는 기록 방법을 생각해야 한다.

지도목표의 달성이 ①에 의하여 확인되었다면, 더욱 확대하여 다음 과제로 발전시키게 된다. 이 사이클은 매시 또는 매 단원마다의 평가활동으로 행해지는 것이다. 단원의 정리를 위한 평가라면 평가목적에 비추어 총괄평가를 행하여 기록하고, 아동과 교사 자신, 지도내용에로 피드백 시키는 것이 평가의 중요한 기능이 된다.

(3) 평가 활동의 절차

평가활동은 무엇 때문에(목표), 무엇을(내용), 어떠한 계획(지도계획)과 어떤 방법(지도법)으로 학습시켜, 그 결과로서 아동이 어떻게 변용할까라고 하는 확인 작업이다. 그러므로 계속적이고, 단계적으로 행하여지지 않으면 안 된다.

수학과에서는 다음과 같은 절차에 따라 평가방법을 입안하고, 그것을 실행하는 것이 바람직하며 이것은 또한 지도계획을 입안할 때의 절차로도 생각할 수 있다.

① 평가목적을 결정한다.

② 평가의 관점을 명백히 한다.

③ 평가의 장면과 기회를 선택한다.

④ 평가 도구를 선택하고 검토한다.

⑤ 결과를 수집하고 기록하며 해석한다.

⑥ 평가하고 피드백 한다.

우선 ①의 절차는 평가해야 할 목표를 설정하는 것이다. 지도해야 할 내용에 대하여 무엇을 평가할까, 아동 개개인에게 기대하는 것은 무엇인가 등 평가목표를 구체적으로 정하는 것부터 시작해야 한다.

②는 지도목표에 따라서 현재의 아동이 무엇을 할 수 있게 되며, 어떻게 변용할 것이 기대되는가 등의 평가의 관점을 명확히 하는 것이다. 이것은 지도의 목적도 되며 '…을 안다.', '…를 할 수 있다.'고 하는 구체적인 아동의 행동양식으로 표시될 것이다.

③은 지도안을 작성할 때, 어떠한 상황에서 어떠한 학습기회를 택하며 평가할 것인가를 상세히 검토하는 것이다. 이에는 아동들의 이미 배운 지식과 기능의 정도는 어떠한가, 또 학습상의 장해가 되고 있는 원인은 무엇인가 등을 조사한 결과(진단평가)가 충분히 살려져야한다.

④는 목표에 따라서 가장 타당성이 높고 신뢰성이 있는 평가문제를 선택하거나 구성하여 그것의 적용과 범위를 검토하는 것이다. 타당성이 높은 평가문제란 측정 결과와 처음에 평가하려고 한 의도와의 관련성이 높은 것을 의미한다. 문자가 난해하여 독해력에 좌우되는 문장제등은 타당성이 높은 문제라고는 말할 수 없다. 또 신뢰성이 높은 문제란 측정이 일관성이 있고 누가 평가하여도 또 여러 번 측정하여도 거의 같은 결과

가 나오는 문제이다. 그러나 이들을 확인하는 것은 일반적으로 어려운데, 실험적으로는 같은 수준의 아동집단을 몇 개의 군으로 나누어 평가를 실시하여 신뢰성과 타당성을 검정할 수가 있다.

수업중의 평가라면 이해도와 흥미, 관심의 정도를 알기 위하여 손을 들게 하든지, 자기의 생각을 말해 보게 함으로써 쉽게 확인할 수 있을 것이다. 어느 것이든 간에 적절한 질문과 문제를 사전에 준비해 두는 것이 필요하다.

⑤는 학습 중 또는 종료 후에 지도한 내용이 아동에게 어느 정도 이해되고, 그것을 적용하고 응용할 수 있게 되었는지, 또 수학적 사고를 할 수 있게 되었는지, 관심과 태도가 육성되었는지 어떤지를 확인하기 위한 자료를 수집하는 것이다. 그리고 기록으로 남겨, 수업중이면 미리 준비해둔 체크 리스트 등에 기록하여 개인 또는 전체적으로 해석을 추가하도록 한다.

⑥은 위의 결과를 사용하여 평가하는 최종 단계이다. 평가의 결과는 아동에게, 교사에게, 지도계획과 지도내용에로 순환적으로 피드백 되지 않으면 안 된다.

이와 같은 평가 절차는 교사가 의식하든 안 하든 관계없이 평소의 수업에서도 계속 행해지고 있다. 그러나 총괄평가와 달라서 수업의 흐름 중에 순간적인 평가활동이 요구된다면 지도안 작성의 단계에서 평가의 관점을 충분히 검토하여 계획적으로 행하지 않으면 중요한 평가를 빠트리게 된다. 위에 진술한 평가의 절차는 학습과정에서의 평가를 생각할 경우에 기본적인 단계로서 기억해 두어야 할 것이다.

(4) 평가를 활용한 학습 · 지도

위에서 언급한 진단평가, 형성평가, 총괄평가를 학습 · 지도와 관련시켜 정리해 보면 다음과 같이 된다.

이와 같이 학습 · 지도를 함으로써 지도와 평가의 일체화라고 하는 평가의 목적이 달성되는 것이다. 여기에서 제시된 학습지도와 평가의 흐름은 한 단원의 학습전체에서의 평가의 위치를 보인 것이지만, 이것은 단위시간의 학습 · 지도의 수준이나 더 큰 한 학기간의 지도계획의 수준에 있어서도 적용이 가능할 것으로 생각된다.

(학습지도) (학습지도)

학습지도 목표의 명확화 ⇒ 진단 평가 ⇒ 지도계획의 작성 ⇒ 형성 평가 ⇒ 궤도 수정 ⇒ 총괄 평가

특히 형성평가를 활용한 학습·지도를 위해서는 형성적 평가 후의 학습활동을 어떻게 구성할 것인가가 중요한 문제이다. 평가의 결과를 지도과정과 관련시키는 방법에 따른 형성적 기능을 생각해 보면 아래와 같이 들 수 있다.

① 목표수준에 도달하지 못했을 때 그 내용을 재 지도한다.(재학습기능)

② 도달 목표에 미달된 부분만을 보충 지도한다.(보충학습기능)

③ 다음 학습지도법을 구상한다.(선행조절기능)

④ 다음 학습을 개별화하거나 유형화한다.(학습분류기능)

형성평가는 이들 기능을 모두 가지고 있어서 형성평가 후의 학습·지도에는 여러 가지 방법이 있을 수 있으므로, 단원의 지도계획 구성에서도 형성평가 결과를 고려해야 할 것이다.

10.3 수학과 평가의 동향

1 새로운 평가 동향

오늘날의 수학교육관은 수학적 지식을 서로 관련시켜서 조직하려고 하는 통합성과 수학적 지식의 이해에 대해서는 구성주의 입장에서 교사의 설명에 의한 수동적인 과정이 아닌 아동 자신의 인지 구조에 의하여 능동적으로 이루어진다고 보는 관점이 공감대를 얻고 있다.

이러한 수학교육 관에 따라 수학과의 평가관 또한 종래의 평가에서 변화를 모색하고 있다. 이제까지는 분석이 강조되어 수학적 지식을 잘게 쪼갠 다음 각각을 하나의 평가 목표로 간주하여 문항들을 출제하는 경향이었다. 그러나 오늘날 수학과의 평가는 추론

능력, 의사소통 능력, 다른 수학적 지식 및 타 교과와 일반적 지식까지도 연결할 수 있는 능력과 창조성을 포함하는 종합적이며 고차적인 사고능력 및 문제해결과 문제 만들기 능력을 평가하고 싶어 하는 경향이다.

이러한 종합적인 수학적 능력의 학습·지도 및 평가를 위하여 오늘날의 수학교육에서는 비정형 문제해결 학습·지도나 오픈엔드 어프로치에 의한 학습·지도, 수학적 문제 만들기 학습·지도, 현실 세계적 문제 상황에서 출발하는 학습·지도 등이 강조되고 있다.

또한 아동들의 종합적인 수학적 능력에 대한 평가뿐만 아니라, 평가 원래의 목적인 학습·지도나 내용 및 교육과정에까지도 반영하는 통합적인 평가의 역할이 강조되고 있다. 이에 대한 예는 NCTM의 평가 기준에서 그 의도를 살펴 볼 수 있다. 여기서는 수학교육에 있어서 오늘날의 평가 동향 몇 가지를 소개한다.

2 NCTM의 평가 기준

(1) 아동에 대한 평가 기준

미국 NCTM에서는 1989년 'Curriculum and Evaluation Standards for School Mathematics(학교 수학의 교육과정과 평가 기준)'에서 아동에 대한 평가로 수학적 힘, 문제해결, 의사소통, 추론, 수학적 개념, 수학적 절차, 수학적 성향의 일곱 개의 영역을 들고 있다.

수학적 힘이란 수학적 지식이나 성향의 제 측면을 통합하는 능력을 의미한다. 이 기준은 아동들이 배운 정보를 통합하는 정도, 배운 것을 문제 상황에 적용할 수 있는 정도, 수학에 대한 자신감, 수학의 가치를 이해하는 정도를 평가해야 한다.

문제해결력은 아동들이 수학적 지식을 이용하여 문제해결 능력을 측정한다는 의미이다. 문제해결에는 문제를 구성하는 능력, 해를 일반화하는 능력 등으로 구분된다.

의사소통은 아동들이 수학적으로 의사소통하는 것으로 평가 기준에는 수학적인 생각을 말하고, 쓰고, 설명하고, 시각적으로 표현하는 능력, 지필, 구두 또는 시각적 표현으로 제시된 수학을 이해하고 해석하는 능력, 수학적 어휘와 기호 체계, 구조를 사용하여 사고를 표현하고 관계성을 기술하고 상황을 모형화할 수 있는 능력 등으로 세분된다.

수학적 추론 능력에는 규칙성을 인식하고 가설을 설정하는데 귀납적 추론을 사용하는 능력, 수학적 명제에 대한 개연적 논증을 전개하기 위해 추론을 사용하는 능력, 비례추론과 공간추론을 사용하여 문제를 해결하는 능력, 결론을 내리고, 논증의 타당성을 판단하며, 타당한 논증을 구성하는데 연역추론을 사용하는 능력, 상황을 분석하여 공통 성질과 구조를 결정하는 능력, 수학의 공리적 성질을 이해하는 능력으로 세분된다.

수학적 개념에 대한 이해와 지식은 개념을 정의하고, 말로 표현하고, 분류하는 능력, 적당한 예와 반례를 확인하고 만드는 능력, 개념을 표현하기 위해 기호와 도식과 모델을 이용하는 능력, 어떤 표현 방식을 다른 표현 방식으로 변환하는 능력, 개념의 다양한 의미나 해석을 인식하는 능력, 주어진 개념의 성질을 밝히고 특정 개념을 결정하는 조건을 인식하는 능력, 개념을 비교하고 대비시키는 능력 등으로 세분된다.

수학적 절차에 대한 지식은 언제 어떤 절차가 적절한지를 인식하는 능력, 절차의 각 단계에서 이유를 제시하는 능력, 절차를 확실하고 효율적으로 실행하는 능력, 절차의 결과를 경험적으로 또는 분석적으로 입증하는 능력, 옳고 그른 절차들을 인식하는 능력, 새로운 절차를 만들고 기존 절차를 확장 또는 수정하는 능력, 수학에서 절차의 성질과 역할을 음미하는 능력 등으로 세분된다.

아동들의 수학적 성향은 과제에 접근하는 방식이나 자신감, 다른 방법을 찾아보려는 자발성, 지속성, 흥미, 자신의 생각을 반성하려는 경향에서 나타난다. 수학적 성향에는 문제를 풀고, 생각을 교환하고, 수학을 사용하여 자신감을 가지고 추론하는 것, 수학적 아이디어를 탐구하고, 다른 문제해결 방법을 찾는 유연성, 수학적 과제를 지속적으로 수행하려는 자세, 수학을 행하는데 있어서의 흥미와 호기심, 창의성, 자신의 생각과 수행결과를 조정하고 반성하려는 경향, 다른 과목과 일상의 경험에서 발생하는 상황에 수학을 적용하는 것의 가치를 아는 것, 우리 문화에서 수학의 역할과 도구와 언어로서의 수학의 가치에 대한 이해 등으로 구분된다.

(2) 4단계 평가 과정

NCTM은 위의 Curriculum and Evaluation Standards for School Mathematics (1989)와 계속된 Professional Standards for Teaching Mathematics(1991)를 보완한 연구로 1995년에 학교 수학을 위한 평가 기준 : Assessment STANDARDS for school mathematics이라는 소책자에서 4단계의 평가 과정을 제시하였다.

평가 과정의 각 단계는 그 단계에서 발생하는 결정과 행동을 다음과 같이 설명하고 있다.

① 평가 계획

- 평가는 어떤 목적에 도움이 되는가?
- 학습활동의 초점과 균형을 위해 어떻게 구성할 것인가?
- 정보를 수집하고 해석하는데 어떤 방법을 사용할 것인가?
- 학습활동의 수행을 판단하는데 어떤 기준을 사용할 것인가?
- 결과를 판단하고 보고를 요약할 때 어떤 체계를 사용할 것인가?

② 정보 수집

- 학습활동과 과제를 어떻게 선택하고 제작할 것인가?
- 학습활동에 참여할 아동을 위해 어떻게 절차를 선택할 것인가?
- 판단해야 할 수행에 대한 정보를 만들고 보존하기 위한 방법은 무엇인가?

③ 정보 해석

- 정보의 질을 어떻게 결정할 것인가?
- 정보로부터 추론할 수 있는 성취도(또는 수행)를 어떻게 이해할 것인가?
- 어떤 특정한 준거에 의해 성취도를 판단할 것인가?
- 판단을 어떻게 요약할 것인가?

④ 결과의 사용

- 결과를 어떻게 보고할 것인가?
- 결과로부터 어떻게 추론할 것인가?

- 추론을 기본으로 어떤 행동을 취할 것인가?
- 이 결과가 후속 수업과 평가에 반영되는 것을 어떻게 확신할 수 있는가?

위의 4단계의 평가 과정이 상호 작용되는 관계를 그림으로 나타내면 다음과 같다.

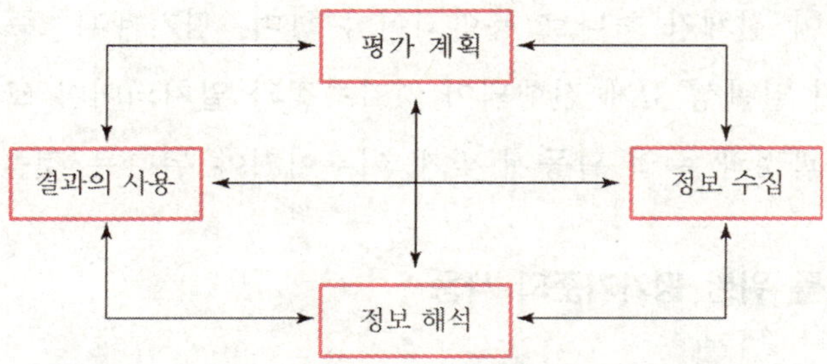

그림 10.3 평가 과정의 상호 관계

(3) 평가 실행의 판단 준거

수학과의 평가에 대한 질을 판단하고 모범적인 수학 평가관을 반영하는 준거로 다음 6가지 평가 기준, 즉 수학 내용에 관한 기준, 학습 기준, 공정성 기준, 개방성 기준, 타당성 기준, 일관성 기준 등을 고려할 수 있다. 이들 각각의 의미를 개략하면 다음과 같다.

수학 내용에 관한 기준은 교육과정과 관련하여 아동들이 반드시 알아야 할 수학의 내용을 의미하며, 학습기준이란 평가가 수학학습을 촉진시켜야 하며 교사에게 정보를 제공하여 수업 판단을 하게 하는 것이다.

공정성 기준이란 평가는 명확한 기준 아래 엄정한 공정성을 기해야 한다는 의미이며, 개방성에 관한 기준은 평가과정은 평가결과에 영향을 받는 모든 사람에게 어떤 과정을 통하여 평가가 이루어졌는지 개방되어야 한다는 의미이다. 개방된 평가란 평가 정보의 수집 과정과 평가 결과의 용도가 사전에 교사와 아동에게 공개되는 것을 의미한다. 이러한 평가는 수업 목표와 일치하게 되어 평가결과가 즉시 수업에 반영될 수 있기 때문이다.

타당성 기준이란 평가는 수학학습 방법에 대한 타당한 설명을 가능하게 해야 한다는 의미이다. 학습 증거로부터 타당한 설명을 도출하기 위해서는 학습에 대한 아동의 정확한 인지 과정에 관한 정보가 필요하므로 지필 검사와 같은 전통적인 평가 도구 이외에 관찰이나 면담, 열린 과제, 광범위한 문제 상황, 포트폴리오 등 다양한 종류의 증거를 사용하여 학습에 대한 설명의 타당성을 높이는 것이 좋을 것이다.

일관성 기준은 평가과정은 일관성이 있어야 한다는 뜻이다. 평가 과정은 각 단계가 조화 있게 결속되어 전체가 하나로 통합되어야 하며, 평가계획, 증거수집, 증거해석, 그리고 평가과정이 일관성 있게 진행되어 평가목적과 일치되어야 교육적 가치가 있다. 또한 평가는 교육과정과 수업 활동에 맞게 이루어져야 된다는 것을 의미한다.

(4) 다양한 목표를 위한 평가기준의 사용

앞에서 제시된 평가의 기준들이 수학학습을 비평하고 증진시키는 다양한 목표를 위해 어떻게 사용되는지를 알아보기로 하자.

평가기준은 다양한 목적에 대한 평가의 질을 판단하는데 사용될 수 있는데, 수학 평가의 다양한 목표로는 아동의 진전정도를 조정하는 것과 그에 따른 교수학적 결정을 하는 것, 아동의 성취정도 평가 및 평가 프로그램에 대한 평가의 네 가지이다. 이들 각 목표와 관련된 평가 자료를 사용함으로써 기대되는 행동은 아동의 성장을 촉진하고 교수법을 개선하며, 성취도를 인정하고 평가 프로그램을 수정한다는 것으로 이들 관계는 다음 그림 10.4로 나타내진다.

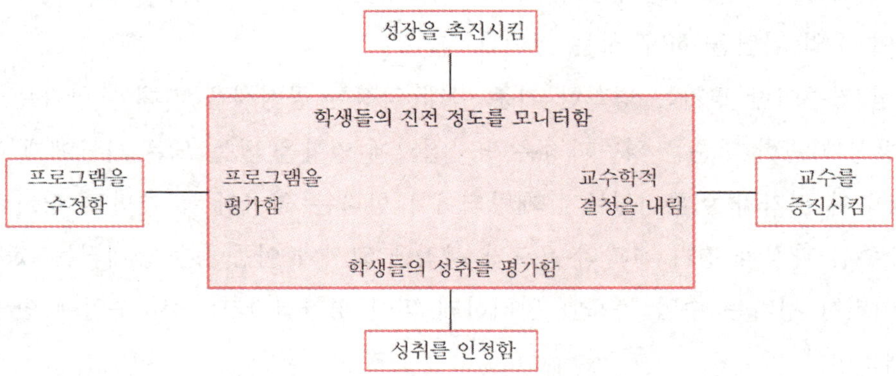

그림 10.4 4가지 평가 목표와 그 결과

① 아동들은 어떻게 진전하는가?

평가의 목표는 학습 목표를 향한 아동들의 진전 정도를 조정하는 것이다. 학습 기대를 설정한 후에, 증거는 각 아동과 교사에게 이 목표에 얼마나 진전해 가는지에 대한 피드백을 제공하기 위해 수집되어야 하고, 피드백은 수학적 힘에 대한 아동들의 성장을 증진하는데 사용된다. 조정은 연속적인 과정이므로, 증거 수집은 때로는 비형식적이며 즉각적이기도 하고, 형식적일 수도 있다. 따라서 그 결과들은 일시적이기는 하지만, 각 아동에게 중요한 여러 가지의 진단적인 피드백을 제공한다. 아동의 진전에 대한 기본적인 질문은 우리가 세워놓고 받아들였던 목표와 관련해서 각 아동이 어떻게 진전해 가는가 이다.

② 적절한 교수학적 결정이란 무엇인가?

수학평가의 두 번째 목표는 교수학적 결정을 내리는 것이다. 교사는 지도과정에서 얻어진 다른 정보와 함께 더 쉽게 학습하도록 지도의 수정을 위해 아동의 수학적 이해에 관한 증거를 사용한다. 교사는 아동들이 알고 있고 할 수 있는 수학에 대한 제 일의 평가자이다. 이런 목표를 위해 평가를 사용할 때 교사가 고려하는 기본적인 질문은 아동의 진전에 관한 증거를 교수적 결정을 내리는데 어떻게 사용하느냐이다.

③ 아동들은 그들의 목표에 도달했는가?

수학평가의 세 번째 목표는 특정한 시기에 아동의 성취도를 평가하는 것이다. 적절한 간격에서 다양한 근원에서 나온 증거가 각 아동에 대해 공식적으로 집약되며, 흥미있는 모임에서 보고된다. 공적인 방식으로 선택된 증거들을 신중히 검토하고, 아동의 성취도를 공적으로 인정하거나 도달정도를 확인한다. 이 시점의 기본적인 질문은 각 아동의 이해 정도는 기대한 성취 목표와 어떻게 비교해야 하는가이다.

④ 프로그램은 제 기능을 하고 있는가?

프로그램을 평가하는 것은 수학평가의 네 번째 목표이다. 모든 아동이 수학에서의 높은 기대치에 도달되도록 지도계획을 결정을 하는데 다른 자료와 함께 아동들의 수행 증거도 사용된다. 제시되는 질문은 아동을 위한 목표 및 기대와 관련하여 수학 학습·지도 프로그램을 어떻게 잘 운용할 것인가이다.

각 과정에서 중요한 측면이 그 목표에 따라 달라지기는 하지만 모든 수학평가는 네 가지 국면-평가를 계획함, 증거수집, 증거를 해석함, 결과를 사용함을 포함하며 이들의 상호 관련은 다음 그림과 같이 나타내진다.

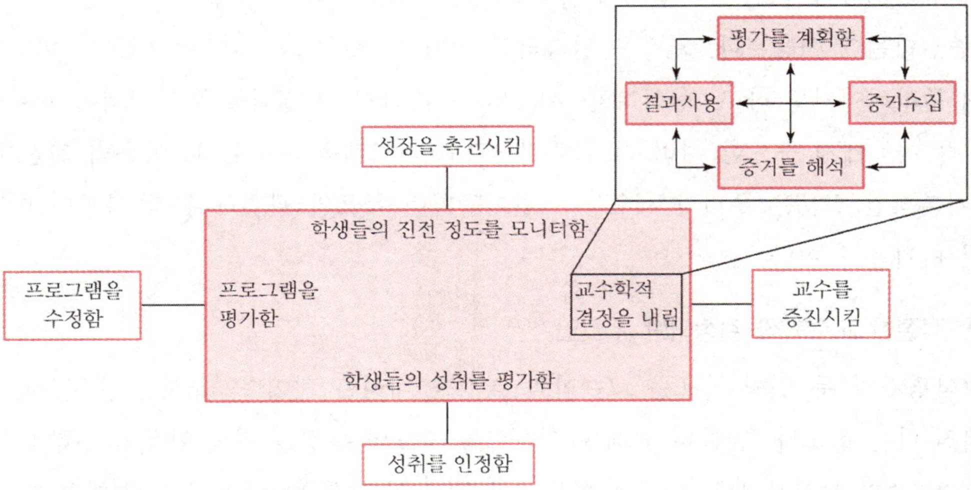

그림 10.5 평가 국면과 목표와의 관련

3 수행평가

(1) 수행평가의 정의 및 특징

오늘날은 학습자 중심의 능동적인 학습 및 학습자 관으로 변화·발전하고 있으며, 이러한 요구를 충족시키기 위한 평가 방법의 하나가 수행평가이다.

일반적으로 수행이라 함은 구체적인 상황 하에서 실제로 행동하는 과정이나 그 결과를 의미하는데, NCTM(1995)은 수행을 '그 과제를 하는 동안 그 사람의 지식이나 판단이 나타나게 되는 물리적인 활동이나 의미 있는 결과를 구성하는 것'으로 규정하였다. Stenmark(1991)는 아동에게 수학적 과제, 프로젝트나 탐구 등의 수행과제를 하도록 하여 그 결과를 근거로 아동이 실제로 아는 것과 할 수 있는 것이 무엇인지 평가하는 것을 수행평가로 정의하였다.

Crehan(1991)은 수행평가 활동이 수학교육에 기여할 수 있는 이유를 다지 선택형과 비교하여 다음과 같이 네 가지로 요약하고 있다. 첫째, 평가가 수업에 더 잘 통합될 수 있고, 둘째, 고차적 사고에 더욱 초점을 맞출 수 있고, 셋째, 수업활동과 준비학습에 아동이 참여하려는 동기유발을 촉진하며, 끝으로 수업 내용의 타당도를 높일 수 있다고 하였다.

국립 교육평가원(1996)은 창의성이나 문제해결력과 같은 고등 사고기능을 파악하고 개별적인 학습을 신장하기 위해 사용될 수 있는 수행평가의 일반적인 특징을 다음의 일곱 가지로 정리하였다. 첫째, 아동이 문제의 정답을 선택하게 하는 것이 아니라, 자기 스스로 정답을 작성하거나 행동으로 나타내도록 하는 평가 방식이다. 둘째, 추구하고자 하는 교육 목표를 가능한 한 실제 상황 하에서 달성할 수 있는지의 여부를 파악하고자 한다. 셋째, 교육의 결과뿐만 아니라 교육의 과정도 중시하는 평가 방식이다. 넷째, 단편적인 영역에 대해 일회적으로 평가하기보다는 아동 개개인의 변화, 발달과정을 종합적으로 평가하기 위해 전체적이며 지속적으로 하는 것을 강조한다. 다섯째, 아동 개개인을 단위로 평가하기도 하지만 집단에 대한 평가도 중시한다. 여섯째, 아동의 학습 과정을 진단하고 개별 학습을 촉진하는데 그 목적이 있다. 일곱째, 아동의 인지적 영역뿐만 아니라 개개인의 행동 발달 상황이나 흥미, 태도, 등 정의적인 영역, 신체적인 영역에 대한 종합적이고 전인적인 평가를 중시한다.

(2) 수행평가의 과제

수행평가는 수학적 추론, 수학적 의사소통을 포함한 문제해결의 모든 수학적 사고 및 능력을 평가할 수 있다는 점에서 그 중요성이 확산되고 있다. 이러한 종합적인 수학적 능력을 평가하기 위해서는 그 평가과제 또한 평가목적에 맞게 신중히 제작되어야 할 것이다.

Stenmark(1991)는 수학에서 특징적인 수행과제로, ① 답이 여러 개이거나 또는 그 문제를 해결하는데 여러 가지 접근이 있는 과제, ② 실제 생활과 관련이 있고 적용이 가능한 문제, ③ 문제해결에 사용된 과정이나 결과에 대해 반드시 교사의 검토가 필요한 과제를 지적하고 있다.

Smith(1993)는 수학에서 수행에 기초한 평가는 아동이 실제 "행하는 것"과 관련된 것으로 보고, 수행평가로 사용될 수 있는 과제들로 열린 문제, 탐구문제와 프로젝트, 쓰기 활동, 교사의 관찰 및 면접, 개량된 다지 선다형 문제를 제시하고 있다. 교과서에 나오는 연습문제 수준이상의 수학적 과제를 개인 또는 집단으로 하게 한 다음, 교사는 실제 수행이나 행동을 관찰하거나 설문지와 아동의 산출물을 통하여 평가할 수 있다고 하였다.

수행평가 과제의 특징은, 아동은 그들이 배운 과정을 나타내 보여야 하며, 나타내야 할 과정이 사전에 자세히 열거되고, 직접 관찰이 가능한 것이어야 하며, 수행 결과는 규정된 적정 기준에 따라 점수화 되어야 할 것이다.

(3) 수행평가의 유형 및 문항 제작

수행평가의 유형에서 널리 사용되고 있는 것은 서술형(주관식)시험, 구술시험, 찬반 토론법, 실기시험, 실험·실습법, 면접법, 관찰법, 연구 보고서, 포트폴리오 등이다.

Randall & Lester(1992)등이 제시한 서술형 시험의 채점법은 성취행동 전체를 단위로 하여 채점자가 전체적인 관점에서 판단하여 채점하는 총괄적 채점법(holistic scoring)과 성취 행동을 평가 기준 표에 열거된 요소와 배점에 따라 채점하고 요소별 득점을 합산하여 총점으로 하는 분석적 채점법(analytic scoring)이 있다. 총괄적 채점법과 분석적 채점법의 자세한 평점 기준 및 그들 각각의 장·단점과 그 적용에 관해서는 제 4절에서 구체적으로 설명한다.

수행평가의 문항을 제작할 때에는 평가하려는 능력이 무엇인지, 평가하려는 능력을 측정하는 데 수행평가가 적절한 평가인가, 또한 신뢰도와 타당도, 공정성은 갖고 있는지 깊이 생각해 보아야 한다. 국립교육평가원(1996)은 수행평가의 문항제작에 필요한 기본 절차를 아래의 네 가지로 제시하였다.

첫째, 평가의 이유를 명확히 밝힌다. 평가 목적과 평가의 결과를 활용할 사람, 평가 결과의 용도 및 평가대상을 구체적으로 서술하여야 한다.

둘째, 평가할 성취 행동을 명확히 밝힌다. 평가의 내용이나 기능을 구체적으로 서술하고, 평가할 성취행동의 유형을 선정하며, 평가기준을 열거해야 한다.

셋째, 평가의 방법을 설계한다. 문제의 형태와 평가시행의 공고 여부를 결정하고,

평가자료 수집의 양을 결정하는 단계이다.

넷째, 채점 계획을 수립한다. 채점 방법과 채점자를 결정하고 점수 기록방법을 명확히 밝혀야 한다. 수행평가의 특징이면서 난점이 채점의 객관성 확보이므로, 문항 제작자는 채점계획을 명확하게 세워서 신뢰도와 일관성을 유지하여야 한다.

(4) 과제 제시방법

이전의 평가문항이나 과제는 지필로 제시되는 경우가 많았다. 그럴 경우 읽기를 잘 못하는 아동은 상대적으로 불이익을 받아, 아동 자신이 알고 있는 수학적 지식과 기능의 진정한 수준을 표현하지 못한다. 이러한 상황에서 사용할 수 있는 제시 방법으로, 비디오테이프로 문제 상황을 제시하거나, 교사가 직접 읽어주거나, 컴퓨터를 통해 문제 상황을 제시하거나. 구체적 조작물을 이용하여 문제 상황을 제시하는 것 등이 있다.

평가과제의 구성방법도 다양한데 질문의 난이도에 따라 위계적으로 구성할 수도 있고, 처음부터 문제해결력, 논리적 사고력, 의사소통 능력을 사용하도록 과제를 구성할 수도 있다.

평가과제에 대한 결과를 제출하는 방법은 여러 가지가 있는데, 그 하나는 아동이 교사에게 개별적으로 자신의 해결과정을 구두로 설명하는 것이다. 평가문항을 개발한 NCTM의 예비검사 결과, 아동은 자신이 해결한 것을 글로 쓰는 것보다 구두로 발표하는 것을 훨씬 쉽게 여긴다고 밝히고 있다. 교사가 평가과제를 통해 아동의 수학적 성장을 더 자세히 평가하고자 한다면 글로 반응한 것과 더불어 구두로 반응한 것도 평가자료로 사용해야 할 것이다.

평가과제의 결과는 실제 사용 시 그 목적에 맞게 수정되어야겠지만 교사들은 이 평가과제들을 비공식적인 평가를 하는데 사용할 수도 있고, 때로는 공식적인 평가에 사용할 수도 있다. 아동은 과제의 바탕에 깔려 있는 형태, 관계, 논리 등을 설명해야 하는데 그와 유사한 활동을 관찰함으로써 교사는 아동들이 어떻게 해결하는지 그 과정을 자세히 알게 될 것이다.

평가는 수업에 통합되어야 한다(NCTM, 1989). 아동들이 평가 활동을 '시험'으로 생각하지 않도록 해야 하며, 평가과제를 공식적인 평가에 사용하는 경우라도 반드시 평가과제에 대한 후속활동이 수업에 통합되어 제시되어야 한다.

조별활동은 수학학습의 목표인 의사소통의 수단을 확실하게 반영한다. 제시할 과제는 소규모 조별활동이나 개별 활동을 할 수 있도록 구성하는 것이 좋다. 평가과제를 수행하는데 몇 명으로 조를 편성하는 것이 가장 효과적인가와 아동에 대한 수행평가를 할 때 개별 활동과 조별활동을 어떤 비율로 하는 것이 바람직한가에 대해서도 계속적인 연구가 필요하다.

4 새 교육과정에서의 평가

2009개정 초등학교 수학과 교육과정은 2007개정 교육과정에서 내용을 30%정도 줄이고, 그 여유를 창조성 육성에 중점을 두는 초등 수학교육을 강조하였다.

2009 개정 교육과정에서는 수와 연산, 도형, 측정, 규칙성, 확률과 통계의 5개의 영역을 다루기로 하였고, 학년도 이제까지와는 달리, 학년간 상호 연계와 유연성 및 통합과 학생의 능력을 감안하여, 2개 학년을 하나의 학년군으로 나누어, 1-2학년군, 3-4학년군, 5-6학년군으로 한 것이 특징이다.

또한, 학년군의 내용 및 내용 영역별 성취 기준을 명확히 한 것이 특징으로 볼 수 있는데, '영역'별 성취 기준은 '학년군'별 성취 기준을 정리하면 되므로, 여기서는 '학년군'별 성취기준을 제시한다.

(1) 학년군(학교급)별 성취 기준

[초등학교 1~2학년군]

① 네 자리 이하의 수의 범위에서 수 개념을 이해하고, 덧셈과 뺄셈의 의미와 계산 원리를 이해하고, 두 자리 수의 범위에서 덧셈과 뺄셈을 할 수 있으며, 곱셈의 의미를 이해하고 한 자리 수의 곱셈을 할 수 있다.

② 입체도형과 평면도형의 모양을 알고, 기본적인 평면도형을 직관적으로 이해하며, 그 구성 요소를 찾을 수 있다.

③ 양을 비교할 수 있고, 시각을 읽고 시간 단위 사이의 관계를 이해하며, 1㎝와 1m

를 알고 길이를 어림하고 잴 수 있다.

④ 물체 무늬 수의 배열에서 규칙을 찾고 규칙에 따라 물체 무늬 수를 배열할 수 있다.

⑤ 사물들을 기준에 따라 분류하고 분류한 자료를 표와 그래프로 나타낼 수 있다.

⑥ 실제로 해보기, 그림그리기, 식 만들기, 규칙 찾기, 거꾸로 풀기 등의 문제해결 전략으로 문제를 해결할 수 있다.

[초등학교3~4학년군]

① 10000 이상의 큰 수를 이해하고 자연수의 사칙계산 원리를 이해하고 그 계산을 할 수 있으며 분수와 소수의 뜻을 알고 덧셈과 뺄셈을 할 수 있다.

② 직선 선분, 반직선, 각, 수직과 평행을 이해하고 평면도형의 이동을 이용하여 무늬를 꾸밀 수 있으며 삼각형, 사각형, 원, 다각형 ,정다각형을 이해한다.

③ 초 단위까지 시각과 시간을 이해하고 1㎜와1㎞, 1L와1mL, 1kg과1g, 1도°를 알고 길이, 들이, 무게 ,각도를 잴 수 있으며 양에 대한 어림과 측정을 통해 양감을 기른다.

④ 다양한 변화와 대응 표에서 규칙을 찾아 설명하고 수나 식으로 표현할 수 있다.

⑤ 자료를 수집하여 목적에 맞게 그림그래프, 막대그래프, 꺾은선 그래프로 나타내고 그래프의 특성을 비교할 수 있다.

⑥ 표 만들기, 예상과 확인, 단순화하기 논리적 추론 등의 문제해결 전략으로 문제를 해결하고 문제해결 과정을 설명할 수 있다.

[초등학교5~6학년군]

① 약수와 배수를 이해하고 분수와 소수의 관계 및 사칙계산 원리를 이해하고 그 계산을 할 수 있다.

② 도형의 합동과 대칭의 의미를 이해하고, 직육면체와 정육면체, 각기둥과 각뿔, 원기둥과 원뿔의 그 구성 요소와 성질을 이해하며, 쌓기나무 활동을 통해 공간감각을 기른다.

③ 여러 가지 단위 및 원주율을 이해하고 평면도형의 둘레와 넓이, 입체도형의 겉넓이와 부피를 이해하고 구할 수 있다.

④ 비, 비율, 비례식, 비례배분, 정비례와 반비례 관계를 이해하고, 이를 활용할 수 있다.

⑤ 사건이 일어 날 가능성을 수로 표현하고, 평균의 의미를 알고 주어진 자료의 평균을 구하며 자료를 비율그래프로 나타내고 활용할 수 있다.

⑥ 여러 가지 문제해결 전략을 비교하여 문제를 해결하고 주어진 문제에서 필요없는 정보나 부족한 정보를 찾을 수 있으며, 조건을 바꾸어 새로운 문제를 만들 수 있으며, 문제해결 과정의 타당성을 검토할 수 있다.

2009 개정 초등학교 수학과 교육과정에서의 평가의 활용 및 유의사항은 아래와 같다.

(2) 평가의 활용 및 유의사항

가. 수학학습의 평가는 학생의 인지적 영역과 정의적 영역에 대한 유용한 정보를 제공하고 학생 개개인의 수학학습과 전인적인 성장을 돕고 교사의 수업방법을 개선하는데 활용되어야한다.

나. 수학학습의 평가에서는 학생의 인지발달단계를 고려하고 교육과정에 제시된 내용의 수준과 범위를 준수한다.

다. 수업의 전개 국면에 따라 진단평가, 형성평가, 총괄평가 등을 적절히 실시하되 지속적인 평가를 통하여 다양한 정보를 수집하고 수업에 활용한다.

라. 수학학습의 평가에서는 선택형위주의 평가를 지양하고 서술형 평가, 관찰, 면담, 자기평가 등의 다양한 평가방법을 활용하여 수학학습에 대한 종합적인 평가가 이루어질 수 있게 한다.

마. 인지적 영역에 대한 평가에서는 학생의 수학적 사고력 신장을 위하여 결과뿐만 아니라 과정도 중시하여 평가하되 수학의 학습・지도에서 전반적으로 요구되는 다음 사항을 강조한다.

① 수학의 기본적인 개념, 원리, 법칙을 이해하고 적용하는 능력

② 수학의 용어와 기호를 정확하게 사용하고 표현하는 능력

③ 수학적 지식과 기능을 활용하여 추론하는 능력

④ 다양한 상황에서 발생하는 여러 가지 문제를 수학적으로 사고하여 해결하는 능력

⑤ 생활주변 현상, 사회현상, 자연현상 등의 여러 가지 현상을 수학적으로 관찰, 분

석, 조직하는 능력

⑥ 수학적 사고과정과 결과를 합리적으로 의사소통하는 능력

⑦ 수학적 지식과 기능을 바탕으로 창의적으로 사고하는 능력

바. 정의적 영역에 대한 평가에서는 학생의 수학에 대한 긍정적 태도를 신장시키기 위하여 수학 및 수학학습에 대한 관심, 흥미, 자신감, 가치인식 등의 정도를 파악한다.

사. 수학학습의 평가에서는 평가하는 학습내용과 방법에 따라 학생에게 계산기, 컴퓨터, 교육용 소프트웨어 등의 공학적 도구와 다양한 교구를 이용할 수 있는 기회를 제공한다.

10.4 수학과 평가 방법의 실제

아동의 학력이나 행동을 평가하는 실제의 방법으로 시험을 치는데, 이에는 그 목적과 작성자에 따라 여러 가지 다양한 형태의 시험이 있다. 시험은 출제 방법에 따라 서술형(주관식) 시험과 객관형 시험이 있다. 객관형 시험은 그 신뢰성과 객관성을 높이기 위해, 진위형, 선택형, 조합형, 완성형 등의 방법들이 쓰인다.

이 밖에 평가 방법으로는 관찰법, 면접법, 리포트법 등이 있는데, 관찰법은 아동의 구체적 행동의 과정이나 인간관계 등을 관찰해서 기록하며, 이는 주로 기능이나 적성 등의 내면적인 것을 알기 위하여 쓰인다. 또 아동이 쓴 공책이나 표, 그래프 등을 관찰하여 평가하는 자료 관찰법이 있다. 면접법은 구두로 발문해서 아동의 의견이나 태도를 알려는 방법이고, 리포트 법은 사고과정의 기록이나 감상문 등을 통해서 평가하는 방법이다.

특히 문제 해결 학습·지도의 평가에서는 다양한 문제 해결 기능과 전략을 사용하는 수행 능력과 문제 해결에 대한 태도 및 신념의 측면에서 아동의 발달을 평가하는 것이 중요하다. 이 절에서는 위에서 제시한 여러 가지 평가방법 중 문제해결 학습·지도와 관련하여 학교 현장에서 활용 가능한 몇 가지 평가의 구체적 실천 방법을 중심으로 소개한다.

1 관찰과 면담

(1) 비형식적 관찰과 질문

① 비형식적 관찰과 질문의 의미

비형식적 관찰과 질문이란 평가자가 문제를 해결하고 있는 개인, 소집단 또는 학급을 관찰하면서 비형식적으로 질문하고 관찰한 것을 기록하여 평가하는 방법이다.

비형식적 관찰과 질문은 주로 문제해결 능력과 태도에 대하여 제시된 주요 목표를 평가할 때 사용한다. 이 기법은 문제해결 학습・지도에서 아동의 사고 과정을 평가하는데 유용하며, 문제를 해결할 때의 집착력을 포함한 다양한 태도와 신념을 평가할 수 있는 가장 좋은 방법이기도 하다. 관찰 기법은 아동이 문제를 해결할 때 다른 아동과의 협력을 포함한 수행능력을 평가하는데 사용할 수 있다.

비형식적 관찰과 질문은 평상시 문제해결 수업 중에도 가능하며, 한 번에 소수의 아동을 평가하므로 융통성이 있다. 특정한 행동에 중점을 둘 수 있고, 다른 기법으로는 평가하기 어렵거나 불가능한 측면의 행동과 태도를 평가할 수 있는 장점이 있다. 단점으로는 학급경영 및 수업에서 다른 업무와 상충될 수 있으며, 아동 모두를 정기적으로 평가하고 적절하게 기록하려면 많은 시간과 노력이 필요하다. 또한 적절한 질문과 평가절차를 선정하기 위해서는 문제해결에 대한 상당한 통찰이 필요하고 아동의 반응을 관찰할 때 편견이 개입되는 등의 단점이 있다.

② 관찰 기법

문제를 푸는 아동을 단순히 관찰하기만 해도 그들의 문제 해결 활동과 태도에 관하여 많은 것을 알 수 있으므로 다음 사항에 유의하면서 관찰해야 한다. 첫째, 아동이 평가자에 의해 주의가 산만해지지 않도록 하고, 둘째, 관찰할 목표가 분명해야 한다. 셋째, 다른 평가 기법으로는 쉽게 평가하기 어려운 행위나 태도를 평가할 때에 이 관찰 기법을 사용하는 것이 좋다. 넷째, 관찰할 아동의 수를 한 번에 몇 명으로 한정시키고, 중점을 두고 평가할 행동요소를 미리 결정해야 한다. 관찰계획도 중요하지만, 다른 행동요소도 관찰하거나 필요하다면 더 깊은 통찰을 얻기 위해 아동에게 질문까지 할 수 있는 충분한 융통성을 갖는 것이 좋다.

③ 발문 기법

수업 중의 발문에는 아동의 수학적 사고를 자극하기 위한 것이나 문제해결을 도와주는 것 등 여러 가지 목적이 있다. 여기서 논하는 발문의 목적은 아동의 문제해결 기능과 태도를 평가할 수 있도록 돕는 것으로, 아동의 문제해결 과정 중에 갖는 느낌을 밝힐 수 있는 다음과 같은 발문이 정선되어야 한다.

(가) ……을 어떻게 했지?
(나) ……을 왜 했지?
(다) ……하기 위해 어떤 시도를 했지?
(라) ……을 어떻게 알게 되었나?
(마) ……을 해본 적이 있나?
(바) ……을 어떻게 해보게 되었지?
(사) ……인지 아니지 어떻게 결정했지?
(아) ……을 설명할 수 있나?
(자) ……이라고 확신하나?
(차) ……에 대해 어떻게 생각하나?
(카) ……에 대해 어떤 느낌이 들지?

④ 기록 기법

문제를 푸는 아동을 관찰하고 그들에게 발문할 때에는 그 결과를 간단하게 객관적으로 기록해야 한다. 관찰한 사실은 가능한 한 즉시 기록하며, 기록에는 상황 설명과 해석이 모두 들어 있어야 한다. 관찰 기록 방법에는 소견 기록 카드, 점검 목록, 등급 채점표 등이 있다.

점검 목록이나 등급 채점표를 개발할 때에는 다음과 같은 일반 절차를 따른다.

(가) 평가하고자 하는 수행 능력 및 태도의 목표를 결정한다.
(나) 목표의 성취 여부를 나타내는 아동들의 특정한 행동, 사고, 태도 등을 나열한다.
(다) (나)에서 나열한 사항으로 검사할 점검 목록과 등급 채점표의 문항을 만든다.

수업 전에, 평가하고자 하는 능력과 태도 및 평가할 아동을 선정해 두고, 점검 목록이나 등급 채점표도 미리 준비해 두어야 한다. 아동이 문제를 풀고 있을 때, 그들을 관찰하고. 다른 아동과 하는 이야기를 듣고, 평가하고자 하는 내용을 발문한다. 가능하면, 기억에 의존하지 말고 기록은 즉시 하며, 목표를 한정하여 너무 많은 것을 평가하려 하지 않도록 한다. 모든 아동의 모든 문제해결을 평가하는 것이 아니므로, 주어진 문제해결 상황에 대하여 1명에서 4명 정도의 아동에게만 초점을 맞추는 것이 좋다.

문제 해결력 관찰 등급 채점표			
아동 ________		날짜 ________	
	자주	때때로	그렇지 않다
1. 적절한 해결 전략을 선택한다.			
2. 해결 전략을 정확하게 사용한다.			
3. 풀이가 막힐 때는(교사의 도움 없이)다른 전략을 쓴다.			
4. 체계적 방법(문제를 분명히 하기, 필요한 정보를 확인하기, 계획 세우기, 풀어 보기, 검산하기)으로 문제에 접근한다.			
5. 문제를 풀려는 의지가 보인다.			
6. 자신감이 있다.			
7. 문제를 풀어 보려는 끈기가 있다.			

(2) 체계적 면담

① 체계적 면담의 의미

이 기법도 문제를 해결하고 있는 아동을 관찰하고 발문하는 일을 포함한다. 그러나 비형식적 방법과는 달리, 체계적 면담은 주로 아동 1명을 대상으로 한다. 면담이 체계적이고 구조화되려면, 순서대로 발문할 특정 영역들을 선택하여 그 영역별로 발문을 선정해 두거나, 컴퓨터 소프트웨어를 사용하여 표준화된 문제를 묻는 문제해결 상황을 아동에게 제시한다. 이 기법은 아동들의 사고과정, 문제해결 능력 또는 태도를 보다 깊게 조사하고 싶을 때와 심각한 어려움을 겪는 아동들을 진단할 때, 그리고 문제해결 과정에 대한 연구 자료를 수집할 때 유용하다.

체계적 면담은 1대 1로 문제해결 수행능력과 태도를 주의 깊게 관찰할 수 있으며, 개개인의 문제해결 능력을 좀 더 깊게 조사할 수 있고 아동의 사고과정에 대한 통찰이 가능하다는 장점을 가지고 있다. 그러나 시간이 너무 오래 걸리고 발문이 신중하게 선정되어야 하며, 아동이 문제를 해결하는 중에 하는 발문 때문에 문제를 해결하는데 방해가 될 수 있고, 개인 간의 비교를 위한 표준화된 정보를 제공하지 못하는 등의 단점이 있다. 다음은 면담 계획의 한 예이다.

체계적 면담 결과를 기록하기 위해서 일화를 기록하거나, 등급을 매기거나, 점검 목록 등을 사용할 수도 있다. 녹음기 또는 녹화기를 사용하면 나중에 자세히 분석하여 보다 상세한 정보를 얻을 수도 있다.

면 담 계 획 (5학년)

1. 아동이 편안함을 느끼도록 친밀감을 형성한다.
2. 아동이 문제를 푸는 동안 그가 "무엇을 하고 있는지, 무엇을 생각하고 있는지"를 이야기하게 한다. 면담 중, 이것은 교사가 5학년 아동의 문제해결 방법을 이해하고, 아동이 보다 나은 문제 해결 자가 되도록 자연스럽게 힌트를 일러준다.
3. 다음 문제를 제시한다. :
4. 아동이 문제와 그 조건을 이해하려고 애 쓸 때, 그를 관찰하면서 적절히 다음과 같은 발문을 한다.
   a. 문제를 받았을 때 제일 먼저 무엇을 했지? 그 다음에는?
   b. 문제에서 무엇을 묻고 있지? 문제에서 중요한 사실이나 조건은?
   c. 문제에서 이해하지 못한 것은 없나?
5. 아동들이 문제를 풀고 있을 때, 그에 대해서 이야기 해 보도록 다시 한 번 일러주고, 경우에 따라 다음과 같은 발문을 한다.
   a. 어떤 전략을 사용하고 있지? 그것이 답을 이끌어 낼 수 있다고 생각하니 ? 다른 전략도 생각해 봤니? 어떤 전략이 있을까?
   b. 어디가 어렵지? 여기서 어디로 가야 한다고 생각하지?
6. 아동들이 답을 구했을 때는, 답을 검산하고 풀이의 타당성을 점검하는지 관찰한다. 이때 다음과 같은 발문을 한다. :
   a. 이것이 정답이라고 생각하니? 왜 그렇지?
   b. 너의 답이 옳은지 검산하는 것이 중요하다고 생각하니? 왜 그렇지?
7. 아동이 문제를 해결 한 후에는 다음과 같은 발문을 한다.
   a. 어떻게 구했는지 풀이를 설명할 수 있니?
   b. 이 문제는 네가 풀어 본 다른 문제와 비슷하니? 어떻게 같지?
   c. 이 문제를 다른 방법으로도 풀 수 있다고 생각하니? 어떻게?
   d. 문제를 풀 때 어떤 느낌이 들었니? 답을 구하고 나니 어떤 느낌이 들지?

② 체계적 면담 절차

면담의 절차는 먼저 면담할 사람을 선정하고, 적절한 문제를 선택하며, 직접 면담 계획을 수립하여 면담 상대의 문제해결 능력과 태도에 대한 통찰을 얻을 수 있도록 체계적으로 진행되어야 한다. 체계적 면담을 사용하는 일반적 절차는 다음과 같다.

㈎ 면담의 구조를 결정하고, 아동의 반응을 기록할 방법을 선정한다.

㈏ 아동이 왔을 때 친근하고 여유 있는 분위기로 시간적 여유를 갖는다.

㈐ 문제를 내주고, 아동이 푸는 동안 그가 하고 있거나 생각하고 있는 것에 대해 되도록 많이 말하도록 일러준다.

(라) 아동이 문제를 풀고 있을 때, 그가 하고 있거나 생각하고 있는 것을 분명히 알 수 있는 발문을 하면서, 그를 관찰하고 그의 말을 주의 깊게 듣도록 한다. 가르치려고 하거나, 유도 질문을 하지 않도록 한다.

(마) 평가하려는 목표에 부합되는 행동이나 사고의 증거는 모두 조심스럽게 기록한다.

면담은 특별한 문제를 제시하는 아동에게만 국한하여 사용할 필요는 없다. 실제로 교사는 면담을 아동이 특별한 문제를 가지고 있는 것과 관계없이 주기적으로 실시할 수도 있다.

대부분의 교사 면담 자는 그들이 사용할 발문을 사전에 준비해야 하지만, 어떤 종류의 면담을 하던 간에, 아동이 제기한 추가적인 주제를 편안한 마음으로 채택해야 한다.

2 주관식 평가(기술식 필기 평가)

문제해결 과정을 평가할 때 관찰과 질문 기법을 사용하면 시간이 많이 소요되기 때문에, 전적으로 이 기법에만 의존하는 것은 비실용적이다.

여기서는 아동의 주관식 문제해결 답지를 평가하는 두 가지 방법을 소개한다. 첫째 방법은 분석적 채점 형인데, 이것은 문제해결 과정을 몇 단계로 나누어 각 단계에 점수를 할당하고 이것을 척도로 이용하는 방법이다. 둘째 방법은 총괄적 채점 형인데, 이것은 특정한 사고과정에 관한 기준에 따라 문제풀이 전체에 점수를 매기는 방법이다. 이들 각 방법이 성공하려면 아동은 자신이 생각한 것을 가능한 한 많이 기록하게 하는 방법을 찾아야 한다. 어떤 부분에 대해서는 추측에 의존할 수밖에 없으므로, 답지를 평가하는 모든 기법은 관찰과 질문, 또는 아동의 자기평가 자료 등으로 보완되어야 한다.

(1) 분석적 채점형

① 분석적 채점의 의미

분석적 채점 형이란 문제해결 과정의 몇 가지 범주 각각에 분석적으로 점수를 할당하여 평가하는 방법이다. 그 장점으로는 답뿐 아니라 문제해결 과정의 여러 측면을 참작할 수 있고, 아동의 풀이에 수치화 된 점수를 줄 수 있으며, 특히 강한 부분과 약한 부분을 정확하게 알려 준다. 다양한 지도활동에 대한 구체적 정보를 제공하며, 범주의 비중에 따라 척도를 다르게 정할 수 있다. 그러나 아동에 따라서는 한 가지 또는 몇 가지 범주에 대해 확신을 가지고 채점할 만큼 충분히 자신의 사고 과정에 대한 정보를 제공하지 못하는 경우도 있으며, 분석적 척도의 범주들은 수업 시간에 직접적인 힌트를 줄 우려가 있으므로 신중히 정해야 한다. 또한 두 학생이 문제를 전혀 다르게 풀었어도 총점은 같을 수 있으므로 점수 비교에 신중해야 한다.

② 분석적 채점 방법

분석적 채점을 위한 분석적 척도를 만드는 첫 단계는 문제해결 과정 중 중점적인 범주들을 미리 정하고, 다음은 각 범주에 대한 점수의 폭을 결정한다. 끝으로 각 범주의 점수에 대해 학생 활동에 채점할 준거를 결정한다.

다음 표는 문제해결을 문제의 이해, 풀이 계획 세우기, 답 구하기의 세 범주로 구분하여 분석적 채점척도로 평가하는 한 예이다. 이들 문제해결의 각 범주를 2점으로 하고 분석적으로 0, 1, 2,점을 배당하여 채점하는 것이다.

분석적 채점 척도	
문제 이해하기	0 : 문제를 완전히 잘못 이해하였다. 1 : 문제를 부분적으로 잘못 이해하거나 잘못 해석하였다. 2 : 문제를 완전히 이해하였다.
풀이 계획 세우기	0 : 시도가 없거나, 전혀 부적절한 계획을 세웠다. 1 : 문제를 옳게 해석하고, 부분적으로 옳은 풀이계획을 세웠다. 2 : 적절하게 실행하기만 하면 정답을 이끌어 낼 수 있는 계획을 세웠다.
답 구하기	0 : 답을 쓰지 않았거나, 계획이 부적절해서 오답을 썼다. 1 : 잘못 옮겨 썼다; 계산 오류; 답이 여러 개인 문제에 답의 일부만 썼다 2 : 정답이고 단위 등도 바르게 썼다.

여기에 분석적 채점 형이 적용되는 구체적 예를 들어보자.

분석적 채점 척도를 사용하여 다음 문제에 대한 아동의 시험지를 평가하여 세 범주(문제이해, 풀이의 계획, 답) 각각에 대해 몇 점을 줄 것인지 결정한다.

문제

경호와 다미는 할아버지의 농장을 방문하였다. 헛간 앞마당에 닭과 돼지가 있었다. 경호가 "내가 보니 모두 18마리 있어"라고 말했다. 다미는 "그래, 그리고 다리 수를 세어 보니 모두 52개야"라고 대답하였다. 헛간 앞마당에 있는 닭과 돼지는 각각 몇 마리인가?

닭 9　　　돼지 9

$9\times2=18$　　　$9\times4=34$

$$\begin{array}{r} 18 \\ +\ 34 \\ \hline 52 \end{array}$$

[경호의 풀이]

경호의 풀이 : 오답을 얻기는 했지만 고려해 볼 만한 점도 있다. 경호는 모든 중요한 정보를 사용하였으므로 문제 이해하기에 2점을 주자. 그러나 풀이의 계획 단계에 대한 채점이 어려워진다. 계획 세우기에서 1점을 줄 수도 있다. 따라서 경호의 풀이는 문제이해-2, 풀이의 계획-1, 답-1로 평가될 수 있다.(총점4)

③ 분석적 채점 척도의 사용 시기 및 작성 절차

분석적 채점척도를 사용하면 문제해결 과정 중 사전에 정해둔 주요 범주에 대한 아동의 수행능력을 평가할 수 있고, 아동의 강한 부분과 약한 부분이 구체적으로 확인되며, 특정 수업 활동의 효과를 평가할 수 있으므로, 다음 상황에서 가장 유용하다.

㈎ 문제해결의 특정 범주에서 아동의 능력에 대해 피드백을 주어야 할 때
㈏ 특별히 강한 부분과 약한 부분에 대한 진단적 정보를 제공받아야 할 때
㈐ 문제해결 과정 중 어떤 부분 지도에 수업 시간을 더 할애해야 할지 확인하고 싶을 때
㈑ 아동의 문제풀이 답지를 주의 깊게 분석해 볼 시간이 충분할 때

그리고 분석적 채점 척도의 작성은 다음과 같은 단계에 따라 작성한다.

㈎ 문제해결 과정 중 평가에 초점을 맞출 범주를 정한다.
㈏ 각 범주의 가치에 따라 점수의 폭을 결정한다.

㈐ 각 범주의 점수에 대해 아동의 활동 단계에 따라 점수 준거를 결정한다.

앞에서 예를 든 6점 척도는 몇 가지 가능성 중 하나일 뿐이며, 문제해결 사고 기능의 각각에 대하여 점수를 할당할 수도 있다. 분석적 채점 척도를 사용할 때에는 다른 평가 절차 특히 비형식적 관찰과 질문 기법을 함께 사용해야 한다는 점이다.

(2) 총괄적 채점 형

① 총괄적 채점 형의 의미

총괄적 채점 형은 아동의 문제풀이 하나에 점수 하나를 주는 것으로, 답만이 아니라 풀이 전체에 초점을 맞추어 점수를 부여하는 것이다. 문제해결의 사고과정과 관련한 특정 기준에 따라 점수 하나를 부여하고, 위에서 말한 분석적 채점 척도와는 달리 총괄적 채점 형은 사고과정의 몇 가지 범주 각각에 점수를 매기지 않고, 풀이 전체에 하나의 점수를 매기는 것이다.

총괄적 채점형의 장점으로는 아동의 답지를 비교적 빠르게 평가할 수 있으며, 답만이 아니라, 풀이과정에도 초점을 맞출 수 있고 문제해결 능력을 하나의 점수로 표현해 주는 것이다. 그러나 풀이의 구체적 장점과 단점을 지적해 낼 수 없으며, 교사가 확신을 가지고 채점할 만큼 아동이 자신의 사고과정에 대한 충분한 정보를 제공하지 못하는 답지를 낼 수도 있다.

② 총괄적 채점의 방법

총괄적 채점을 위한 배점 기준은 분석적 채점척도와 비슷한데, 문제해결 과정에 대한 설명을 배점의 기준으로 한다. 다음에 제시된 총괄적 채점 형에 사용된 구체적 준거는 수개월에 걸쳐 아동의 답지를 채점해 본 교사들에 의해 개발된 것이다. 다른 준거를 사용할 수도 있으며, 강조하는 바를 달리 반영하기 위해서 위의 일부를 조정할 수도 있다.

예를 들어, 이 배점기준에서 계산 오류에 의한 오답에 4점을 주도록 되어 있지만, 교사에 따라서는 과정 전부와 답까지 모두 바르게 쓴 아동에게만 4점을 주고 싶어 할 것이다. 준거란 개별적 요구와 취향에 따라 수정될 수 있는 것이다

총괄적 채점 척도	
	답지가 다음 특징 중 하나를 가지고 있을 때:
0점	• 백지 • 문제의 정보를 단순히 옮겨 쓰기만 했을 뿐 그 정보를 전혀 사용하지 않았거나 뭔가 써놓았지만 문제를 분명히 이해하지 못한 경우 • 오답 이외에 아무것도 없는 경우
1점	• 자료 베끼는 것 말고도 문제를 어느 정도 이해하고 풀기 시작했지만 정답에 도달하지 못한 경우 • 부적절한 전략을 선택해 실행했으나, 다른 전략으로 바꾸지 못한 경우 즉 한 가지 접근방법을 시도했으나 활용하지 못하고 포기했을 때 • 하위 목표 달성을 위한 시도는 했으나 성공하지는 못했을 때
2점	• 부적절한 전략을 사용하여 답은 틀렸으나 문제를 어느 정도 이해한 듯이 보일 때 • 적절한 전략을 이용했지만 ⓐ 답을 구할 만큼 충분히 실행하지 않았을 때(예, 표를 작성하면서 단 2개만을 기입했을 때) ⓑ 바르게 실행하지 못해서 답에 이르지 못했거나 오답에 이른 경우 • 하위 목표에는 도달했지만, 더 이상 진전하지 못한 경우 • 정답을 썼지만 ⓐ 과정을 이해할 수 없게 썼을 때 ⓑ 과정을 쓰지 않았을 때
3점	• 정답에 이르는 바른 전략을 사용했지만, 문제의 일부를 잘못 이해했거나 문제의 일부 조건을 무시했을 때. • 적절한 해결 전략을 바르게 적용했지만 ⓐ 분명하지 않은 이유로 틀리게 답했을 때 ⓑ 답의 숫자 부분은 바르게 썼지만, 단위가 없거나 잘못 썼을 때 ⓒ 답이 없을 때 • 정답은 썼고, 적절한 해결 전략을 선택한 증거도 있지만, 전략의 수행이 완전히 분명하지 않을 때
4점	• 적절한 해결 전략의 수행 과정에서 오류가 있었지만, 이 오류가 문제나 전략에 대한 이해 부족에서 비롯된 것이 아니라, 단순히 옮겨 쓰기 또는 계산상의 오류일 때 • 적절한 전략을 선택하여 이를 실행했고, 문제에 지시된 대로 답을 썼을 때

이제 총괄적 채점이 적용되는 예를 살펴보자.

문제풀이를 살펴본 뒤, 총괄적 채점형의 배점기준을 사용하여 한 아동의 풀이에 점수를 매겨 보자.

문제

탁구 토너먼트에 8명이 참가했다. 각 선수는 다른 선수와 한 번씩 경기를 가져야 한다. 우승자를 가리기 위해서 모두 몇 경기를 치러야 할까?

```
   8                    16          답 28
 × 2 (1 경기에 )         8
  16                   + 4
                        28 [다미]
```

답지를 살펴보면, 다미의 풀이는 정답을 쓴 것이 명백하다. 그러나 위의 준거를 사용하여 다미에게는 2점을 주어야 한다. 곱셈식 8×2=16이 보이는데, 이것은 8명이 아니라 8경기를 뜻한다. 또, 그가 2로 나누기를 반복한 것을 보면 매번 선수 절반이 경기에서 지는 것으로 알고 있는 듯이 보이지만, 4에서 그친 이유가 분명하지 않다. 정답을 썼지만 풀이 방법이 이해되지 않으므로 범주 2의 기준을 적용하여 2점을 주어야 한다.

③ 총괄적 채점척도의 사용 시기 및 작성절차

총괄적 채점 형은 사용된 풀이과정에 대해 전체적인 점수를 주고 싶을 때, 명백한 준거가 요구되거나 배점기준을 원할 때 가장 적절하다. 총괄적 채점 척도는 아동의 사고 과정과 관련된 장점, 단점을 지적하려는 평가 기법의 전, 후에 보완하여 사용하면 적절하다. 이러한 척도는 문제해결의 전 과정을 강조하면서 동시에 많은 답지를 평가해야 하는 단원 말이나 학기말, 학년말 시험에 사용될 수 있다. 구체적인 배점기준이 있으므로 답지 평가의 일관성을 도모할 수 있다. 따라서 채점자가 많고, 채점절차의 신뢰성이 중요시되는 대규모 평가에도 총괄적 채점 척도가 적절하다.

총괄적 채점척도의 작성 절차로는, 첫째는 점수의 폭을 결정하는 것이다. 각 점수에 대해 구체적 기준을 만들어야 하므로 5개 이하의 범주가 가장 적절하다. 범주가 5개를 초과하면 뚜렷한 기준을 만들기도 어렵고, 채점의 신뢰성도 떨어진다. 둘째는 각 점수 범주에 대한 기준을 만드는 것이다. 분석적 채점척도를 만들 때와 유사하게, 문제해결의 사고과정에 관련된 행동을 정하고, 이 행동에 줄 점수를 정한다.

총괄적 채점척도를 만들 경우, 그것을 모든 답지에 적용하기 전에 몇 개의 답지만 뽑아서 적용해 보는 것이 필요하다. 새로운 척도를 만들 경우 종종 약간의 수정이 요구되며, 그 척도를 이용하려고 할 때는 더욱더 그렇다.

3 선택형 · 완성형 평가

아동이 문제해결에 포함된 다양한 사고과정을 성공적으로 수행할 수 있는가를 평가하는데 유용한 평가기법으로는 선택형과 완성형이 있다. 여기서는 문제해결에 포함된 사고과정을 평가하는 문항 개발과 이용 방법에 초점을 두어 설명한다.

이러한 문항을 준비하려면, 먼저 사고과정의 각 단계와 사고과정에 대한 목표를 명확하게 진술해 두어야 한다. 다음은 문제해결 사고과정과 가능한 목표 몇 가지를 함께 제시하는 것이다. 이 목록은 목표를 모두 망라한 것은 아니지만, 신뢰성 있게 측정할 수 있는 것과 그 목표에 관련된 사고과정을 포함하고 있다.

문제해결 사고과정과 목표

사고 과정	목표(예)
1. 문제에 주어진 질문을 이해/형성하기	문제가 주어지면 답해야 할 질문을 골라 자신의 말로 쓰거나 진술한다.
2. 문제의 조건과 변수 이해하기	문제를 이해하고 해결하는데 유용한 핵심조건과 변수를 선정/지적한다.
3. 문제해결에 필요한 정보를 선정하기/찾기	ⓐ 불필요한 정보가 들어 있는 문제가 주어지면, 답을 구하는 데 필요한 정보를 알아낸다. ⓑ 정보가 누락된 문제가 주어지면, 문제해결에 필요한 정보를 알아낸다.
4. 하위 문제를 형성하고 적절한 해결 전략을 선택하기	ⓐ 다단계 또는 과정 문제에서, 필요한 하위 문제를 형성/선택한다. ⓑ 문제가 주어지면, 문제해결에 이용할 수 있는 전략을 선택한다.
5. 해결 전략을 바르게 수행하고 하위 목표에 도달하기	문장제가 주어지면, ⓐ 문제해결에 도움이 되는 그림을 고르거나 그려본다. ⓑ 문제해결에 이용되는 수식을 쓴다.
6. 문제의 정보에 사용된 용어로 답 쓰기	문제의 답인 값을 구했으면, 완성된 문장으로 답을 쓴다.
7. 답의 타당성 평가하기	문제와 그 답이 나오면, 답이 타당한지 확인한다.

(1) 선택형 평가

선택형 평가는 가능성이 있는 답이나 풀이를 열거한 문제 또는 질문으로 이루어진다. 아동은 문제를 읽거나 듣고, 정답 또는 최상의 답을 선택한다. 선택형 평가는 다양한 능력을 광범위하게 측정할 수 있으며, 문항이 구체적이고 쉽게 이해되며 점수 매기기와 해석이 용이하다는 장점이 있으나 고차적 사고과정을 측정하는 좋은 문항을 작성하기 어려우며, 좋은 선택형 문항을 만드는데 시간이 많이 소요된다. 문항이 정형적이어서, 아동에 따라서는 상황을 통해 사고하기보다는 추측에 따라 답하려 들기 쉽다는 단점이 있다.

여기서는 앞에서 제기한 문제해결 사고의 기능에 대한 선택형 평가가 적용되는 예를 들어 본다.

문제해결 사고 기능 : 문제의 질문을 이해한다.

[목표] 문제가 주어지면, 답해야 할 질문을 골라 자신의 말로 쓰거나 진술한다.

주어진 문제에서 구해야 할 것을 묻는 문장이 아닌 것은?

[문제] 창수와 현우는 낡은 그릇을 모은다. 현우는 창수보다 그릇 3개를 더 가지고 있다. 그들이 가지고 있는 그릇은 모두 21개이다. 창수가 모은 그릇은 몇 개인가?

* A. 창수가 가지고 있는 그릇은 모두 몇 개인가?
B. 창수가 모은 그릇은 몇 개 더 적은가?
C. 현우는 창수보다 그릇을 몇 개 더 모았는가?
D. 창수가 현우와 같은 수의 그릇을 가지려면 몇 개 더 모아야 하는가?

(2) 완성형 평가

완성형 평가란 요구하는 정보를 답하는 문항으로 구성된다. 이 정보는 단지 단어나 수일 수도 있고, 문장을 바르게 완성하는 구절일 수도 있으며, 요구를 충족시키는 식 또는 기호의 모임일 수도 있다.

완성형 평가는 가장 만들기 쉬운 평가 방법의 하나이며, 답을 직접 요구하기 때문에 추측해서는 좋은 점수를 받을 수 없다는 장점이 있으나 다양한 해석과 부분적 답이 가능하기 때문에 점수 매기기가 어려우며, 써야 할 것이 많이 있기 때문에 평가하는데 많은 시간이 걸린다는 단점이 있다.

완성형 평가는 문제해결 사고의 여러 기능에 대한 다양한 문항 작성이 가능하다. 여기서는 문제해결 사고 기능에 대한 완성형 평가가 적용되는 한 가지 예를 들어본다.

문제해결 사고 기능 : 답의 타당성을 평가한다.

[목표] 문제와 그의 답이 주어지면, 그 답이 타당한지 평가한다.

[문항] 한 문제와 그 답이 있다. 그 답이 타당한지 알아보아라.

1개에 195원씩 하는 과자 한 상자의 가격이 4875원이다. 한 상자에 든 과자는 모두 몇 개인가?

[답의 숫자 부분] 19

[답의 예] 200원×20이라고 해도 4000원밖에 안 된다. 19라는 답은 적절하지 않다.

앞에서 예시한 선택형이나 완성형 문항들을 제작할 때에는 다음에 주의하여야 한다.

(가) 문항이 측정하려는 기능을 제대로 측정할 수 있는지를 확인한다.

(나) 질문이 명료하고, 가능한 한 분명하게 답할 수 있는 문항을 만든다.

(다) 문제, 그림, 표 등을 이용하여 가능한 한 모호한 답이 나오지 않게 한다.

(라) (문제의 유형, 수의 유형, 정보의 원천 등) 문항에 사용되는 소재를 다양하게 구성한다.

4 오픈엔드 어프로치(open end approach) 학습 · 지도에서의 평가

수학교육에서 오픈엔드 어프로치에 의한 학습 · 지도란 결과가 일의적으로 정해지지 않는 문제(오픈엔드의 문제)상황을 제재로 하여, 거기에 내재하는 정답(결과)의 다양성과 정답에로의 다양한 접근 방법을 탐구하는 2가지로 대별할 수 있다. 이와 같은 수학교육의 고차적 목표를 평가의 대상으로 하는 것이 오픈엔드 어프로치 학습 · 지도에서의 평가이다.

여기서 요구되는 학습활동은 문제 상황에 직면하여 그 상황을 적절하게 수학화하고 이미 배운 지식 · 기능을 충분히 활용하여 내재한 관계나 법칙 등을 발견하고, 문제를 해결하며, 결과를 확인하는 것이며, 타인이 발견한 내용과 방법을 알고, 그것을 비판하든가 받아 들여 자기의 생각을 수정 · 발전시키든가 하는 것이다. 그리고 다양한 아동들의 반응으로부터 사고의 유연성(몇 가지로 답할 수 있을까?), 아이디어의 풍부함

(거의 같은 것을 다른 견해로 답하는 경우도 있으므로 본질적으로 몇 가지로 답할 수 있었는가?), 반응의 질(수학적인 관점의 깊이, 일반성, 추상성) 등의 관점을 바탕으로 평가할 수 있다.

예를 들면, 신문의 스포츠 란 등에서 볼 수 있는 야구의 승패 표를 주어서, 거기에 있는 수치 사이의 규칙을 가능한 한 많이 발견하도록 하는 문제이다.

※ 아래 표는 A, B, C, D, E의 5개 팀이 야구를 했을 때 중간 기록을 나타낸 것이다.

팀	시합 수	이긴 수	패한 수	비긴 수	승률	게임 차
A	25	16	7	2	0.696	–
B	21	11	8	2	0.579	3.0
C	22	9	9	4	0.500	1.5
D	22	8	13	1	0.381	2.5
E	22	6	13	3	0.316	1.0

표에 쓰여 있는 수 사이에는 어떤 규칙이 있다. 그 규칙을 가능한 한 많이 써 봅시다.

이 문제 상황에는 적어도 다음과 같은 관계가 내재되어 있다.

① 시합 수, 이긴 수, 진 수, 비긴 수 사이에 가법 관계가 있다는 것

② 승률, 이긴 수, 진 수, 비긴 수 사이에 곱셈 관계가 있다는 것

③ 게임차는 두 팀의 이긴 수와 진 수 사이의 관계가 있다는 것

④ 시합 수의 합은 짝수라는 것

⑤ 이긴 수의 합과 진수의 합이 같다는 것

이들 관계를 아동에게 발견시켜, 그 기술로부터 아동의 능력을 평가하려고 하는 것이다.

5 문제 만들기 학습·지도에서의 평가

수학적인 문제를 아동이 능동적으로 만들게 하는 학습·지도로, 문제 만들기에 대한 아동의 반응은 매우 다양하므로 그들을 어떻게 받아들여서 평가할 것인가 하는 것이다. 수학의 능력을 평가할 때 대체로 풀어서 쓴 것만으로 평가하고 있는 경우가 많은데, 문제 만들기 학습·지도에서는 일상의 수업 중에서도 아동의 질문 등을 통하여 그

아동의 종합적인 수학적 능력을 자연스럽게 평가할 수 있다.

문제만들기의 평가에서는 미리 예상되는 반응 예를 항목별로 분류·정리한 표를 만들어서 그 표를 기초로 하여 아동이 만든 문제를 분류하고, 유창성, 유연성, 독창성, 표현의 세련성 등의 평가 기준을 만들어 평가할 수 있을 것이다.

(1) 유창성

아동이 만든 문제 수에 따라 평가하는 것을 유창성의 평가 항목으로 하는 것이다. 같은 수학적 개념을 가진 문제나 각각 다른 개념을 가진 문제에 관계없이 아동이 만든 문제의 수만으로 평가하는 것이다. 단 미완성된 문제라든지 틀린 문제, 일반적으로 문제로서 인정할 수 없는 문제는 평가에서 제외하는 것이 보통이다.

(2) 유연성

유연성의 평가 항목은 유창성과는 달리 아동이 만든 문제 중에서 같은 수학적 개념이나 해결의 절차가 같은 문제는 모두 한 문제로 간주하고, 다른 수학적 개념이나 다른 해결 절차를 갖는 문제의 수를 기준으로 유연성의 정도를 평가하는 것이다. 예를 들면, 덧셈의 계산 문제를 숫자만 바꾸어서 여러 개를 만들었을 경우에는 하나의 문제를 만든 것으로 간주하는 것이다.

(3) 독창성

아동이 만든 문제 중에서 같은 학년 수준의 다른 아동이 생각하지 못한 독특한 수학적 개념을 갖는 좋은 문제라든지, 학급 전원이 만든 문제 중에서 매우 낮은 비율에 속하며 수학적 가치가 있는 문제의 수를 기준으로 독창성을 평가하는 것이다.

이 독창성의 평가는 교사의 주관에 좌우되기 쉽고, 학급 또는 학년 전체가 만든 문제를 분류하여 각 분류 항목별로 만든 문제의 퍼센트까지 조사하여야 하는 어려움이 있으므로 신중할 필요가 있다.

앞에서 논한 유창성, 유연성 및 독창성의 평가 관점은 수학교육을 통한 창조적 사고 능력의 평가와 같은 맥락으로, 수학교육에서 문제 만들기 학습·지도를 통하여 창조적인 사고 능력의 개발 및 육성이 가능하게 되리라 생각된다.

(4) 표현의 세련성 및 수학적 개념 형성의 정도

아동이 만든 문제에서 정확한 수학 용어를 사용하였는지, 하나의 문제 속에 묻고 있는 문항의 수가 몇 개인지, 다양한 수학적 개념, 연산 및 단위의 사용이 표현의 세련성 및 개념형성의 정도를 측정하는 평가 항목이 될 수 있다. 아동은 수학에 대한 개념을 정확히 알지 못하고는 완전한 문제를 만들 수 없으므로, 각 학년의 교과과정의 수준에 비추어서 높은 수준의 문제인가 낮은 수준의 문제인가로도 평가할 수 있을 것이다.

위에서 논한 문제 만들기에서 평가할 수 있는 항목을 기준으로 실세계적 상황에서 아동들이 만든 문제에 대한 구체적인 평가 틀은 표 10.1과 같이 생각할 수 있을 것이다. 실 세계적인 상황으로부터의 문제 만들기 평가 틀은 수학적 상황으로부터의 문제 만들기 평가 틀에도 거의 그대로 적용할 수 있다고 생각된다.

표 10.1 실세계적 상황으로부터의 문제 만들기 평가 틀

구분	평가 항목	세부 평가 항목
표면적 평가	문제의 수 (유연성, 유창성)	(1) 다른 문제의 수(개념 및 계산): 〈계산이 같은 다수의 문제는 한 개의 문제로 간주한다.〉 (2) 문제의 분류: ① 문장제 ② 계산문제 ③ 방정식, 문자식 ④ 함수의 그래프, 좌표평면 등 ⑤ 기하적인 도형으로 부터의 문제 (3) 연산의 수 : (4) 단위의 수 :
	문제의 완성도 (표현의 세련성)	(1) 완전한 수학의 문제 (2) 조건 과부족의 문제, 의미가 애매한 문제 (3) 틀린 문제(수학적으로) (4) 비 수학적인 문제
내면적 평가	상황과의 관련도 (독창성)	(1) 상황과 직접 관련(설정상황의 사물과 숫자 등을 똑같이 사용한 문제) (2) 상황과 중간정도의 관련(설정상황의 사물과 숫자를 일부만 사용한 문제) (3) 상황과 독립된 문제(설정상황의 사물과 숫자등과 독립하여 만든 문제)
	개념의 정도 (개념의 형성)	(1) 개념의 고저 : 각 학년의 교과과정을 기준 (2) 개념의 다양성 : 하나의 문제 중에 복수의 개념을 사용 (3) 연산의 종류, 단위의 종류

연/구/문/제

1. 초등학교 수학 교과서에서 한 단원을 취하여 목표 분석표를 작성하고 진단평가, 형성평가, 총괄평가를 위한 평가 문항을 만들어 보시오.

2. 초등학교 수학 교과서에서 수행평가 과제를 선정하고 수행평가의 기본절차에 따른 평가방법을 제시하여 보시오.

3. 문제 만들기 학습을 통하여 아동이 만든 문제를 대상으로 문제 만들기 평가기준에 따라 아동의 수학 능력을 평가하여 보시오.

4. 현재 초등학교 수업현장에서 사용되고 있는 평가방법을 조사하여 보고, 본문에서 제시한 여러 가지 평가방법과 비교 분석하여 보시오.

참고문헌

강문봉 · 강완 · 김남희 · 김수환 · 나귀수 · 박경미 · 박영배 · 백석윤 · 송상헌 · 유현주 · 이경화 · 이중권 · 임문규 · 임재훈 · 장혜원 · 정동권 · 정영옥 · 정은실 · 허혜자(2005). 초등수학학습지도의 이해. 서울: 양서원.

강문봉, 강흥규, 김수미, 박교식, 박문환, 서동엽, 송상헌, 유현주, 이종영, 임재훈, 정동권, 정은실, 정영옥(2007). 제2판 초등수학교육의 이해. 서울: 경문사.

강문봉 외(2005). 초등수학교육의 이해. 서울: 경문사.

강옥기 외(1985). 수학과 문제 해결력 신장을 위한 수업 방법 개선 연구. 한국교육개발원.

강옥기 편저(1991). 수학과의 평가방법, 교학사.

강완, 백석윤(1998). 초등수학교육론. 서울: 동명사.

강완 外譯(1997). 문제해결과정의 평가기법, 서울 : 동명사.

강지형 · 김수환 · 라병소 · 박성택 · 이의원 · 이정재 · 정은실(2007). 7차 교육과정에 의한 초등수학교육. 서울: 동명사.

곽병선(1996). 미래를 여는 창의성 교육. 교단지원자료 96-24. 서울특별시 교육연구원.

교육과학기술부(2008). 교육인적자원부고시 2006-75 및 제 2007-79에 따른 초등학교교육과정해설(Ⅳ). -수학, 과학, 실과-. 광주: 한솔사.

교육과학 기술부, 초등학교 교육과정(수학), 교육과학기술부 고시 제 2011-361호. pp. 152-178.

교육과학 기술부, 초등학교 교육과정 해설(Ⅳ)(수학), 교육인적 자원부 고시 제2006-75호.

교육부(1997). 수학과 교육과정.

교육인적자원부(1998). 교육부고시 1997-15호에 따른 초등학교교육과정해설(Ⅳ). -수학, 과학, 실과 -. 서울 : 대한교과서주식회사.

교육인적자원부(2007). 교육인적자원부 고시 제 2007-79호 [별책8] 수학과 교육과정. 교육인적자원부.

교육인적자원부(2007). 초등학교 교육과정 2007-79호. 교육인적자원부.

구광조외 2인역(2004). 수학학습 심리학. 교우사.

구광조 외 역(1992). 수학교육과정과 평가의 새로운 방향, 서울 : 경문사.

국립교육평가원(1996), 수행평가의 이론과 실제, 대한교과서 주식회사.

김선, 김경옥, 김수동, 이신동, 임혜숙, 한순미(2001). 학습부진아의 이해와 교육. 학지사.

김응태, 박한식, 우정호(1995). 수학교육학개론. 서울 : 서울대학교출판부.

김홍원(2004). 수학 영재의 특성 및 판별. 초등영재교육 수학과정 직무연수. 서울 특별시 연수원.

나귀수(2000). 수학교육에서 컴퓨터 활용에 대한 소고. 학교수학, 2(1), 97-110.

남승인(2003). 수학영재를 위한 교수·학습 자료의 개발. 영재교육 담당교원 연수 교재. 교육개발원.

남승인, 류성림(2002). 문제 해결 학습의 원리와 방법. 서울: 형설출판사.

류성림(2006). 초등수학 영재 프로그램 분석 및 개발 방향. 창의적 지식 생산자 양성을 위한 영재 교육(수학편). 한국교육개발원.

류희찬 · 조완영 · 이경화 · 나귀수 · 김남균 · 방정숙 역(2007). 학교수학을 위한 원리와 규준. (Principles and Standards for School Mathematics). 서울 : 경문사.

박경미(2005). 교육과정 개정의 시사점 도출을 위한 싱가포르와 인도 수학교육과정의 비교 · 분석. 수학교육 44(4) 497-508. 서울 : 한국수학교육학회.

박성택 외(1996). 수학교육, 서울 : 동명사.

박성택 · 신택균 · 양인환 · 손용규 · 이정재(1998). 수학교육. 서울: 동명사.

변창진 외(1996). 교육평가, 학지사.

신동선, 류희찬(1998). 수학교육과 컴퓨터. 서울: 경문사.

신현성(1991). 수학교육론, 서울 : 경문사.

우정호외 2인(1989). 증보 수학교육학개론. 서울대학교출판부.

우정호(2000). 수학 학습-지도 원리와 방법. 서울 : 서울대학교 출판부.

이대현, 최승현(2006). 문제해결을 통한 수학적 경험. 서울 : 경문사.

이용률, 성현경(1997). 수학교육론. 서울: 교학연구사.

이용률, 성현경, 정동권, 박영배 공역(1992). 수학적인 생각의 구체화. 서울 : 경문사.

이의원외 5인(2008). 7차 교육과정에 의한 초등수학교육. 동명사.

이정재(2004). 초등수학교육론. 서울: 형설출판사.

이종영(1999). 컴퓨터 환경에서의 수학 학습-지도에 관한 교수학적 분석. 서울대학교박사

학위 논문.

임문규(2007). 나까하라 다다오저, 구성주의에 입각한 초등수학 학습・지도. 서울 : 경문사.

임문규(2012). 『학생스스로 수학을 창조하는 수학 문제 만들기 학습・지도』 - 초등학교 1,2,3학년. 동명사.

정부자(1999). 중학교 통계를 중심으로 한 웹사이트 개발 및 적용에 관한 연구. 한국교원대학교 석사학위논문.

정영옥(1997). Freudenthal의 수학화 학습-지도론 연구. 대한수학교육학회논문집 제7권 제2호.

최진숙(2005). 덧셈・뺄셈의 오류유형 분석 및 지도 방안에 대한 연구 -초등학교 3학년을 중심으로 -. 전주교육대학교 교육대학원 석사학위논문

한국교육개발원(1997). 수학영재 판별 도구 개발 연구(Ⅱ). 수탁연구 CR 97-50.

한국교육개발원(2004). 중학생 영재의 지적・정의적 특성에 따른 효과적인 교수학습 전략. 수탁연구 CR 2004-40.

한국교육과정 평가원(1999). 초등학교 학습 부진아 지도 프로그램 개발 연구. 연구보고 RRC 99-3.

황정규(1995). 학교학습과 교육평가, 教育科學社.

황혜정 외(2004). 수학교육학 신론. 서울: 문음사.

片桐重男駅(1997) ‘Dienes選集 1 算数・数学の創造的学習’ 新数社.

平野次郎 外 2人訳(1977). Dienes選集2 算数・数学の学習過程. 新数社.

林文圭(1992). 數學教育における問題設定と問題解決の關聯に關する研究, 教育學 博士學位論文, 日本 廣島大學.

澤田利夫, 橋本吉彦 共著(1990)., 教職數學シリーズ實踐編3 數學科での評價,共立出版株式會社.

島島田茂 編著(1977). 算數・數學科のオープンエンド アプローチデー授業改善への新しい提案, 株式會社みずうみ書房.

日本學習能力開發研究會編(1980). 確かな授業を演出する 算數評價プランナー事典 理論編 前編, GAKKEN.

日本學習能力開發研究會編(1980). 確かな授業を演出する 算數評價プランナー事典 理論編 前編, GAKKEN.

中原克己(1979). 算數/數學科 到達度評價の理論と方法, 明治圖書.

Baroody, A. J., & Standifer, D. J.(1993). Addition and Subtraction in the primary Grades. In Jensen, R. J.(Eds.), *Research Ideas for the Classroom-Early Childhood Mathematics*, Reston, VA : The National Council of Teachers of Mathematics.

Brown, S. I. & Walter, M. I. (1983). *The Art of Problem Posing*. Lawerence Erlbaum Associates, Publishers.

Charles, R. I. & Lester, F. K.(1982), *Teaching Problem Solving-What, Why & How*. Palo Alto, C. A.: Dale Seymour Publicating.

Charles, R. I. & Lester, F. K, & O'Daffer, P.(저), 강완, 김진호, 신혜진(역)(1997). 문제해결과정의 평가기법. 서울: 동명사.

Department For Education.(1995). *The national curriculum*. England, DFE.

Edward L. Thorndike.(1920). *The Psychology of Arithmetic*.

Freudenthal, H.(1981). Major Problems of Mathematics Education. *Educational Studies in Mathematics*. 12, 33-150.

Freudenthal,H.(1983), *Didactical Phenomenology of Mathematical Structures*, Dor-drecht : D.Reidel Publishing Company.

ICMI.(1986). *School mathematics in the 1990s*(ICMI Studies series, Eds. A.G. Hawson, & J.P. Kahane). Cambridge University Press.

Keating, D.P.(1974). The Study of Mathematically Precocious Youth. In Stanely, J.C., Keating, D.P. & Fox, L.H.(Eds), *Mathematical talent: discovery, description, and development*. Baltimore: Johns Hopkins University Press.

Lauren B. Resnick, Wendy W. Ford.(1984). *The psychology of mathematics for instruction*, Lawrence Erlbaum Associates Ltd.

Lenchner, G. (1983). *Creative Problem Solving in School Mathematics*. Boston: Houghton Mifflin Company.

Lester, F. K. (1978). Mathematical Problem Solving in the Elementary School : Some Educational and Psychological Considerations. In L. L. Hatfield & D. A. Bradbard(Eds.) *Mathematical Problem Sloving : Papers from a Research*

Workshop Columbus, Ohio : ERIC/SMEAC.

Lovitt, C. & Clarke, D. (1992). *MCTP (the mathematics curriculum and teaching program) professional development package, activity bank-volume 1.* Carton Vic. : Curriculum Corporation.

______. (1992). *MCTP(the mathematics curriculum and teaching program) professional development package, activity bank-volume 2.* Carton Vic. : Curriculum Corporation.

Lucas, J. F.(1989). *Heuristic thinking and mathematics.* Contributed paper ; AMS-MAA Mtg. Pheonix, AZ.

NCTM(1980). *An Agenda for Action: Recommendation for School Mathematics of the 1980's.* Reston, VA: The National Council of Teachers of Mathematics, Inc.

NCTM(1989). *Curriculum and evaluation Standards for School Mathematics*, Reston, VA : The National Council of Teachers of Mathematics.

NCTM(1995). *Assessment Standards for School Mathematics*, Reston, VA. : NCTM.

NCTM(1998). *The Teching and Learning of Algorithms in School mathematics*, Reston, VA : The National Council of Teachers of Mathematics.

NCTM(2000). *Principles and Standards for School Mathematics*, Reston, VA : The National Council of Teachers of Mathematics.

Ness, H.(1993). Mathematics; an integral part of our culture. In A. M. White (Ed.), *Essays in humanistic mathematics, Note No. 32.* Washington, DC : The Mathematical Association of America.

Peiten, H., J rgens, H., & Saupe, D.(1992). *Fractals for the Classroom, Part one Introduction to Fractals and Chaos.* NY: Springer-Verlag.

Polya, G. (1957). *How to solve it: Vol. 2.* New York: Doubleday. 우정호 (역) (1997). 어떻게 풀 것인가: 수학적 사고 방법. 서울: (주)천재교육.

Randall Charles, Frank Lester, Phares O'Daffer, *How to evaluate progress in problem solving*, NCTM, 1987.

Renzulli, J.S.(1978). What Makes Giftedness: Reexamining a Definition, Phi Delta

Kappan. vol 60.

Renzulli, J.S. & Reis, S.M.(1997). *The Schoolwide Enrichment Model*: A How to Guide for Education Excellence(2nd ed.). Mansfield Center, CT: Creative Learning Press.

Resnick, L. B. & Ford, W. W.(1981). *The Psychology of Mathematics for Instruction*. New Jersey: Lawrence Erlbaum Associates, Publishers.

Reys, B.(1989). The calculator as a tool for instruction and learning. In P. R. Trafton(Ed.), *New directions for elementary school mathematics*. 1989 yearbooks. Reston, VA: The National Council of Teachers of Mathematics, Inc.

Reys, R. E., Suydam, M. N., Limdquist, M. M., & Smith, N. L.(1998). *Helping Children Learn Mathematics*. Wiley.

Schoenfeld, A. H. (1985). *Mathematical Problem Solving*. Academic Press, Inc.

Shigematsu, K. & Katsumi, Y. (1993). Metacognition: The role of the "inner teacher"(5): research on the process of internalization of "inner teacher". *PME XVII, July 18-23, 1993*. Tsukuba: University of Tsukuba.

Treffers, A. & Goffrey, F.(1987), *Three Dimension*, D.Reidel Publishing Comapny.

Van Hiele, P.(1986), *Structure and Insight*, Academic Publishers.

Ward, V.S.(1962). *The Gifted Student : A Manual for Program Improvement*. Southern Regional Education Board.

Wittmann, E.(1978), *Grundfragen des Mathematikunterrichts*, Braunschweig, Vieweg.

Yamaguchi, T. (1993). A study of metacognition in mathematical problem solving: The role of metacognition on solving a construction problem. *PME XVII, July 18-23, 1993*. Tsukuba: University of Tsukuba.